01

中国国家博物馆国际博物馆学译丛

中国国家博物馆国际博物馆学译丛

《解读博物馆：知情者说》

作者简介

史蒂文·米勒（Steven Miller），现任纽约州加里森市博斯科贝尔庄园执行董事、西顿霍尔大学兼职教授。他拥有近五十年的博物馆工作经历，历任藏品研究员、馆长、教育家、顾问和作家，并曾在六家美国历史类博物馆担任领导职务，包括本宁顿博物馆、莫里斯博物馆等，曾撰写大量博物馆主题的文章，并为西顿霍尔大学博物馆专业硕士项目授课十余年。

译者简介

章亿安，北京大学考古文博学院文物与博物馆学硕士，现任中国国家博物馆馆员，中国古陶瓷学会会员。致力于博物馆学、藏品保管等领域的研究与实践。具有多年博物馆领域翻译经历，曾参与国家文物局、国际博物馆协会培训中心主导的英文项目。

THE ANATOMY OF A MUSEUM

解读博物馆

知情者说

〔美〕史蒂文·米勒———著

章亿安———译　　宋向光———审校

中国出版集团　东方出版中心

图书在版编目（CIP）数据

解读博物馆：知情者说 /（美）史蒂文·米勒著；
章亿安译. -- 上海：东方出版中心，2024.1
（中国国家博物馆国际博物馆学译丛 / 王春法主编）

ISBN 978-7-5473-2294-9

Ⅰ.①解… Ⅱ.①史…②章… Ⅲ.①博物馆－工作
－研究 Ⅳ.①G26

中国国家版本馆 CIP 数据核字（2023）第 238594 号

上海市版权局著作权合同登记 图字：09-2023-1092 号

解读博物馆：知情者说

著　　者	〔美〕史蒂文·米勒	
译　　者	章亿安	
审　　校	宋向光	
丛书筹划	刘佩英　肖春茂	
责任编辑	戴欣倍　王睿明	
封面设计	钟　颖	

出 版 人	陈义望
出版发行	东方出版中心
地　　址	上海市仙霞路 345 号
邮政编码	200336
电　　话	021-62417400
印 刷 者	徐州绪权印刷有限公司

开　　本	710mm×1000 mm 1/16
印　　张	25.75
字　　数	280 千字
版　　次	2024 年 1 月第 1 版
印　　次	2024 年 1 月第 1 次印刷
定　　价	98.00 元

版权所有　侵权必究
如图书有印装质量问题，请寄回本社出版部调换或拨打 021-62597596 联系。

编辑委员会

总序

关于建设中国特色博物馆学的若干思考

中国国家博物馆馆长　　王春法

一

在现代社会的公共文化机构中，博物馆是一个非常独特的存在。就其功能而言，博物馆毫无疑问是保护和传承人类文明的重要殿堂，是连接过去、现在和未来的桥梁，同时在提升社会审美意识、促进世界文明交流互鉴方面也具有特殊作用，因而具有历史、文化、艺术等多重属性。按照国际博物馆协会的定义，博物馆是"为社会服务的非营利性常设机构，它研究、收藏、保护、阐释和展示物质与非物质遗产。它向公众开放，具有可及性和包容性，促进多样性和可持续性。博物馆以符合道德且专业的方式进行运营和交流，并在社会各界的参与下，为教育、欣赏、深思和知识共享提供多种体验"。从历史发展来看，无论在中国还是在外国，现代意义上的博物馆都是从最初的私人收藏、个人把玩、小众欣赏向信托基金收藏、社会化展示、学术界研究宣介转变发展而来的。而且随着社会的发展进步，博物馆的类型也越来越多种多样，从私人博物馆到公立博物馆，从艺术博物馆到综合博物馆，从历史博物馆到考古博物馆，从行业专题博物馆到综合性博物馆，以及难以计数的由名人故居改造而来的纪念馆、艺术馆等等，形态各异，丰富多彩。与此相适应，博物馆的藏品类型也从简单的艺术品收藏，比如绘画雕塑、金银玻璃等传统意义上的艺术品，扩大到生产器具、生活用品、古籍善本、名人手稿等各类反映社会生活发展进步的代表性物证；博物馆展览展示活动则从传统的引导鉴赏审美扩大到促进对人类自身演进历史的回顾与反思，成为历史记忆与文化基因互映、鉴赏审美与教化引导同存、创造新知与休闲娱乐并行的重要公共文化产品，博物馆也由此成为享受精神文化生活、消费精神文化产品的重要公共场所，成为城市乃至国家的文化地标。

现代博物馆的突出特点是其藏品的公共性而非私密性、鉴赏的大众性而非小众性、展览展示的导向性而非随机性，体现在藏品来源、展览展示以及社会导向等方面，其中在观众结构上表现得最为突出和充分。一般来说，现代博物馆已经突破了小众鉴赏的局限性，通过导向鲜明的展览展示活动把观众拓展为社会大众，这一群体既有稚龄幼童和中小学生，也有青年观众和耄耋老人；既有在地观众，也有跨区观众；既有国内观众，也有国外观众。他们来自各行各界，通过参观展览在博物馆里寻找各自的思想情感载体，沉浸其中，享受其中，带着不同的感悟收获而去，并在这个过程中与博物馆进行高强度的思想理念情感互动，推动塑造着城市或者国家的文化形象。如果我们要在较短的时间内比较系统深入地了解一座城市或一个国家，那最好的方法就是去参观博物馆；一座城市如果没有博物馆，那就不能说是一座有文化的城市；一个国家的博物馆展览展示水平如果不那么尽如人意，也没有几次具有国际影响力和巨大视觉冲击力的重要展览展示，那也就不能说这个国家的文化发展到了较高水平。正是在这个意义上，我们说博物馆是一座城市或者说一个国家的公共文化窗口、文化客厅。

随着网络信息技术的飞速发展，社会形势正在发生重大变化，博物馆传统的组织架构、产品形态、运维模式、管理机制甚至员工技能条件和要求都在为适应形势变化作调整。首先是藏品形态以及管理方式发生了重要变化，数字化收藏和数字化管理成为重要趋势，以数字方式存储的各种资料、数据、图像正在成为新的重要藏品形态，藏品管理也越来越借助于信息技术手段，通过对藏品本体进行二维或三维数据采集形成的藏品数据规模也越来越大，博物馆的核心资源正在从实物藏品向海量数据转变；其次是数字化展示已经成为博物馆展览的常态化趋势，如依托线下展览形成的网上展览、无实体展览支撑的虚拟展览、依托大数据和人工智能建设的线下数字展厅和智慧展厅、各种各样的沉浸式展示体验等，与此相适应的社会教育和媒体传播也深受观众欢迎，往往形成现象级传播效果；最后，依托博物馆明星文物开发形成的文化创意产品、依托重要展览衍生的出版物以及其他周边产品等规模越来越大，社会影响也极为广泛，社会效益和经济效益也都十分可观。当然，在网络信息技术的支持下，博物馆的安全运维、设备管理、后勤服务等方面更是发生了根本性变化。我们经常强调现在博物馆正在经历三级跳甚至四级跳，即从传统意义上以实物为核心资源的博物馆转向以观众为核心的新博物馆阶段，再到以办公自动化为主要形式的信息化阶段，进而转到以数字化呈现为核心的数字博物馆阶段，目前则正在向以数据资源为核心的智慧博物馆转变，数字藏品、元宇宙等等就是博物馆与数字信息技术在这方面的最新探索。

二

中国的博物馆事业肇始于 20 世纪初学习西方先进文化的时代背景中，迄今已经走过了一百多年的发展历程。中华人民共和国成立以来，博物馆事业作为党领导的国家文化事业的重要组成部分，不仅自身迅速发展繁荣，形成涵盖综合类、历史类、艺术类、遗址类、人物类、科技类、纪念馆类等类型多样的庞大博物馆体系，而且积极回应国家和社会需求，主动承担历史、时代、民族和国家赋予的使命，在收藏和保护文物、举办展览、开展社会教育活动、满足人民精神文化需要、向世界展示中国风采等方面发挥了重要作用。特别是党的十八大以来，习近平总书记高度关注、重视文物博物馆工作，多次到博物馆考察调研，对博物馆工作作出一系列重要指示批示，博物馆事业得到高速发展、空前繁荣，在促进人的全面发展、引导社会价值理念和反映社会进步成就方面发挥的作用不断彰显，作为文明交流互鉴窗口和平台的作用日益突出。有资料表明，1996年我国仅有博物馆1 210座，到2019年全国备案博物馆已达到5 535座，年均增加近200座新博物馆。2019年，全国举办展览近3万个，年观众总量在12亿人次以上。即使在深受新冠疫情冲击的2021年，我国新增备案博物馆也高达395家，备案博物馆总数达6 183家；全年举办展览3.6万个，举办教育活动32.3万场；全年接待观众7.79亿人次；适应疫情防控需要，策划推出3 000余个线上展览、1万余场线上教育活动，网络总浏览量超过41亿人次。其中，中国国家博物馆、故宫博物院等都是在国内外具有广泛影响、深受观众欢迎的世界知名博物馆。大体来说，当代中国博物馆事业发展具有以下几个突出特点：

一是强有力的政府支持。与西方发达国家主要通过各种基金会对博物馆提供间接支持赞助不同，我国博物馆中有三分之二属国有博物馆，而且各类博物馆都可以通过不同方式获得直接财政支持，馆舍建设、藏品征集、安全运维、免费开放等等都是如此。与此同时，中央以及地方政府还出台不同政策对博物馆事业发展提供强有力的政策支持。正因为如此，国内博物馆建设发展速度很快，年均新增200多座新博物馆，目前已经实现平均每25万人一座博物馆的"十三五"规划预定目标。没有党和政府的强有力支持，就没有今天我国博物馆事业繁荣发展的大好局面。

二是鲜明的历史导向。中国有百万年的人类史，一万年的文化史，五千多年的文明史，为我国博物馆事业发展提供了丰富的历史文物资源。正因为如此，我国博物馆的主体是历史类博物馆，包括各种依托考古遗址建设的博物馆、依托名人故居或重大事件发生地建设的纪念馆等等，即使是综合类博物馆或行业博物馆也大多是以历史文物藏品或展览为主。这样一种组织体系决定了博物馆工作鲜明的历史导向，在文物征集收藏上比较注重历史价值，在阐释解读上比较倾向于以物说史、以物释史、以物证史，强调对历史文化的深层次探索和解读。相对来说，博物馆工作中关于美的历史展示，关于公众审美意识和审美能力的引导培养，还有很大的发展和提升空间。

三是锚定一流的设施配备。由于我国现有博物馆绝大多数都是改革开放以来三四十年间新建或者是完成改扩建的，无论是馆舍建筑设计，还是配备的设备设施，都是着眼于世界或国内一流水平来规划安排的，所以，我国现有博物馆基础设施大都非常先进，硬件方面堪称一流，馆舍也很壮观，是当之无愧的文化地标，许多省级博物馆乃至地市博物馆也都建设得气势恢宏，硬件条件不逊于一些外国国家博物馆，这在很大程度上得益于后来居上的后发优势。与此相对照，关于博物馆的微观组织架构和管理体制机制则受苏联理念风格的影响较大，部门之间分工明确，行政主导特点鲜明，具体工作依项目组织运行，策展人的权责地位则不够明确突出。

四是馆藏总体规模相对偏小。在看到我国博物馆飞速发展的同时，我们也要清醒地看到，我国博物馆的藏品规模总体上还是比较小的，全国第一次可移动文物普查数据显示，总量只有 1.08 亿件（套），其中各级各类博物馆藏品只有近 4 200 万件（套），全国博物馆藏品规模尚不及美国史密森学会（Smithsonian Institution）博物馆群 1.57 亿件的藏品规模，号称国内藏品最多的故宫博物院藏品只有186万余件（套），中国国家博物馆只有143万余件（套），较之大英博物馆、纽约大都会艺术博物馆动辄数百万件的藏品规模相去甚远，这又从另一个方面反映了中国博物馆发展空间巨大，任务更加艰巨复杂。

五是学术研究基础亟待加强。博物馆是一本立体的百科全书，学术研究是博物馆一切工作的基础，没有高水平的学术研究就没有高质量的征集保管，也没有高水平的展览展示，更没有引人入胜的教育传播活动。传统上，我国博物馆普遍比较重视展览展示和讲解社教，学术研究基础总体上则比较薄弱，而且不同博物馆研究实力和学术水平也很不均衡。一般来说，各省省级博物馆和部委属专题博物馆的研究机构设置和研究人员配备情况相对好些，地级市及以下博物馆比较弱些，非国有博物馆则几乎谈不上学术研究。总体来看，博物馆在藏品和展示方面呈现出越往上越好、越往下越差的三角状态。无论是承担学术研究项目，还是学术人才配备，这种梯级分布情况都十分明显。

六是国际策展人明显不足。博物馆展览是一项综合性工作，需要策展人是多面手，把符合博物馆功能定位的展览意图与社会观众的普遍预期有机结合起来。一方面，要选好展览主题，多方面争取和筹集经费，从不同单位协调展品，熟悉展品的基础信息和学术研究进展情况，准确把握观众需求和期待；另一方面又要做好展览的内容设计、空间设计、平面设计和灯光设计，不仅仅要把藏品摆出来，而且要摆得好、摆得到位，既能够让普通观众清楚明白地了解到策展人的展览主旨和斟酌脉络，又要让具有相当研究欣赏水平的观众能够对特定藏品进行近距离观赏和思考。在国际层面上，由于展览肩负文明交流互鉴的重任，而各博物馆的功能定位不同，中外博物馆策展理念存在明显差异，真正具有国际视野、能够推进国际展览的专门化策展人才严重不足，能够有效向国外推介中国博物馆展览的优秀人才则更是凤毛麟角。反映在展览交流上，就是我们处于严重的入超状态，即引进来的多，走出去的少；走出去的展览中古代的多，近现代的少；在走出去的古代展览中，靠展品取胜的多，依靠展览叙事产生重大影响的少。要改变这种情况，就必须加大对策展人的培养力度，形成一大批具有国际视野和能力的国际化策展人，真正推动中华文化走出去。

令人振奋的是，进入 21 世纪第二个十年以来，在以习近平同志为核心的党中央的关心和支持下，人民群众关注博物馆、参观博物馆、支持博物馆建设的热情更加高涨，我国博物馆事业发展明显加速，呈现出空前积极健康向上的良好发展势头。从博物馆自身发展来看，共同的趋势是更加突出观众为本的价值理念，更加强调展览展示是博物馆最重要的公共文化服务产品、策展能力是博物馆的核心能力，博物馆作为历史文化解读者的权威地位受到更多方面因素的影响，博物馆周边产品的延伸活化功能得到前所未有的关注和发展，网络信息技术手段得到广泛应用，文化客厅的地位作用更加突出，更加重视塑造提升博物馆的社会公众形象，更加突出征藏展示活动的评价导向功能。在这种情况下，博物馆作为一个相对独立的自主知识体系载体，如何能够更充分地留存民族集体记忆，如何更系统完整地展示中华文明的源远流长、绵延不绝和灿烂辉煌，如何更大力度地以中华文化走出去来促进文明交流互鉴，如何更有效地处理好保存历史与技术应用之间的关系，如何更多地创造分享社会发展新知，都成为时代提出的一些紧迫而直接的严峻挑战，要求我们广泛吸取各方面的智慧和启示，明确未来的发展方向，不断推进理论探索和实践创新，为世界博物馆事业发展提供中国方案、贡献中国力量。

三

概括起来看，无论是在中国，还是在外国，博物馆相关的知识体系大体上可以分为三大类：一类是关于文物藏品的学问，我们称之为文物学。在这个大类之下，各种关于不同类型文物藏品的研究都可以称之为一门专门学问，比如研究青铜器的，研究绘画作品的，研究雕塑的，研究玉器的，研究陶瓷的，研究钱币的，研究不同时代历史文物的，研究不同艺术流派的，研究民族民俗文物的，等等。一类是关于历史文化研究的，大致可以归为历史学的范畴。国内博物馆一般是依据历史时代进行断代史相关研究的，比如夏商周、先秦史、秦汉史、三国两晋南北朝史、隋唐史、宋元明清史、近代史、现代史、当代国史研究等等。欧美国家的博物馆由于藏品来源不同，大多按不同地区分为希腊罗马、埃及、中东、远东、印度等不同研究方向，依托馆藏文物藏品进行研究、展览以及征集等。比如，卢浮宫博物馆分设有希腊、伊特鲁里亚和罗马文物、埃及文物、东方文物、伊斯兰艺术、拜占庭与东方基督教艺术、绘画、版画与素描、雕塑和装饰艺术九个藏品部门。还有一类是研究博物馆管理的，包括征藏、文保、展览、教育、传播、设备、安全等等，这部分研究工作可以称为博物馆学。从这个意义来说，所谓博物馆学实际上就是博物馆管理学，核心内容就是研究博物馆运维的内在规律，包括征集工作规律、保管工作规律、学术研究工作规律、展览展示工作规律、社教传播工作规律、观众服务工作规律、文化创意工作规律、安全保障工作规律等等。总体上来说，这三方面的学问构成了现代博物馆知识体系的主体部分。自然历史博物馆和艺术博物馆则另当别论。

就博物馆的藏品研究来说，与大学或专门研究机构有着明显的不同。一般来说，大学研究或专门学术机构研究以文献为主，即使用到文物，也大多是引以为证。而博物馆的藏品研究则大多以文物为中心展开，对其产生、传承、功能、形态、材质、纹饰、图案等等从多方面展开研究，深入挖掘文物的历史价值、文化价值、审美价值、科技价值以及时代价值。这种研究固然需要具备深厚的历史背景和扎实的专业功底，但研究的对象始终是以物为中心，在这个过程中展现出广博的学科视野和深厚的知识储备，旁征博引，求真解谜，以释其真、其美、其重要，而由此得出的结论总脱不开物之真伪，并据此达到以物证史、以物释史、以物说史之目的。有物则说话，无物则不说话，有多少物则说多少话，至于由此物进行复杂的逻辑推演并获致更大范围内适用的结论，这在大多数情况下不是博物馆藏品研究的特点。从这个意义上来说，博物馆有多少藏品就会有多少研究专业或研究方向，每一件藏品的研究都是独一无二的，藏品研究的结论在很多情况下和很大程度上都只是对人类旧有知识或佚失知识的再发现，所以，要为人类知识宝库增加新的知识的话，就还需要通过上升到更高层面，比如历史学、艺术学等等来提炼或者归纳。因此，尽管博物馆藏品研究是学术研究的一个大类，研究领域、研究方向或者说研究课题纷繁复杂，但藏品研究本身并不构成一个独立的学科体系。这个结论对于文物学这个概念也是适用的。博物馆藏品大多属于文物，关于文物的研究可以用文物学来指称，但文物种类千差万别，对文物的研究缺乏一个共同的理论基础，试图用文物学这样一个大筐把博物馆藏品研究纳入其中，以此论证文物学作为一个学科存在的科学性，在很大程度上是难以成立的，因为大多数情况下文物之间的联系是偶然的而非必然的。

另一方面，在博物馆从事的科学研究大多是跨学科研究。对任何一件馆藏品的研究，都可以从多角度、多维度来进行把握，涉及自然科学和社会科学、工程技术等诸多学科领域，涉及历史学、美学、艺术学、理学、工学等各个学科门类的知识。举例言之，同样是研究大盂鼎，高校科研院所可能会将视角主要集中于器型、铭文或其功用之上，着眼于审美价值和历史价值；博物馆专家学者则需要从材质、工艺、纹饰、铭文、递藏过程等多维度来把握，需要科技史、文化史、文字学等多学科支撑，只有这样才能全面立体地展现大盂鼎的历史价值、文化价值、审美价值、科技价值和时代价值，向社会公众传达"国之重器"应有的教化意义。与此相适应，博物馆的学术研究是有明确应用指向的，研究成果要服务于博物馆的各项业务工作。围绕藏品进行研究是博物馆研究的基础，科研工作目标方向就是要以促进藏品征集、藏品保管、文物保护、展览策划、社会教育、公众服务、新闻传播等业务工作为导向，实现科研成果的直接转化。正因为如此，博物馆藏品或者说文物研究人员往往被称为专家而不是学者，因为相对于理论探索来说，博物馆藏品研究更多地是应用研究或者开发研究，虽然做的许多工作是基础性工作。

相比之下，博物馆学确实是一门综合性学科，关于博物馆学的研究可以从多个维度来展开，比如社会学、传播学、展览学、设计学、管理学、文化学等等。从我国的情况来看，博物馆学在形式上已经具有了作为一门成熟学科的主要条件，包括拥有中国博物馆协会这样一个学术组织，办有一批以博物馆为主题的专业刊物，而且南开大学很早就设立了博物馆学专业并且开始招生，甚至也定期进行博物馆定级评估并给予相关奖励，但作为一门生存和发展于历史学与考古学夹缝之中的交叉学科，博物馆学对自身的学科属性和专业定位长期模糊不清，学术研究也很难深入，这种复杂情况既可以在博物馆相关刊物的论文结构分布中清楚地看出来，也可以在专业基础对学生的就业方向影响不是特别显著这一方面呈现出来。之所以如此，一个重要原因就是博物馆研究缺乏符合博物馆实际而且特有的共同理论基础，在研究中要么主要是工作介绍，要么是经验归纳，既缺乏深入的理论挖掘，也缺少给人以启迪的思想提炼，以至于在全社会形成博物馆热的良好氛围之下，关于博物馆学的研究仍然冷冷清清，缺乏高度启示性、理论性的优秀学术著作，博物馆学相关研究成果对博物馆实际工作的指导作用也乏善可陈。因此，建设和发展中国特色博物馆学已是极为紧迫的。

关于建设中国特色博物馆学，王宏钧先生主编的《中国博物馆学基础》当属开山奠基之作，苏东海先生的《博物馆的沉思》等也进行了深入的思考和探索，但前者偏重于博物馆业务实践的归纳提炼，可称为博物馆微观管理学；后者偏重于博物馆事业发展的思辨和思考，属于博物馆一般理论。那么，中国特色博物馆学的理论基础到底是什么？这实际上是缺乏充分共识的。我个人认为，博物馆学的理论基础既可以是传播理论，也可以是知识管理理论，其核心包括以代际传承为主要内容的纵向传承和以展览为载体的横向扩散，当然随着网络信息技术的发展又有了赛博传播，从某种意义上可以说，博物馆的全部工作都是围绕着这三个维度展开的。以纵向传承来说，相关的研究包括藏品征集、藏品管理、库房管理、文物保护、藏品修复等，其中藏品的真伪之辨、新修之变、修旧如旧等实际上是要解决知识的确定性问题；以横向扩散来说，相关的研究则有展厅管理、展览策划、展览设计、展览制作、社教讲解、媒体传播、文化创意、国际交流等，其中的展览—传播—国际交流在形式上是社会教育，在实际上则是要解决知识的有效流动及其效率问题；以赛博传播来说，相关的研究则有博物馆信息技术、数据管理、在线展览、虚拟展厅、网络媒体、舆情监测、形象管理等，其中的数据、网民等实际上既是知识流动问题，也是网络信息时代博物馆形态变化的大背景下文物—观众关系发生时空转变的问题。而为了做好这些工作，中国特色博物馆学还应该有相应的基础工作，包括观众服务、设备管理、人力资源管理、财务管理、后勤管理、场馆运维、安全管理，以及涉及博物馆宏观管理的博物馆标准体系、博物馆政策法规等等。当然，也有学者提出要建立博物馆的知识图谱，这个问题值得商榷，因为历史上留下来的各种物质文化遗存是高度随机的，有时关于这些物质文化遗存的知识也是高度不确定的，而知识图谱需要在不同知识概念之间建立强逻辑联系，要把这样两种不同属性的事物融合起来，是需要超长时间的知识积累和研究支撑的，因而在效果上和方向上是难以实现的。

四

我们建设中国特色博物馆学，必须了解世界博物馆发展的总体趋势；我们创建世界一流博物馆，也必须把握世界一流博物馆的共同特点。在这方面，总的信息数据和研究基础都不那么令人满意。比如说，关于世界博物馆总量，一直没有准确数字，据估算在 20 世纪 30 年代约有 7 000 座，70 年代中期增加到 2 万多座，到 80 年代增加到 8.5 万座左右。但依据《世界博物馆》(*Museums of the World*) 2012 年版对 202 个国家的统计，博物馆数量为 55 097 座。根据联合国教科文组织的研究报告，2020 年全世界的博物馆数量自 2012 年以来已增长了近 60%，达到约 9.5 万家。2021 年 4 月，联合国教科文组织以同年 3 月开展的在线调查所得数据为基础，报告了全球 10.4 万家博物馆现状。不同来源数字的差距之所以如此之大，主要是不同机构对博物馆的界定标准千差万别，统计报告的范围各不统一。总体上看，博物馆界倾向于从严控制范围，因而得到的数字小些；而联合国教科文组织倾向于从宽掌握范围，所以得到的数字大些。无论如何，世界各国博物馆数量呈现出持续增长的趋势，这既说明博物馆在承担国家文化政策功能方面的地位日益突出，也反映了经济社会发展为博物馆建设提供的支持更加强劲有力。

然而，博物馆数量的增长并不等同于质量和水平的提升，后者主要通过博物馆结构反映出来，而其中最重要的指标就是世界一流博物馆的数量与影响力。尽管博物馆形态多种多样，规模属性不一，但究竟什么样的博物馆才是世界一流博物馆，从来没有一个准确的界定，主要是出自口碑，包括观众评价或业界评价。一般来说，要成为世界一流博物馆，需要在多方面达到世界一流水平，比如藏品水平、研究水平、展览水平以及社会教育水平、综合运维、社会影响等等，它们共同构成世界一流博物馆的基本指标体系。

其一，藏品规模大。世界一流博物馆一般都具有藏品丰富的突出特点，不仅数量多，而且质量好、价值高，拥有一批举世公认、人人希望一睹"芳颜"的稀世珍宝，这些珍宝或者是历史文物，或者是艺术品。纽约大都会艺术博物馆、大英博物馆、艾尔米塔什博物馆、卢浮宫博物馆等世界闻名的一流博物馆，其藏品规模都在数十万乃至百万件以上，比如大英博物馆拥有藏品800多万件，来自埃及的罗塞塔碑、法老阿孟霍特普三世头像以及来自中国的《女史箴图》等堪称明星级珍贵藏品；法国卢浮宫博物馆拥有藏品近50万件，其中断臂维纳斯雕像、《蒙娜丽莎》油画和胜利女神石雕被誉为"世界三宝"；纽约大都会艺术博物馆藏品超过150万件，仅15世纪至今的世界各地服装即超过3.3万件；艾尔米塔什博物馆拥有注册藏品318万多件，包括达·芬奇的《利达圣母》与《持花圣母》、拉斐尔的《圣母圣子图》和《圣家族》、提香的《丹娜依》和《圣塞巴斯蒂安》、伦勃朗的《浪子回头》、鲁本斯的《酒神巴库斯》等等。这些博物馆大多历史悠久，藏品丰富，质量水平突出，形成馆以物名、物以馆重的良性互动机制。

其二，综合性博物馆。世界一流博物馆大多是综合性博物馆，其藏品结构和业务方向既要有历史性，也要有艺术性，还要有文化性，但总体上看历史文化是主基调、主旋律、主方向。比如，纽约大都会艺术博物馆的藏品就包括各个历史时期的建筑、雕塑、绘画、素描、版画、照片、玻璃器皿、陶瓷器、纺织品、金属制品、家具、武器、盔甲和乐器等，其展览涉及的范围更广。艾尔米塔什博物馆的藏品包括1.7万幅绘画，1.2万件雕塑，62万幅版画和素描作品，近81万件出土文物，近36万件实用艺术品，超过112万枚钱币，以及古代家具、瓷器、金银制品、宝石等。俄罗斯国家历史博物馆不仅拥有500多万件藏品，比如超过 50 万年的旧石器时代物品、远古时代的巨大象牙、俄国最早的楔形文字记录与武器发展等，以及反映现代俄罗斯历史变迁的重要展览物，还有 1 400 多万份文档资料。由此可见，不管名字为何，世界一流博物馆肯定不应该是专题性博物馆，而是综合性博物馆，它们应该都能够进行宏大叙事，构建完整的话语表达体系，对公众起到教化作用。

其三，展览形态多样。作为公共文化机构，博物馆最重要的公共文化产品是展览，最核心的竞争力是策展能力。能否持续不断地推出在社会上产生巨大影响力的现象级展览，这是判断一座博物馆绩效水平的重要指标。世界一流博物馆无不以展厅多、展览多见长，有些博物馆建筑本身就是精美的展品。举例来说，卢浮宫拥有 403 个展厅；奥赛博物馆拥有 80 个展厅；大英博物馆则有 60 余个常年对外开放的固定展馆，有的展馆涵盖了多个展厅；纽约大都会艺术博物馆拥有 248 个展厅，常年展出服装、希腊罗马艺术、武器盔甲、欧洲雕塑及装饰艺术、美国艺术、古代近东艺术、中世纪艺术、亚洲艺术、伊斯兰艺术、欧洲绘画和雕塑、版画、素描和照片、现当代艺术、乐器等，另外还有一些临时展览；艾尔米塔什博物馆拥有 10 座建筑、500 多个展厅，其陈列展览既有宫廷原状陈列如沙皇时代的卧室、餐室、休息室、会客室等，也有专题陈列如金银器皿、服装、武器、绘画、工艺品等，还有既保留原状又有所改变的陈列，比如在原物之外又增加了许多展品。一般来说，这些展览都展示了人类历史上不同时期的艺术瑰宝，琳琅满目，恢宏大气，充分体现出各个时代的代表性技艺和艺术水准。

其四，具有强大话语权。世界一流博物馆的话语权主要在于强大的文化解释权，包括学术话语权和文物释读权，其基础在于丰富的研究资源和雄厚的研究实力，而来源则是强大的研究力量。无论在藏品征集鉴定、学术研究、展览展示、国际联络等方面，还是在教育传播、文创开发、安全运维、综合管理等方面，世界一流博物馆都拥有一批业内公认的顶尖专家和学术领军人才，他们在业内有学术影响力，在公众中间有社会影响力，在许多方面能够起到一锤定音的权威作用。他们在专业学术刊物上发表文章，在专业学术会议上发表演讲，在专业学术团体中拥有重要位置，在公共媒体或自媒体上不断发表观点，而在这些情况下，他们都会引起业界和公众的广泛关注，并加上引用、转发和传播，成为有关研究和宏观决策的重要依据。一定意义上，他们是权威专家，他们的声音就是比普通员工有更大的传播声浪。比如说，在藏品征集或文物定级中，他们的观点可能直接决定着博物馆是否会征藏某件文物，或者一件文物被定级为珍贵文物还是普通参考藏品。

其五，具有行业引导力。世界一流博物馆之所以具有行业引导力，主要是由四个因素决定的：一是站得高，即世界一流博物馆在看事情、想问题、作决策时，绝不仅仅从本馆的角度出发，而往往是从人类历史文化或者是艺术发展的角度来作判断的，具有更高的历史站位和专业站位；二是看得远，即世界一流博物馆的决策更具有战略性，既要立足当下，更会着眼长远，对其征藏、展览、研究、人才、传播等行为的社会影响更加看重一些，挖掘得更深更细一些；三是想得透，也就是对世界与社会发展大势、行业发展主流形态、面临的突出问题、解决的具体举措以及未来的发展方向等有着更加深入的思考，不断推出新思想、新理念，凝练提升为新模式、新方案，形成业界共识，起到引领示范作用；四是做得好，即世界一流博物馆不仅有行动指南，更重要的是有具体落实行动，把蓝图变成现实，成为人人看得见、摸得着、享受得了的具体成果，而且这些行为又是可学习、可借鉴、可模仿的。就其本质来说，行业引导力主要是思想引导力、理念引导力，归根到底也是学术引领力。

其六，具有国际性的社会美誉度。世界一流博物馆普遍具有较高的社会美誉度，而且这种美誉度是跨行业、跨区域甚至也是国际性的。我们说一家博物馆具有较高的社会美誉度，主要是从这样几个方面来把握的：一是它的业务工作大多达到了较高的专业技术水平，比较规范，也比较专业，能够得到业界专家的高度评价和认可；二是它所推出的公共文化产品和服务具有较高的质量和水平，无论是展览展示还是观众服务或者是文创传播，都能得到社会公众的广泛认可和好评，在媒体上或者观众心目中都有比较好的口碑；三是运维管理安全有序，能够高质量完成委托交办的任务，履职尽责到位，为政府管理的绩效评价增光添彩，实现社会效益和经济效益的高度统一，得到政府部门的充分认可和高度评价；四是在国际上有较高的知名度和美誉度，国外的社会知晓率较高，在观众构成中国际观众占比较高，而且观众口碑较好，重复参观比例较高。

建成世界一流博物馆是一项长期任务，不是三两年建起一座大楼就可以了的，需要持续不懈地在软、硬件和社会环境营造上下大功夫，特别是在博物馆管理的理念与理论基础上应该形成自己的特色特点。好的博物馆应该是有品格的，也是有性格的，国家特色、时代特征、自身特点共同塑造了优秀博物馆的气派和风格。当今世界正处在一个大发展、大变革、大调整的时代，博物馆在推进人类社会发展中的地位和作用从未像现在这样凸显，博物馆之间的交流合作从未像今天这样频繁密切，博物馆从业人员既要关注自身的发展，也要从更广阔的视野来深入思考博物馆的社会功能，准确把握博物馆发展的新特征、新变化，主动回应博物馆发展面临的挑战，在时代巨变的洪流中持续探索博物馆发展的方向和重点。只有这样，我们才能够完成建设一批世界一流博物馆的历史任务和使命。

五

无论是建设中国特色博物馆学，还是要创建世界一流博物馆，首先需要中国本土各级各类博物馆的积极探索和丰富实践，同时也需要广泛充分吸收外国博物馆界的理论成果与经验积累。中国国家博物馆作为国家最高历史文化艺术殿堂和国家文化客厅，历来重视学术研究，把研究立馆作为办馆方针的重要内容，把建成具有世界影响力的研究中心作为发展的重要方向，努力以扎实的学术研究推动构建与国家主流价值观和主流意识形态相适应的中华文化物化话语表达体系，引导人民群众增强历史自觉、坚定文化自信，推动中外文明交流互鉴。组织翻译《中国国家博物馆国际博物馆学译丛》（以下简称《译丛》），就是要坚持全球视野、专业视角，面向世界一流水平，以兼收并蓄、海纳百川的宽广胸怀，分享世界博物馆学研究动态，推介前沿学术成果，借鉴优秀实践经验，助力中国博物馆学的理论创新和建设发展实践，推动构建中国特色、中国风格、中国气派的博物馆学学科体系、学术体系和话语体系，为新时代博物馆事业高质量发展作出积极贡献。总体来看，这套译丛至少具有以下三个特点：

一是系统性。《译丛》主题涉及博物馆工作的方方面面，既有关于博物馆学理论基础的，也有关于策展实践的；既有关于展览设计的，也有关于文物保护的；既有关于博物馆运维管理、藏品保护的，也有关于博物馆数字化、公共教育等领域研究成果的，同时凸显博物馆学多学科交叉融合的特点。在研究方法上，《译丛》兼顾当代博物馆学发展的规范性、理论性、反思性、趋势性等特征，选取了部分将博物馆学这门人文学科与更广泛的社会背景联系起来的研究成果，涉及全球变暖、殖民主义、种族主义、可持续发展等更为复杂的社会问题，集中反映了当下多元文化共存的复杂社会环境和大范围深层次的创新变革下，博物馆学的研究对象和研究范式随着博物馆功能、职责和定位的拓展而发生的转变。从这个意义来说，无论对于博物馆工作实践还是博物馆学研究，《译丛》都具有很强的针对性和启发性。

二是探索性。《译丛》的学术研究特点非常突出，不是从概念到概念、从范式到范式，而是从不同作者的研究视角出发，结合博物馆的工作实际展开探讨，而这样一些主题，如策展伦理问题、策展手册、策展人的角色以及公众参与、数字化建设等，通常很少出现在纯粹的学术性论著之中。以策展为例，尽管大家一致认为在博物馆实际工作中，策展人扮演着非常重要的角色，他们关于历史文物或艺术作品的展览解读对大众思想起着非常重要的引导作用，但他们到底该如何发挥自身作用，包括在数字时代如何应对来自展示、传播、版权、媒体等方面的严峻挑战，始终没有一个明确结论。事实上，这不仅仅是一个理论问题，更是一个迫在眉睫的实践问题，必须结合博物馆工作实际不断加以总结提炼，而开放探索、创造新知恰恰是本《译丛》的鲜明特色。

三是开放性。《译丛》不仅选择的主题是开放的、研究的方法是开放的，而且叙事方式也是开放的，这在其中两本书中有突出体现。一本是关于自然博物馆中策展人的故事，阐明了自然历史展览策划中一些鲜为人知的理念思考和实践探索，实际上反映了《译丛》主编对于博物馆范畴的思考；一本是关于数字时代博物馆发展的研究探讨，展示了作者在网络信息技术和数据技术飞速发展的时代背景下，对博物馆面临的各种挑战以及应对策略的探索，实际上也反映了《译丛》主编关于博物馆核心理念到底是文物、观众还是技术的一些深层思考。一定意义上说，正是由于《译丛》不仅包含最新基础理论著作，也涵盖与实践紧密相关的应用研究，收录著作体裁十分丰富，包括研究专著、学术论文集、文献综述、演讲集，以及普及性读物，从而把研究的开放性与阅读的趣味性有机结合了起来，既能满足博物馆从业者和研究人员的需求，也适合一般博物馆爱好者阅读，进而形成了读者对象的开放性。

《译丛》的出版凝聚了国内文博界"老中青"三代的力量，规模之大，在我国博物馆行业尚属少见。在这套丛书的策划过程中，潘涛先生不仅有首倡之功，而且多次推荐重要书目，出力不少；中国国家博物馆的多位中青年学者勇敢承担起翻译工作，他们的贡献和辛苦已经以译者的形式予以铭记；一些国内资深博物馆专家和高校学者多番审校，其中有颇多学界前辈不顾高龄、亲力亲为的身影，他们的学术精神和敬业作风令我们甚为感动；还有一些学者承担了大量繁琐的幕后组织工作，虽未具名，但他们的贡献也已深深地凝结在了《译丛》之中。需要说明的是，《译丛》收录的首批著作都是在 2020 年之前完成的，当时几乎没有研究者关注到类似新冠疫情大流行之类问题对博物馆行业的重大影响，这一缺憾我们将在后续翻译出版工作中予以弥补，到时会适当关注全球疫情影响下的一些重要研究成果。衷心希望《译丛》的出版能够为中国的博物馆学研究和博物馆事业发展贡献一份力量。当然，由于水平有限，译本中难免会存在这样那样的错误和疏漏，真诚欢迎广大读者批评指正！

是为序。

2023 年 8 月于北京

图1 作者平时的桌面。摄影：史蒂文·米勒

图2 马萨诸塞州波士顿的伊莎贝拉·斯图尔特·加德纳博物馆入口。摄影：史蒂文·米勒

图3　从未飞越过地球大气层的美国国家航空航天局航天飞机"企业"号（Enterprise）被送往"无畏"号航母博物馆（the Intrepid Sea, Air & Space Museum）。来源：美国国家航空航天局。摄影：比尔·英戈尔斯（Bill Ingalls）

图4　纽约沃特米尔帕里什艺术博物馆的车道入口。摄影：史蒂文·米勒

图 5　手臂形状的圣髑盒，法国北部，大约
制作于 1200—1250 年。藏于大都会艺术博物
馆。摄影：史蒂文·米勒

图6　比利时布鲁塞尔皇宫的展览。摄影：史蒂文·米勒

图7　1970年，作者在宾夕法尼亚州霍舍姆的费尔伯工作室（Felber Studios, Horsham）工作时，正在威尔克斯－巴里（Wilkes Barre）安装一个装饰性的石膏天花板。图片来自作者档案

图8　2010年，在马萨诸塞州波士顿美术馆的服装展览开幕式上，作者手拿饮料，危险地靠近展览中未加保护的展品，这几套服装是由时装设计师阿诺德·斯凯西设计的。说来也怪，那天晚上展厅中竟然允许喝酒——这在大多数博物馆里都是前所未有的。摄影：简·米勒

图 9　这是佛罗里达州一座历史建筑的入口，这里有一堆乱七八糟的游客服务设施，它们本可以被安置在其他地方，以减少视觉上的干扰。摄影：史蒂文·米勒

图 10　所罗门·R.古根海姆博物馆倾斜的地板和倾斜的墙壁（纽约）。摄影：史蒂文·米勒

图 11　俄亥俄州克利夫兰西部保留地历史学会入口。摄影：史蒂文·米勒

图12　美国民间艺术博物馆（纽约）。摄影：史蒂文·米勒

前 言

套用威尔·罗杰斯（Will Rogers）的名言[①]，我从未见过我不喜欢的博物馆。于我个人而言，大部分博物馆是适合探索、令人着迷、予人欢乐的地方，不论其面积大或小、财力雄厚或薄弱、藏品丰富或单一、运作高效或低能、位置繁华或偏僻。某些情况下，博物馆也会令人不安、恼火或生气，但几乎没有一座博物馆是无聊的。

一般人听说我在博物馆领域工作时，都会感叹这是一份多么"有趣"的职业。我完全同意这个观点，但他们其实并不清楚博物馆工作的具体内容，除非在博物馆工作了很久。现在，我依然在一边破译博物馆工作的本质，一边时不时地解读这份工作的价值，不过每次解释的角度都有所不同。也许正因如此，这份思考激发了我对生活的感知。如果一个人以学为乐，想从机械简单的日常工作中得到解脱，能够适应干扰，并且拥有一颗好奇之心，那么博物馆可以为他的精神和情感提供一片极

---

① 威尔·罗杰斯，美国著名喜剧表演家、幽默作家。在20世纪20年代到30年代，威尔·罗杰斯的作品由于其朴素的哲学思想和揭露政治黑暗的内涵而广受美国人民爱戴。他的名言"我从未见过我不喜欢的人"在美国广为流传。——译者注（除另行说明外，均为译者注）

具吸引力的栖息地。

我的一生几乎都在经历博物馆事业的探险。从前，已故的父母时常提起我 5 岁时的一个故事。当时我们正在佛罗里达州圣奥古斯丁的西班牙城堡度假。快离去的时候，我告诉他们，我长大后想在这种地方工作。我的母亲是幼儿教育家，父亲是室内设计师，他们都热爱历史和艺术。我的父母对我职业道路的选择感同身受，给予我极大的支持并以此为荣，恐怕只有溺爱孩子的父母才能做到这一点。

虽然我对博物馆的爱是毋庸置疑的，但我一直在思考，这样的机构究竟为何存在。最近这个疑问一直萦绕在我心间。医院、商店、银行、农场或学校都有实用功能，但博物馆却根本不具备这类功能。在日常生活中，当人们写待办事项清单时，也只会将干洗衣物、预约医生、修剪草坪或清洗车辆等事项列在上面。逛博物馆，一点都不日常。对于大多数人来说，参观博物馆这件事几乎不会或极少出现在他们的生活中。

人类发展的历史长河浩瀚而又广阔，按照博物馆几百年的历史来算，它只能算登上世界舞台的后来者。然而，在极短的时间内，博物馆已经比比皆是，似乎在数量、规模和声誉方面齐头并进。为什么会这样？我凭借直觉和经验总结出了几点原因。在接下来的章节中我会提到这些内容，不过我的观点没有任何综合的、全面的、可量化的、科学的、基于科学研究的证据来支持。据我所知，那样的证据是不存在的。在此，我向心理学界发出呼吁，希望他们能找出人们信任博物馆的真正原因。究竟是我们内心深处的何种因素，造就了这些独特的场所？

精神上的探索往往始于扪心自问，因此，我开始询问自己的内心——为什么我会觉得博物馆是有价值的？过去，对于这个疑问我只是坦然面对，或是欣然接受。这个问题表现在我的财务上则更为明显：我可以在博物馆谋生然后获得薪水，但是，我也可以在其他地方做到这一点，并且可能赚到更多的钱。为什么我还会选择在博物馆工作呢？促使我做出决定的感性、理性或社会的因素是什么？要是我能明白激励我这么做的原因，我也将清醒地觉察到别人的看法。

直到最近我才恍然大悟，我的这些关于博物馆的苦恼可能是慢慢积累起来的。我的祖父母从没扔过任何东西，外祖父、外祖母也是这样，他们都在同一栋房子里生活了无数年。他们既不是收藏家，也不是囤积狂，他们只是实用主义者，总觉得无论何时都应当把东西保存下来才更方便，即使是现在不需要的东西。这些有关取舍的瞬间已不知不觉地绵延数年。我曾花费无数时间在阁楼、谷仓和车库里遨游，在充满新奇与发现的家族杂物箱里淘来淘去。幸运的是，我的父母也喜欢老物件和有趣的艺术品。借我父亲的工作之便，我家的房子总是装潢得美轮美奂。我们很少购买新的家具，因为过去遗留下来的东西足以充满我们的房间，而父亲经手的各种装饰项目会余下很多精美的布料，可供装点家具或者制作窗帘。我家所有的一切都是有故事的，与在博物馆中谋生别无二致。

除了有慈爱的父母外，我还万分有幸地结识到一些导师，尤其是在我职业生涯早期出现的几位。我不确定如今接受指导的机会是否像过去一样常见，但对于新手来说，接受指导将大有助益。当我还是一个有志在博物馆工作的孩子时，我父亲的一位发小就一直鼓励我，在我上大学之后他甚至向我提供了一些工作机会。厄尔·W. 牛顿博士（Earle W. Newton）曾在美国东海岸担任博物馆馆长。他在我大学的两个冬季学术实习及一个暑假期间雇用了我，当时他正领导佛罗里达州博物馆的工作。我的经历是丰富的，现在回想起来，那时的我承担了超乎预期的责任。1971 年，我在纽约市博物馆（Museum of the City of New York）担任初级助理馆员，当时我有两位导师——馆长约瑟夫·V. 诺布尔（Joseph V. Noble）和高级藏品研究员艾伯特·K. 贝拉格瓦纳思（Albert K. Baragwanath）[1]。他们慷慨、乐于助人、有趣、聪明、机敏，从不吝于赐

---

① 贝拉格瓦纳思（Baragwanath）是威尔士的姓氏，简称巴里（Barry），后文中作者均用"巴里"称呼"贝拉格瓦纳思"。

教，甚至会帮我改善工作习惯，例如准时上班。保罗·里瓦德（Paul Rivard）在担任缅因州立博物馆（Maine State Museum）馆长期间，被我奉为管理大师，当时我是助理馆长。他是完美的博物馆负责人，可能也是我见过的最风趣的人。在这本书中，我将时不时提及这些人。

我不知道导师的反义词怎么说，但我遇见过几个这样的人。收拾他们的烂摊子所花费的时间是折磨人的"学习经历"。这种经历和愉悦毫不相干，但我确实从中学会了对待员工的种种禁忌。我还认识到，面对糟糕的博物馆馆长，你不能指望博物馆董事会能迅速采取改正措施。我意识到，居于博物馆权力中心的反社会人士可能会一直存在。由此，我学会了可以奉行一生的哲学。当我发现情况已经岌岌可危，并且是由于老板（包括董事会）不称职而在浪费时间时，我将接受事实并继续前行。本书并没有提到这些人，但我多少还是感谢他们，毕竟是他们的存在让我立志成为博物馆馆长的。在这个职位上，我说了算，并且我只需要向董事会负责。夫复何求呢？

最后，也是最棒的是，我的妻子简以及孩子安德鲁和凯瑟琳给予了我爱与支持，我何其有幸能享受这一切。毫无疑问，我就是这世上最幸运的人。温馨的家庭让我的生活和事业都充满乐趣且保持平衡。爱就是一切。感谢你们！

简 介

博物馆是多多益善的。

——史蒂文·米勒（Steven Miller）

本书凝结了我对于博物馆为何如此存在、博物馆如何开展工作等诸多问题的思考。这些关于博物馆的解读并非客观的。我的看法是完全主观的，甚至有点儿"因循守旧"。不过我相信，博物馆的存在正如我的行文一样，是透过客观的事物来阐释主观的话题。

我所写的内容是基于我担任博物馆藏品研究员（curator）^①、馆长、顾

---

① "curator"一词，本书统一翻译为"藏品研究员"。由于中西方博物馆在机构建制、业务范围、职位设置等方面多有不同，一直以来，对"curator"一词的翻译争议不断，常见译法有"策展人""业务主管""典藏研究员""学艺员""馆长""管理主任"等。在西方的语境中，从工作内容来讲，"curator"的工作范畴涵盖藏品的征集、保管、研究、展示、阐释、教育等方面，其核心是藏品；从职能体现来说，"curator"首先是具有某种专业背景的专家，在深入研究馆藏情况的基础上，丰富完善藏品，并将研究成果经由展览、教育活动等方式表达出来，其各项职能以研究为基础。结合本书相关内容来看，将"curator"译为"藏品研究员"更为妥当。

问、作家、教育家和董事这 40 余年的经历。虽然这听起来有点自吹自擂，但这些经历足够证明我的见解透彻且独到。多年以来，我在博物馆领域笃学不倦，真正做到了"苟日新，日日新，又日新"。我是一个以自我为中心的人，但我从不吝惜将自己的认识分享给其他人。很多人认为他们也可以对书中的话题加以评说，但这些人若非没有博物馆工作经验，就是在博物馆工作时间不长。那些真正在博物馆环境下做过一番事业的人，没有一个会觉得自己对博物馆无所不知。

一直以来，博物馆深深吸引着我，而且它的魅力与日俱增。博物馆是理念与实践的结合，它们主张自己因极为崇高的理由而存在。博物馆的创办文件上一般会罗列冠冕堂皇的宗旨、使命、目标、社会意义以及所谓必需的文化契约。这些利他主义的价值观完全是自封的，对此我们本应心存感激。但事实真的如此吗？可能是吧。在真正了解博物馆前，我们只能不置可否。

正如大家所见，如今的博物馆受到了很多关注。我不清楚这其中有多大程度的关注是它应得的，但我很高兴博物馆成了社区对话的前沿及核心。这让我们这些在博物馆工作的人，以及其他与博物馆相关并能影响它们的人，能够欣然接受责任，为博物馆的扩张与发展努力，并进一步明确其内部机构的功能。

这本书剖析了博物馆拥有的共同特征，其章节的划分主要依据博物馆工作中常见的分工、实践和理论。本书并非面面俱到，其中一些话题，例如博物馆日常维护，涉及的内容远远超出见诸纸端的参考书目、道德准则、保证条款、操作手册等。还有一些话题，比如展览，不久前才出现了相关的独立出版物，并对这一主题进行了明确的定义。"博物馆教育"这一章，似乎全都是文字叙述——但这恰巧能反映出教育者健谈的本质。还有个别话题，例如博物馆领导和藏品管理，比较遗憾，目前尚无相关书籍来讨论这些职能具体包含哪些权责。

在编排大纲时，我试图建立一个理想化的框架，让博物馆专业人士、普罗大众，尤其是博物馆入门者都有兴趣了解博物馆这个神奇的机构。我的朋友查尔斯·克兰西（Charles Clancy）是一位退休律师，他为本书的编辑出版提供了绝佳的助力，在他的帮助下，我得以在正确的轨道上不断前行。

博物馆可以是简单的，也可以是复杂的，或者是两者的结合。如果博物馆的规模小，财务风格保守，关注的问题单一，那么它就是简单的；如果博物馆的规模庞大，财力雄厚，并且涵盖了很多学科，那么它很可能是复杂的。这本书特别念及那些我在小型博物馆工作时的同事们。在解释、反思和处理专业问题时，他们不时地遇到困难和阻碍，这些问题在本书中也有所体现。

博物馆是一项前途未知的发明。我个人非常希望它能成功，不断发展，并继续做力所能及的事情。要做到这一点，前提是我们必须承认博物馆是实验品。每时每刻，博物馆都被周围的人、事、物反复检验。通往博物馆终极目标的这条路是蜿蜒曲折的，这也为途中有可能出现的事物留下了可以充分发展的空间。

我在博物馆中层层闯关、不断晋升，经历了从粉刷展厅墙壁到设计展厅墙壁，从做入门级工作人员到管理层高级员工，从服从各种指令到下达各种命令，从向董事会报告到成为董事会一员（唯独会计工作是我没做过的）的过程。我从前的经历对我在博物馆工作大有助益。在博物馆职业生涯的准备阶段，我甚至还从高中和大学期间的兼职工作中得到了些许报酬。这在如今无薪实习的时代，很不寻常。这些经历也反映出我是多么幸运，对此我非常感激。

在这个时代，博物馆工作者从职业生涯之初就是专业化的（例如教育人员、藏品研究员、管理人员、筹资人员和藏品保管员）。像我这样，对博物馆运作的各个方面都有广泛参与的案例越发少见，甚至有些不切实际。事实上，我的这种情况可能已经完全过时了。这从侧面反映出博物馆的专业化。我不是那种沉醉于博物馆美好旧时光的人，但是拥有不同职级、不同岗位的工作经历让我更有发言权。在工作中和课堂上，我有幸能将这些实践经历与大家分享。正是这些实干经验，让同我一起工作的员工感到安心，让我的学生从中受益（希望如此），也让董事们能够欣赏我（前提是他们能听我说话）。这份经历帮助我深入了解了博物馆日常运作和基础业务的方方面面。

除了吸取我在博物馆的工作经验，本书还融合了我对于博物馆学的教学心得。我曾在纽约大学（New York University）、社会研究新学院（The New School for Social Research）、凯斯西部保留地大学（Case Western Reserve University）开设的博物馆课程中担任兼职教授，并为西顿霍尔大学（Seton Hall University）博物馆专业硕士项目工作了十多年。每年，我都会教授一门必修课，题目为"解读博物馆"，我的这门课就是按照本书的逻辑，对博物馆进行简要介绍。我的教学思路是试图在博物馆的理想期望和博物馆的现实情况之间取得平衡。理想，是我们博物馆行业前行的目标；现实，是我们脚踏的实地。

　　在每章的末尾，我都提出了一些没有答案的问题。在教学中，我经常使用这些问题来引导学生讨论。问题中描述的情况，往往是在我的职业生涯中真实发生过或是可靠的同事们曾说过的事情。这些问题节选自学生和老师的谈话，是对现实的评述。我经常鼓励学员分享亲身经历。博物馆领域并不是一成不变的。这是一个动荡的世界，充满了各种不同的态度、参与、观点和行为。我提出的一些问题有明确的答案，但其他的则需要以更微妙甚至矛盾的方式解答。

　　除了上述问题，在每节课的开始，我都会问学生，有没有人知道我们今天要探讨的"新闻中的博物馆"话题。这些话题可能是目前存在的争议、新的灵感、有趣的发展动态，等等，我们经常在纸质媒体或网上看到它们。博物馆在新闻中出现的频率是很高的。大部分时间，人们讨论的话题，更多的是博物馆如何在公共环境中运作及存在。

目 录

第一章　何为博物馆？

博物馆，在美国人的话语中意味着一种娱乐场所，这里应该有一间剧院、几座蜡像、一个巨人、一两个矮人、一堆绘画和几条活蛇。为了使用这个词还需要找些借口。在大多数情况下，这里还会有一堆鸟类标本、几只保护动物，还有一系列奇形怪状的、令人难以捉摸的珍品；"博物馆"的主体是"现场艺术"，即戏剧表演，演员可以是早熟的侏儒、智力超群的狗或猴子。

——阿蒂默斯·沃德（Artemus Ward），1997 年

在定义博物馆时，其多种特性相互交融。在众多的特性中，只有拥有与博物馆主题相关的永久藏品（permanent collection）这一点，令博物馆独具一格。的确，从长远的角度来看，获得并保存这些物件是博物馆唯一的任务，归根结底，正是这些物件将博物馆与人类的其他发明、努力和职责区分了开来。除此之外，博物馆所做的一切，无论是教育教学、筹办宴会、经营零售、组织参观、举办展览、投资房地产、销售艺术品及古董等，都是可由其他组织、机构、代理和企业完成的。永久地为人类和自然界获取、维护并保存其原始物证，这一点使博物馆与众不同。

我所谓的"永久藏品"，指的是博物馆在经过深思熟虑后获得的实物，这些实物在被编目登记（编号）后，会被博物馆有意识地永久保存。在这里，永久的意思是打持久战，是直到死亡将我们分开，是直到时间的尽头，是不只现在这片刻，以此类推。这个概念好奇怪，是不是？博物馆可以是吸引神奇事物的魔法石，是存放令人惊叹之物的仓库，是现实世界的储物箱，是收集癖们的宝地，或是堆废品的垃圾场，

相比之下,"永久"是不是也没那么怪了?

收藏并组成一套永久藏品涉及各种各样的意图、规程、实践和动机。因此,有些博物馆对学科、主题、说法和思考的杂合程度令人震惊(甚至是令人担忧)。在具体实践中,永久藏品定义了博物馆的一切。可以说,没有藏品,就没有博物馆。

在界定一个博物馆时,其大小和质量并不是决定因素,至少在评价其永久藏品时是这样的。博物馆中可能只有一件藏品,也可能有无数件,其内容可能是公认的顶尖佳品,也可能仅能博人一笑。这些藏品可能被很好地分类编目、贮藏保护、研究理解、保管利用,也可能没有经过这些流程。据我所知,一些知名博物馆,甚至是获得美国博物馆协会(American Alliance of Museums)认证的博物馆,也有在藏品保管工作中失职的,而一些小众的博物馆,却能为其藏品提供全面保障。界定博物馆最重要的评判标准,其实是藏品本身。

需要注意的是,在规定博物馆必须拥有永久藏品时,我并没有对博物馆的类型、规模、身份、所有权或管理情况做出区分。不论是政府、私人、公司还是个人所有,不论是艺术、科学、历史博物馆,还是像儿童博物馆一样的综合体,永久藏品都是博物馆在理论与现实中的交集。正因如此,持有艺术品、科学标本和历史文物等永久藏品的机构会自称为博物馆、画廊、历史协会、收藏机构或基金会。这些名称也适用于没有藏品的地方,但这些千奇百怪的名称并不是关键。最重要的是,真正将博物馆与那些只追求地位、不履行责任的机构区别开来的,是永久藏品。

附带一提,我对永久藏品的讨论只限于非生物类藏品,如椅子、枪、衣服、骷髅、油画、船、石头、虫子标本、收音机、银器,等等。我尽量避免去讨论那些在动物园、水族馆和植物园里的所谓活的藏品。这些机构努力不把自己称为博物馆是有原因的,试图长期收藏有寿命的藏品就是其中之一。

那么，永久藏品在博物馆的作用是什么？为什么要拥有这些器物？博物馆收藏是基于这样一种假设，即为我们共同居住的人类社会和自然环境的某个方面或某些方面提供有意义的证据。其实心理学家更有能力深入研究这个假设背后的人性，但从数量众多的博物馆来看，存在即合理。博物馆是一个特定的地点，让我们有选择地从感性和理性层面使用和探究事物，从而享受、思考、赞颂、启迪、发现、娱乐、学习和理解。不管这些因素是不是发明博物馆的本源，在今天，它们都是客观存在的事实。

要使永久藏品在长期和短期都有价值，它们必须具备真正的内在价值。大多数博物馆都很清楚自己馆藏的意义，但对于藏品评估必须持续、反复、不断地进行。一般来说，藏品必须是某一主题的原件，才能够被诠释和探索。这就是为什么大多数博物馆都会避免复制品和仿制品的入藏。这些器物可以用于展览或教育的目的，但通常只有原件才能被登记入藏。

因此，博物馆所保藏的器物需要具有特定的内涵。一般器物是不能被随意纳入的。博物馆藏品必须有作为物证的能力和意义。博物馆之所以存在，是因为有形的器物在信息、情感和心理层面能够传达观念和感触。这些观念和感觉是发自肺腑、真心实意的。它可以被验证或表示，或二者兼而有之。拥有这些能力的藏品是博物馆特有的语言。

我有这样一个想法：人类大脑的两边功能明显不同，右脑是本能的、直觉的和非语言的，而左脑是逻辑的、语言的和理性的。按照这个思路，当人们踏进博物馆时，看到第一件器物的那个瞬间，他们的右脑可能会最先行动。随后，当大脑开始整理视觉片段的时候，负责语言的左脑也参与进来了。博物馆观众的左右脑就像打乒乓球一样飞速运动着，他们在这样的思维模式中航行、沉浸、探索，不断地理解物质世界的意义。藏品所传递的信息源于观众自身的知识体系，通过博物馆工作人员经由展品（藏品）的阐释，最终演绎出具体的内涵。

博物馆的专业人员决定了博物馆拥有什么藏品，为什么要拥有它们，以及如何使用它们。博物馆的观众，不论怎样定义，都应是博物馆的终极用户——他们是博物馆具体工作的最终受众。不仅如此，博物馆还希望参观行为能对观众产生深远的影响。博物馆内涵的深度和广度产生于精心策划的公开信息平台——"展览"，这个平台依赖于人与物之间预期的联系而存在。

尽管通过展览这一媒介，观众成了博物馆的最终受益者，但事实上大多数观众对他们看到的展品、展品的展示方式，以及为什么这样展示，不能产生即时感知。要想让观众对此有所感悟，需要博物馆工作人员的努力——不过负责这类工作的员工数量比较少。外界有一种声音认为，负责收藏、保管、研究、展览和教育的那些人，进行这种工作是为了公众的最大利益。我对这一观点持怀疑态度，因为在长期的实践中，大部分博物馆藏品的变化幅度极其微小。你可能听说过，最近有些博物馆注销藏品，但大部分博物馆仍继续收藏着，至少现在依然如此。正是这种不断延长的收藏寿命，让"永久藏品"的概念得以产生，这同时也论证了永久藏品对于博物馆是重要并且必要的。

博物馆自称真理之所。它所谓的真理其实是一种猜想和观点，但无论怎么说，有存在价值的博物馆之所以能建馆，就是因为它们能把信息片段构筑成一幅描绘立馆宗旨的画卷。这些信息正是源于与立馆宗旨相辅相成的藏品。在征集、研究、展示和出版藏品的过程中，尽职尽责的博物馆会尽己所能地解读藏品，展示藏品背后的史实，因此格林·汤普森（Glyn Thompson）认为"公众有权相信它在博物馆展品说明上读到的信息"。

在更广阔的语境下，博物馆对器物的阐释方式会有明显区别，而且这与主观理解息息相关。但不管器物的用途如何，真实性是每件藏品的根本。这也是博物馆在收藏时，极力避免赝品、仿品和伪造品的原因之一。这也是为什么藏品来源、保存状况、工作规范和职业道德是博物馆工作的重点，或者说应该是最重要的部分。

藏品将我们与人物、地点、时代、思想、事件、理论、成就、未解之谜等你能想到的一切联系起来。乔治·华盛顿是一位历史人物，但当我们拜访他在弗农山庄（Mount Vernon）的家时，我们才能感受到他也是一个真实的人。列奥纳多·达·芬奇是一位伟大的画家，但当我们看到他亲手绘出的作品时，我们才能真切体会到这一点。我们都认为恐龙曾经存在过，但只有亲眼见到它们的骨头时，我们才真正相信这个说法。

我常常在想，为什么博物馆会在那个时间点出现。毕竟，几千年来，人类没有博物馆也活得很好。这背后的原因复杂而又发人深省。博物馆萌生于启蒙时代，那是一个充斥着探索发现与廉价娱乐的时代。当欧洲人发明博物馆的时候，它反映了当时在那片土地上酝酿、暗涌，然后登台亮相的伟大思想。在某种程度上，是科学引领了这一进步，新大陆的发现让皇室贵族和新富商人得以充实自己的多宝阁。研究，则负责让严谨的学术机构和认知方法蓬勃发展。而艺术，一直以来只能让大众在祭祀礼拜场所看到，现在变得随处可见了。在建筑工地和宗教遗迹中，历史遗存不时地被发现。博物馆成了一个受欢迎的公共娱乐场所，最能代表这一点的，便是位于纽约百老汇与安大街（Ann Street）街角的巴纳姆博物馆（P.T. Barnum Museum）①。

除上述我们比较熟悉的主流博物馆的起源之外，建立艺术和历史博物馆的想法同样源于独特的私人收藏和教会收藏，而不是由某个人的储物柜发展而来。将所有珍宝在一个无教派、无政治的"中立"环境中提供给大众的这种想法，来自民主、公共教育和公平可及的观念，这些主

---

① 菲尼亚斯·泰勒·巴纳姆（1810—1891），美国巡回演出团老板和马戏团老板，被誉为"马戏之王"。他的马戏团以畸形人的表演而闻名。为安顿这些人和利用他们赚钱，在1841年巴纳姆买下了位于纽约市百老汇和安大街的一座废弃博物馆，并将之命名为"美国博物馆"。这里以怪异的展品而闻名，其中最有名的是假斐济美人鱼（FeeJee Mermaid）。

张在 19 世纪逐渐蔓延开来。博物馆是一个能让人们自愿平等地聚集在一起的场所，这种想法表明博物馆应当具有教育价值，尤其是在大众教育方面具有价值。美国所建立的史无前例的公共教育体系，将博物馆推向教育的核心。因此，无论是过去还是现在，美国博物馆关于公众教育的理念一直走在全世界的前列。

我认为，博物馆之所以能够出现，除了常见的原因之外，还因为当时人类造成了比以往任何时候都更严重的物理破坏，不可逆转地变革了社会、文化、环境、人口和政治，这并非偶然。虽然博物馆最初的主要使命可能不是挽救正在失去的或严重改变的事物，但周遭的巨变让博物馆必须承担起这种责任。这一点，在自然历史博物馆中显得更为重要。

我将博物馆定义为一种为公共服务的保存机构，它通过器物来阐释某种主题。下面，让我来逐一解析这个定义。

博物馆的公共服务属性是显而易见的，但并非一直如此。在我看来，公共服务包括开放可及（public access）和公共治理（public governance）。公共服务的有效性与博物馆的顶层设计息息相关，其管理层需要对大众负责。在美国，博物馆的高层是董事会。在其他国家，它可能是政府、宗教组织或私人所有者。当然，公共治理并不意味着公共透明度。博物馆对其内部运作的细节是讳莫如深的。想要验证这一点，你可以去问问所有职位的薪资水平。然而，从工作流程来看，从征集、保管、开放、教育、安保到职业道德操守，外界眼中的博物馆显然是为共同利益而存在的。

一旦博物馆基于某种宗旨建立起来，无论其主题是艺术、历史还是科学，它都必须获取一些物证来支持其讲解工作。这些器物基于立馆理念征集得来，入馆后便多了一重身份——博物馆藏品。经过精心设计的排列组合，这些藏品作为物证永久存在。在某种程度上，它们成了不可侵犯的公共财富，致力于为学术、研究、抚慰、歌颂、学习和记忆而服务。

若将博物馆看作一个机构，则须考虑其各种表现形式。大多数博物馆，即使是很小的博物馆，都有某种组织机构。这种机构的性质和水平都存在较大差异。在小型机构中，其治理结构可能大相径庭。在美国，很多小博物馆由于规模过小，其董事会成员的数量比领薪水的工作人员还要多。这种现象极为常见，但并无不妥之处。随着博物馆领域中专业分工的日益明确和严谨，人们对如何做博物馆工作有了更高的认识，并朝着这个方向不断前进。随着专业标准的提高，博物馆作为机构的各项功能逐渐改善，希望这种发展趋势会继续下去。

在我对博物馆的定义中，保存职责可谓博物馆工作的核心。这一职责将博物馆与其他和器物流通有关或专注于器物本身的机构区别开来。多年来，博物馆不断重申保存的必要性，由此引出我对博物馆概念的另一个观点，即博物馆是为教育目的而使用器物的场所。这个观点实际上说明了永久藏品的意义。无论现实与否，正是永久性的概念衍生出博物馆的保存职责。

对于大多数人来说，博物馆中有藏品的存在已经成为一种常识。"博物馆＝物的集合"。博物馆领域的离经叛道人士觉得这个概念存在疑议，为此他们提出了一些站不住脚的理由。他们认为，对博物馆来说，藏品并没有那么重要，甚至有人觉得，博物馆没有藏品会更好，或者至少不需要围着藏品团团转。我的天呐！要是您不喜欢博物馆藏品，不认可它们在博物馆中扮演的重要角色，您大可不必在这里工作，而且您离博物馆行业越远越好。

不管人们喜欢与否，博物馆的藏品都带有一种近乎神圣的精神力量。想想看，藏品可能经历过被窃、战争、自然破坏等悲剧事件，这是多么令人痛惜呀。物质带来的这种感触是否值得这么多的关注，还有待讨论，但就目前而言，在民主化的世界里，博物馆的做法被普遍认可。博物馆能否继续依托器物可触可感的特性开展工作，且如何强调这种特性的重要性呢？我们拭目以待。短期来看，博物馆将继续在情感、教育和文化方面引领藏品的社会共识——即使社会可能不知道也不关心这种共识是什么。博物馆的建立正是如此：所谓永久藏品，就是要批量保存，就像某种常见的 DNA，能把任何人都连接起来。保存是必需。

我把博物馆分为三类：科学博物馆、艺术博物馆和历史博物馆。偶尔也会有复合型出现。作为学习场所，我分的这三类博物馆追求的目标迥然不同。首先，这些机构中藏品研究员们所需要的教育背景、兴趣爱好和学术背景就是不同的。藏品研究员们是一家博物馆的智囊，他们必须是该类博物馆相关工作领域的内行、专家或知识精英。因此，当涉及特定的领域时，他们的职业轨迹是非常明确的。艺术藏品研究员很少有科学背景。科学藏品研究员很少有历史背景。历史藏品研究员很少有艺术背景（他们肯定也没在艺术工作室待过）。当然也有例外，但大多数情况下，博物馆的分类决定了一切。顺便说一句，我不认为分隔是一种阻碍。

美国的大多数博物馆是私有的，不隶属于其他组织或政府机构。它们由某种形式的董事会管理。通常情况下，博物馆对其实体建筑、所在的土地、拥有的藏品等具有所有权。在美国还有一部分博物馆是政府所有并运营的。这类博物馆广泛分布于联邦、州等层面。联邦经营的博物馆一般在史密森学会（Smithsonian Institution）和国家公园管理局（National Parks Service）旗下。州政府所有的博物馆，一般是州立博物馆和历史遗址。地方政府通常拥有或支持具有地区价值的建筑和博物馆，比如郡博物馆。城市拥有自己的博物馆，或拥有一定的准所有权。大都会艺术博物馆（Metropolitan Museum of Art, MMA）就是这样，它虽然是私有的，但也属于纽约市的财产，因其年度预算的一部分来自纽约市财政。

附属博物馆，是指由更大的机构单位所有的博物馆。大学博物馆就属于这一类。附属博物馆也可以分为艺术、科学、历史等类别。在美国坐落着各种附属博物馆，其中很多相当优秀。我个人的最爱是宾夕法尼亚大学（University of Pennsylvania）博物馆。这座博物馆专注于考古学和人类学，拥有令人着迷的藏品。附属博物馆也有一个缺点，它们的监管机构并非该博物馆专属，因此从法律的角度来看，这些监管机构不能全心全意地致力于提升博物馆的福祉。负责管理这类博物馆的机构可能有顾问委员会、访查委员会或上级监管部门，但这些组织一般对博物馆没有独立约束力。这种组织方式在下面这个反面案例中尤为典型。位于马萨诸塞州沃尔瑟姆的布兰代斯大学罗斯艺术博物馆（Rose Art Museum at Brandeis University in Waltham, Massachusetts）发生过一件丑闻：为了给学校筹集急需的运营资金，该博物馆几乎被学校董事会掏空。博物馆收藏有众多价值不菲的艺术品，于是这些藏品被拿到市场上拍卖。还好，有人及时制止了这种行为，艺术品没有任何损失——但其他的附属博物馆就不一定这么幸运了。

有时候，博物馆也会被商业企业创建并拥有。博物馆的主题可能与商业意图有关，也可能无关。这类博物馆很罕见，寿命也不长。企业新管理层接管业务之后，很可能会觉得旗下的博物馆完全不符合公司的经济利益。最终，博物馆藏品会以出售等方式被遣散。不过，纽约市康宁玻璃博物馆（Corning Museum of Glass）是个例外，它虽是一家私有的非营利机构，却得到了康宁玻璃公司（Corning Glass Company）的大力支持。私人所有的博物馆，虽然可以转制为我所定义的那种惯有的、不以营利为目的的、面向公众开放的博物馆，但其维持运营的时间一般也很短暂。

无论博物馆的类型、主题、内容、经费、规模或位置如何，当人们进入博物馆时，他们应该有一种即将体验生活中不曾出现过的事物的感觉。一般来说，有如下几个原因。古老而又传统的艺术博物馆颇能诠释这种感觉，它们拥有神庙一般的外立面和宏伟壮观的入口大楼梯。从这里拾级而上，你将从日常生活走向另一个世界。当然，小型博物馆和其他类型的博物馆可以在一定程度上复制这种感觉。

几十年来，在博物馆领域一直能听到一些声音：我们必须让博物馆更为人性化，更易于参观，更不令人生畏，等等。坦率地说，我认为现在的博物馆已经足够人性化和易于参观了。至于令人生畏，当我乘坐飞机，在高速公路上行驶时看到警车，都会有这种感觉。对于某些人来说，很多地方和场景都是可怕的。我还没想好如何评判博物馆令人生畏的因素，但从每年数百万人次参观量来看，观众应该不太反感博物馆。所谓进入博物馆时感受到的畏惧，或许可以被理解为一种敬畏，又或者，是好奇心使然罢了。我一直认为，如果人们缺乏好奇心，那么博物馆将不复存在。

正如萨尔曼·拉什迪（Salman Rushdie）总结的那样："我们生活在一个没有记忆的时代 —— 这使得博物馆变得更加重要。"[1]

---

① 拉什迪于2007年5月在芝加哥举行的美国博物馆协会年会上的主题演讲，摘自本书作者笔记。——原注

1. 你为什么想在博物馆工作？

2. 博物馆是干什么的？

3. 博物馆是研究真理的吗？如果是，那么这些真理是什么？

4. 你最喜欢什么类型的博物馆？

5. 你最不喜欢什么类型的博物馆？

6. 你想在什么样的博物馆工作？

7. 你想在大城市、郊区、城镇，还是农村工作？

8. 你喜欢在大博物馆工作，还是在小博物馆工作？

9. 在你熟知的博物馆职业（行政、策展、教育、安保、保管、筹资等）中，哪一个最吸引你？每种职业各需要什么技能？

10. 你的家人、朋友和其他对你来说重要的人都怎么看待你希望在博物馆工作？

11. 你了解博物馆的最新动态吗？

12. 博物馆有法律定义吗？

13. 你是博物馆的会员吗？

14. 你曾向博物馆捐赠过什么藏品吗？

第二章　博物馆治理 ①

---

① 博物馆治理，原文为 Museum Governance。在本章，作者以美国博物馆为例，剖析其顶层管理组织——董事会的功能与作用。这类组织在我国没有对应的部门，其职能与中文语境中的"博物馆管理"区别较大，且组织架构位于博物馆馆长之上，故译为"博物馆治理"。

除非董事会成员能深刻且充分地参与到机构组织的日常工作中，否则他们很难尽职尽责。

——雷诺·利维（Reynold Levy），2015 年

美国的非营利性机构是由业余人士管理的。"什么？！"你可能会问了："你是说我们地区的动物收容所、市中心的图书馆、我上过的大学、在我家后院追踪濒危海龟的保育组织，甚至我们地区的艺术博物馆，都是在动物福利①、图书管理、教育、环境科学或艺术方面没有丰富经验的董事会成员的监督下运作的？"

我正是此意。

在美国，非营利性机构通常被委托给名为董事会的义务组织。这类组织也被称为市政委员会、理事会、监理会等。但一般情况下，特别是在博物馆里，这类组织被称为董事会。董事会成员自愿就职于所属机构，他们一般是整个社区的代理人，其职责是确保他们所负责的组织的使命都能如期实现。简而言之，董事会是一个治理组织。

由于董事会所起到的监管作用主要是为大众的利益负责，所以其大多数成员来自普通民众，而不是对组织管理有深刻认识的专业人士。董事会中也有少数人有直接相关的经验，但他们的存在只是象征性的，至少对那些需要定期、经常筹集资金的组织来说是这样。

在理想化的董事会中，大多数董事应该对其机构所致力于的主题表

---

① 指动物如何适应其所处的环境，满足其基本的自然需求。科学证明，如果动物健康、感觉舒适、营养充足、安全、能够自由表达天性且不受痛苦、恐惧和压力威胁，则满足动物福利的要求。——编者注

现出相当程度的兴趣。一般来说，董事会成员都是这样的。动物收容所的董事会中有动物爱好者；大学的董事会中有关心教育的人；环境保护组织的董事会中有环保主义者；而博物馆的董事会，则由热爱艺术、历史或科学的人组成。有些董事会成员也可能对非营利性机构的功能漠不关心。还好，这些人是特例。

非营利性机构的经营内容使得它们可以享受免税待遇。博物馆这类机构，适用于美国《国内税收法》条款 501（c）3。非营利性机构满足了公众的需求，如果没有它们，这些需求将无法被满足，或者只能由政府来解决。欧洲的政府就承担起了很大一部分公众需求，包括公共文化、公共卫生和其他特定的社会需求。

在非营利性机构中，也有其他的一些同样拥有治理权力的组织。它们类似于董事会，也被称作委员会。这种组织通常不会担负起监管整个机构的责任，它是咨询性质的。在博物馆中，这些组织主要由大型机构（如大学、政府或商业企业）拥有和运营。不能因为这类组织没有固定职能或者与所在机构联系不够紧密就解散它们，这些组织只是在法律层面对于某些重要决定没有那么大的发言权。

由于非营利性机构治理组织的性质和结构，其成员普遍缺乏相应领域的培训、经验及成就，所以我认为，董事会成员是外行。博物馆的情况也是如此。不过，从目前美国博物馆蓬勃发展的现状来看，外行管理博物馆的做法似无不可。在理想的情况下，它也能产生极佳的效果：有很多博物馆已积累了大量的藏品，修建或扩建出令人印象深刻的建筑，吸引了众多颇有威望的员工进驻，并已成为在地方、国内和国际上声誉卓著的文化场所。

多年来，美国博物馆在培育和理解各行各业的观众方面，走在了全世界的前列。从整体上看，这个国家的博物馆并不是被动且简单地迎合观众。相反，它们以开放的姿态积极主动地迎接观众。美国博物馆积累起的巨大成就，是建立在民主意识、公众权利和公共教育的理念之上的。这些理念所带来的社会效益，正是源于博物馆背后的治理主管部门做出的种种承诺。

人们经常把知名博物馆当成美国非营利机构治理结构的成功案例，其实还有数以千计不那么知名的小型机构也能体现这一结构的有效性。坦白地说，"完全志愿"的治理模式很少成为博物馆关门的直接原因。长期来看，博物馆的机构设置似乎会继续维持现状，但它还能维持多久，仍有待观察。

不同的董事会往往具有相似的运营结构。董事会一般会规定组织规模和成员数量，还会有投票选举出的干事、经任命的委员会和定期的会议日程。董事的任期可能有一定时限，也可能没有。成员们都应当了解（如果不了解，则要求其了解）博物馆必需的治理文件，包括创办证明、规章制度、使命宗旨、道德准则、人事政策、保障保险、职务说明和利益冲突申报表。作为博物馆的最终受托人，董事会成员必须确保机构的财务工作顺利开展。

尽管非营利性机构是独立运营的，但这并不意味着它们能免受政府监管或法律约束。也许有些宗教组织觉得自己可以逍遥法外，但事实并非如此。慈善机构必须像其他个人或团体一样遵守法律。这意味着相关的人事任免、会计准则、建筑规范、环保规定等方面都要合法合规。从法律上讲，美国的慈善机构属于州检察长的管辖范围。这看起来颇令人放心，但在实际操作中，检察长只在机构出现严重问题时才会介入。除特殊情况以外，博物馆和其他非营利性机构一样，基本上只能自谋生路。

那么，非营利性的治理机构是如何创建并发展起来的？它们的牵头者主要由一些对慈善事业有特殊兴趣的人组成。博物馆领域就提供了很多优秀案例，这些新兴事物令我着迷。这类机构源于一个或几个人的共同愿景、激情和辛勤工作。创始人强烈地认为一个学科或主题需要通过博物馆这个媒介来歌颂、纪念、研究或解释。当这种热情以实际行为表现出来，各种各样的组织要素就出现了。这些要素通常包括正式运营、确立非营利性机构法律地位、撰写章程及其他治理文件、确定一个固定场所、组建董事会。一切就位，董事会就开始履职。

如何成为博物馆的董事？有这样几种方法。对于新成立的机构，董事会往往由创始人组成。他们希望吸引志趣相投的人参加。对于已成立的博物馆董事会来说，董事们和馆长们总是（或应该）在寻找潜在的董事会成员。找到合格的董事这件事，是极具挑战性的。找到优秀的人主持董事会则更有难度。在寻找博物馆董事的过程中，会经常出现问题。因为理想的候选人可能对某个博物馆的主题不感兴趣，或者对博物馆普遍没兴趣。而筹款这一职责，让人们对董事会的工作敬而远之。成为一名优秀的董事，意味着为这个组织自愿奉献出相当多的个人精力。

全国的所有博物馆，几乎都在争抢合格的董事会人才。正因如此，当一家博物馆拥有这种人才时，应该尽一切可能留住他（她），并尽可能长时间地留住他（她）。根据我的经验，最好的董事往往是那些任职时间最长的。当然也有例外，这样的董事应当被悄悄地"轮换"出董事会。不过，这种轮换一般难以执行。

关于董事应该任职多久这个问题，通常存在两种观点，两种都是通过规定任期时长来实现的。一般来说，三年为一届任期的时长。有的董事会有任期限制，有的则没有。我觉得后者更为合理。因为"培养"博物馆董事需要很长时间，一旦经过培训，且这个人被证明是有价值的，我不愿因为所谓的"期限"而失去他们。缩短董事的连续任职年限，通常被认为是保证"流水不腐，户枢不蠹"的方式，这能防止某些既得利益者长久治理同一个机构。根据我的经验，这种方法有一定的缺点。在该制度下，博物馆可能会流失优秀人才。合理的任期制度可以作为一种预防机制避免一些限制。当失职的董事任期届满时，不要重新提名他（她）即可。

由于美国的非营利性文化机构极度依赖私人捐款，所以通常情况下，理想的董事人选应当也是慷慨的资金捐赠者。这其实不利于从该机构所在领域的专业人士中挑选董事会成员——因为这类人群往往收入不高，与此同时，这种做法还让美国非营利性机构声称要做到的董事会成员多样化，变得口惠而实不至。不知道你会怎样理解这句话：社会上的小众群体在博物馆董事会中也是小众。

在美国非营利性机构的董事会治理模式创立之初，慈善机构对金钱的持续追求让董事们既想参与又有些抗拒，这种情形的确有些奇怪。大型知名机构（如大学、医院和博物馆等）常常拥有巨额预算，因为其董事会成员大多都富得流油。通常，这些董事知道自己在董事会扮演的角色，他们主要是资金筹集者和捐款者。同时，他们也知道在慈善这场游戏中，怎样表现能带来最大收益。即使是最富有的人，也会尽可能避免达到人们预期的慷慨程度，他们不会完全满足馆长们的愿望。正如纽约大都会艺术博物馆前馆长菲利普·德·蒙泰贝洛（Philippe de Montebello）所说，"有些董事并不能做到力所能及的那样慷慨"（埃利根，2009 年）。不过，有些时候，富豪董事们的捐款数额着实令人刮目相看。

《纽约时报》（The New York Times）几年前曾刊登过罗宾·波格列宾（Robin Pogrebin）写的一篇前所未有的文章，文中列出了在董事会成员眼中他们自己为这个组织应尽的义务（波格列宾，2010 年）。这篇文章之所以让人震惊，是因为在"上流社会"眼中，"钱"这个字眼和捐款数额根本不值一提。至少在过去是这样。这是一种愚蠢而不可接受的行为。在过去，大家都默认董事会成员知道所在机构对自己的期望是什么。因此，董事们会在私下默默地慷慨解囊。这种对慈善捐赠保持低调的态度，虽然现在依然存在，但正日渐过时。若干年来，我曾与许多董事一起共事过，我觉得他们知道在博物馆这种非营利性机构中，他们所承担的角色是机构资金来源，他们的角色至关重要。不幸的是，许多博物馆的董事对该机构毫无贡献可言，甚至适得其反，是抠门的守财奴。我建议，博物馆董事会应像私人俱乐部一样运营，最好是规定入会费和年费。和俱乐部一样，董事会的费用也应该呈阶梯式递增。除了定期缴纳这些费用外，董事们还应参与博物馆活动，并缴付相应费用。这样的话，每位董事都需要捐赠达到最低限额（现金而非实物）。许多董事是各种私人俱乐部的会员，想必他们对这样的组织架构已经很熟悉了。

大多数博物馆的董事会是自我延续的，这意味着它们可以遴选自己的成员。成员选拔通常会有一个过程，但这个流程并非固定的。较为理想的办法是设立勤劳肯干的董事会提名委员会，负责审查潜在的董事候选人。当然，通过董事会或其他途径也能找到合适的候选人。曾经有人找到我，说他想在博物馆董事会任职，我自然是乐于推荐合适的人选。提名委员会应当由董事组成，如果他们能深知自己工作的重要性，那么提名委员会的工作将更为顺畅。还要补充一点，除了为博物馆董事会寻觅优秀的候选人之外，一个理智的提名委员会还要及时阻止糟糕的建议。在不冒犯他人的情况下，董事会可以用一种社会认可的方式轻易做到这件事，那就是将拒绝候选人的责任归咎于"提名委员会"。

我强烈建议董事提名过程应当经过深思熟虑和适当流程。记得有一次，一位博物馆董事单方面地向他的一位朋友表示，博物馆欢迎这位朋友加入董事会。显然，平时常用的审查过程被略去了。结果，提名委员会主席给这位朋友写了一封相当简短的信，告诉他，他不是董事候选人。令人不快的混乱接踵而至。我更同情提名委员会主席，主要有三个原因：首先，博物馆董事会成员不得代表博物馆或其董事做出独立决定；其次，合理的提名程序应当被严格遵守；最后，这位被质疑的董事候选人是一个既难以相处又自我膨胀的人，他能得到董事席位靠的完全是他妻子的巨额银行存款。唉，这样的人竟然获得了一个担任博物馆董事的机会。不出所料，他这个人喜怒无常，博物馆没有收到一丁点儿来自他妻子的恩惠。

合理的提名过程应当包括预先评估候选人品格，以及他（她）能为博物馆带来什么。合格的候选人应该在博物馆与馆长和几位董事相约面谈。这个流程一般在午餐或晚餐时进行。在交谈的过程中，如果有哪位董事能主动向候选人解释董事筹款的重要性，我将对他心存感激。我当然也可以谈起这个话题，但如果这句话出自一位受人尊敬的董事，那候选人将更为受用，这句话也更具影响力。博物馆董事的提名标准之一就是受人尊敬，他们的话是令人信服的。在这场关于筹款的谈话中，我作为馆长，明显是既得利益者。这种情况下，董事的身份则更显中立。

此外，董事候选人还需与馆长及一两位董事一同参观博物馆。他们需要了解博物馆工作的整个流程，尤其是幕后工作。我希望能借此机会引导他们接受我的主张。与此同时，我也能对候选人进行评估，并向提名委员会提出我的意见。如果说，在经过这套彻底但不太烦琐的流程后，候选人被认定为能胜任董事，并已同意担任董事，那么我希望他（她）对这个组织已经形成了较为良好的初步认识。新任董事不应在上任后的第一场董事会上被一个意想不到的重大问题难住而措手不及，未来还会有更多的惊喜等着他们。

那么，这些贵为董事的人实际上做了哪些事呢？这通常取决于博物馆和董事本人。理想情况下，董事应当帮助博物馆践行其使命，以专业的手段达成其目标，并对博物馆的财务情况负责。作为社区的代表，我希望董事们能在他们的朋友、家人、钓鱼同好、俱乐部同事、商业伙伴、书友等社交圈中推广这个博物馆。最好是，他们能积极地为博物馆贡献一些有益的才能。根据我的经验，大多数董事都在尽心尽力地帮助他们治理下的博物馆做到最好。

博物馆馆长应当接受董事们提供的各类建议、咨询和帮助。全面均衡的董事会可以为博物馆带来广泛而专业的能力与知识，这恰恰是博物馆员工的知识短板。董事们尤其擅长金融领域的知识，当然，他们在其他领域的贡献也不可小觑。

我曾经有幸认识一位热爱景观设计的董事会成员，尽管这不是他的职业，但他擅长于此。当时，他算是我们博物馆场地委员会的唯一成员，他曾配合博物馆维护人员，监督了博物馆 8 英亩[①]场地的环境改造工作，以满足公众的需求，并慷慨地支付了相关费用。我还认识董事会中的一位市场营销专家，他主导过一项高度专业的公众评估调查，并在几年后进行了跟踪调查。还有一位董事会成员，本职工作是建筑顾问，他曾免费监理过博物馆的一个大型、昂贵而又复杂的扩建和翻新项目。在我工作过的几家博物馆，董事会每年都会非常成功地组织筹款活动。有一位建筑师董事，当我们想为公众活动设计一座新的教育场馆时，他为我们免费提供了设计方案。

还有一位律师出身的博物馆董事，协同董事会和馆长处理了员工的一件人事投诉（还好这件事得以妥善处理了，谢天谢地！）。这样的例子不胜枚举。我想说的是，董事们的善意和卓越的专业能力，能够为他们所效力的博物馆提供莫大的帮助。

我尤其欣赏那些擅长社交、喜欢主持或组织聚会的董事们。这可能是因为我在这种闲谈的场合中感到自在。这些董事手握众多优质的社交资源，偶尔会邀请博物馆馆长及其配偶（我的妻子是一家大型国际环境保护组织的发展总监，她在社交方面很在行）共赴晚宴。最重要的是，董事们参与博物馆工作的时间一般都在朝九晚五之外的闲暇时光，馆长们应当能够接受并重视这一现实。就我个人管理的博物馆而言，最重大的事项往往是在馆长办公室以外发生的。

与有权势、有影响力的人交往，能为博物馆谋到好处，虽然这种好处通常只是字面上的。我一直将这句关于募资的格言奉为圭臬：人人为人人。在一个社群中，往往是那些金融、政治、社交、教育行业的领导者能为博物馆带来现金流。等到年度募资邀约寄出，入会资格开放，邀请晚宴就绪，大型融资开始，资金就源源不断地来了。我爱募集资金，但是募资需要花费大量时间来建立交往联系，增进友谊，方能达到最终

---

① 1 英亩约为 4046.86 平方米。——编者注

的成功。为此，我需要打入拥有巨额资金的董事圈子内部。这话听起来似乎冷酷无情、精于算计，但这就是美国非营利性机构的行事方式。董事的责任至少包含三种层次：给予、获取、得到；工作、智慧、财富；时间、才华、宝藏。我呼吁，这些责任最好能被一一践行。

当然，董事们最好只专注于博物馆的方针政策，而不干预博物馆的日常运作。这种说法有些理想化了，因为现实总是不遂人愿。即使是那些拥有高素质员工、完善的工作规程的大型博物馆，也可能会有一些蛮横的董事会成员为微不足道的小事而横加干预。我合作过的绝大多数董事，都能理解并接受其角色与博物馆专业人员的不同。而复盘一下某些董事带来的种种混乱，我发现其根源大抵是董事的治理责任与其个人行为之间的界限不明。有些董事随意将一些麻烦的工作指派给博物馆员工。这太令人烦恼了，因为员工们本来就承担着繁重的日常工作，还要被傲慢、愚蠢又懒惰的董事强加一些额外的事。虽然绝大多数董事都极力避免这种行为，但这种情况依然存在。

对我来说，真正令人苦恼的问题是不能让董事们清晰地看到博物馆为所在领域做出的贡献，也不能让他们对此感同身受。其实，并不只有我自己这么觉得，我的同事们也说过他们经常有同时管理两个博物馆的感觉。一个博物馆是他们每天实际工作的地方，另一个则模模糊糊地存在于董事们的脑海里。董事会和专业委员会在集中讨论的时候，有的与会者会花大量时间讨论他们认为博物馆应该做什么，而不是博物馆本身做了什么。会议议程一般包括提交财务报告、说明工作流程、讨论展览策划、陈述藏品现状等，但除了小部分与会者对此还比较感兴趣之外，其他成员基本都置若罔闻。这些拒绝倾听的人会把谈话内容带偏，他们开口就是"我早就说过你应该做……""你为什么还不做……""你需要……""你想过……""我最喜欢的是……"或者"之前在卢浮宫（或者其他知名博物馆）的时候，他们会……"。这些对话让整场会议进入一种纯粹假设的氛围，而且会给员工带来不切实际的工作。这种工作一般与正在进行的项目有分歧，而且缺乏相关资源，也没有其他董事的参与。不过说句公道话，这些讨论有时候确实能产生好灵感。导致它难以执行的原因，主要是其中的那些无稽之谈，而且主要发起人不会轻易放弃他们的想法。如果一个糟糕的想法被付诸实施，并且不出所料地失败了，董事们永远不会被追究责任，因为有太多的借口可以为此负责。替罪羊往往是博物馆员工。我的一个朋友曾经对我说："就像企业里有'激进的股东'（比如卡尔·伊坎，Carl Icahn），博物馆里也有'激进的董事'。""他们永远不会满意。好像除了让别人痛苦地工作之外，他们没有更好的事情可做。"[①]

要想解决这种问题，最好的办法是让董事会定期观摩博物馆及其工作人员与公众的互动，观察观众对博物馆项目、活动、事件、展览的积极反应。董事会越能理解公众对博物馆的认识，就越不可能提出无稽的建议。

为什么人们要成为董事会的一员呢？原因可以有很多。对于博物馆领域来说，我们希望董事会对自己协助治理的博物馆有深切的责任感和兴趣。现实一般都是如此，不过这种责任感的强度取决于董事本人的理性倾向、感性投入和自由支配的时间。博物馆馆长肯定是全身心投入于自己管理的博物馆中的，所以他们会希望每个董事都同样沉浸其中。这是极其不现实的。我们必须时刻提醒自己，董事的生活并不能围着"咱们"这一座博物馆团团转。事实上，博物馆的董事们经常有许多不同的兴趣爱好。唉，他们甚至同时能在几个非营利性机构的董事会任职。所以，他们在博物馆履职过程中，工作时间可长可短。董事们投身博物馆事业的时间取决于他们自身的事业和在其他地方所做的事情。

除了可能对特定的博物馆有偏好之外，人们成为董事的原因一般还

---

① 摘自约瑟夫·塞尔巴罗利（Joseph Serbaroli）的电子邮件，2014 年 9 月 26 日。——原注

体现在他们对社会认同的渴望。对一些人来说，作为某个家族的成员，几乎就意味着必须成为一家博物馆的董事，比如说人们可能聊道："哦，米勒家族呀，他们一直是美国壶乐队博物馆的董事会成员。"企业和公司通常希望它们的高管参与一些没有争议的慈善事业，因为把这种做法写进公司网站会看上去效果很好，并且还有可能广结良缘。许多人想成为博物馆董事会成员，还因为其象征的社会地位。我经常看到，人们将博物馆董事这段经历写在简历上（或者讣告中），这个名头看上去相当厉害。还有一些人，控制欲极强，看重自己的发言权，并有一套自己的行事方式，成为一名博物馆董事，也可以满足这种需要。

还有一些董事，之所以坐拥这个位置，是因为他们领导了一个对博物馆颇有助益的团队。这些人通常被称为博物馆之友。他们这个群体，不可避免地肩负筹款重任。该团体会推举出领导人，这个人可能会自动成为博物馆董事会的一员。这种董事任命程序，绕过了提名董事的惯常做法，因此有利也有弊。如果说，这个团体选出的人明显不是一块"董事的料"，那在实际工作中可能会出现重重阻碍。根据我的经验，多数时候，这些辅助组织的领导能为他们所支持的博物馆做出很好的贡献。在参与博物馆工作的过程中，他们往往比那些按照一般流程进入董事会的成员更为积极。

有时，人们利用董事会公然牟取私利。这也是博物馆不愿让古董商和艺术品经销商进入董事会的原因之一（更不用说，根据我的经验，他们一般不愿做慈善。这真是一群稀奇古怪的人）。在我曾经工作过的一家博物馆，其董事会成员包含不少基金经理。这种做法基于这群人能接触到潜在大客户的假定。这是董事会的一大谬误。律师和医生也是董事会成员的常见职业，因为他们认为自己很有钱，也很慷慨，但是所谓的"慷慨"似乎很少出现。

董事会如何对待员工，员工如何对待董事会，这在博物馆里是非常重要的话题。博物馆馆长应带头规范这些行为，从而尽量减少董事和员工之间的误解与冲突，至少可以试一下看看。我觉得，较为理想的上行下达方式往往出现在博物馆员工之间，而非董事与员工之间。做到这一点并非完全不可能，某些情况下也是能成功的，只要馆长能坚持这种沟通模式。凡事总有例外。就比如说，我们博物馆的首席财务官、会计师或簿记员与董事会财务主管共事时，从未遇到过困难。这些人热爱数字，并以数字为生，和他们讨论博物馆财务时，我从未被搞得措手不及。同样，负责筹款的员工经常与董事会密切合作。不管这类沟通交流以何种形式存在，博物馆馆长都需要全面报告会议及对话发生的时间和原因、具体内容，以及最终结果。

我相信博物馆馆长有责任向员工说明与董事打交道的适当方式，也务必要向董事们解释如何应对员工。这些指导需要定期重复开展，特别是对新入职人员和新上任的董事。员工应该尊重董事，反之亦然。如果他们之间出现问题，馆长则需要出面调解或充当中间人。不仅如此，我们还应当感激董事义务付出的时间、精力和贡献。假设某位董事对博物馆的某些工作领域感兴趣，大家应当共同谋划能让他（她）参与其中的方式。博物馆董事理应投身于他们所服务的机构，并为其感到自豪。

有些人可能会说，董事会最重要的一项任务是聘请并监督博物馆馆长。一般来说，寻找和聘用一位合格的馆长虽然需要很大的工作量，但一般能顺理成章。如果这项工作失败了，那主要是因为董事会没有做足功课，显然是聘用了错误的人，或者这位候选人上任后才发现自己并不适合这份工作。董事会寻找馆长主要有两种途径，要么亲自找，要么通过猎头公司找。我更推崇前者，因为从我个人的经验出发，不论是作为候选人还是客户，我对猎头公司的工作都是比较失望的。

从就职之初，博物馆馆长就要花费很多时间和董事们相处，或者说应该这样做。你要明白，董事会成员是不能像员工那样管理的。在正常的人事隶属结构下，员工之间存在一种常见的互动方式，但员工与董事会的互动方式则大相径庭，博物馆员工不能指示、指导、期望、预测、告诉或要求董事做任何事情，但可以请求、询问、提议、暗示、推荐、告知和建议。

通常，在博物馆管理中，最重要的人际关系存在于馆长和董事会主席之间。根据我的经验，这应该是一种相互尊重、信任、支持和理解的同志情谊。二者必须能对彼此开诚布公。博物馆馆长应该可以自由地讨论博物馆的方方面面，诚实地面对董事会。主席则应该毫无顾忌地向馆长转达董事会对博物馆及其领导层的任何隐忧。我曾与几位董事会主席密切合作，除了一位主席之外，我与他们的关系非常融洽。这个例外完全出乎意料。我原以为我很了解这个人，觉得他会是一个很好的董事会主席，但结果却发现他是一个没有骨气的背叛者。

每隔一段时间，领导力就会作为一个广受关注的话题出现在董事会的讨论中。人们往往认为，董事们会知晓其作为机构领导者的地位，馆长也了解自身作为博物馆领导者所扮演的角色。如果权责不够明确，矛盾就会爆发。最坏的情况是馆长离职，最好的情况是双方都能调整自身的角色和对彼此的期望。如果人们不确定机构中谁是负责人，就会产生飘忽不定和模糊不清之感。对于博物馆来说，董事和馆长拥有强势的性格是常态。大多数情况下，这不会造成大的问题或各种阻碍。只有当董事会认为馆长的领导力不足，或馆长觉得董事会领导力不足时，问题才会出现。这种指责经常没有实质内容，但也不妨碍这类事件屡次发生，因为感觉往往是真实的。这种争议的核心在于领导力。馆长应当具有一定的领导力，但这种领导力未必受到每位董事的青睐。如果这种领导力恰巧与董事会的期望背道而驰，那结局会如何就不用提了。

称职的博物馆董事往往都很有主见，自力更生又志得意满。他们天资聪颖、受教育程度高、善于思考、观察敏锐、能言善辩。有些人觉得他们通晓的知识远超他们实际做的工作。他们习惯于被倾听，愿意按自己的方式行事，喜欢运筹帷幄甚至掌管一切。或者说，他们认为自己是这样的人。

或许，这可以解释博物馆的一个奇怪现象：董事会成员往往更倾向于接受彼此的想法、意见、指导和信息，而不是员工的意见。其他机构可能也存在这种情况。经过经年累月的观察与摸索，我发现，当我希望尽快采取一些管理措施，或者想要阻止一些事情发生时，最好的办法是，招安一个有影响力的董事作为我的同盟。这样的话，在董事会上，我就可以安静地坐在一旁，听别人说出我的想法，然后等待董事们欣然接受这一点。（悄悄说一句，我一直觉得，说得最多的董事会成员往往做得最少。）

董事会成员能够相互倾听，这事实上加强了董事会中专业委员会的作用。大多数董事会有几个委员会，其中包括：提名委员会、财务委员会、投资委员会、人事委员会、教育委员会、征集委员会、建筑与场地委员会等。这些委员会的成员，想必都是对博物馆的特定方面感兴趣的人。根据机构的偏好，董事会的委员会也可以包括非董事会成员。这就方便了专业人才和专业知识的引进，否则一个机构可能无法获得这些知识。

在所有专业委员会中，权力最大的通常是执行委员会。它通常由董事会干事和其他专业委员会的主席组成。执行委员会开会比全体董事开会更为频繁，做的工作也更多。针对这一点，有人可能会有异议，认为执行委员会进行的管理工作，没有建立在整个董事会都知情的基础上。提出这种异议的人，同样也证实了这样一种观点：10% 的董事会成员完成了 90% 的董事会工作。

董事会成员的自我意识和天性禀赋，经常会在董事会会议上自然流露，有时候也会以某种复杂的方式表现出来。通过会议的一些细节，我们可以看到，董事之间的同盟关系和人际关系是建立在日常社交基础上的。多数情况下，他们对彼此能以礼相待。这主要因为，在博物馆之外，他们经常能在俱乐部、高尔夫球场、礼拜场所、商业场所以及他们支持的其他组织的会议上遇到对方。也可能因为，他们希望这样的互动能在未来继续展开。

做一名董事，需要丰富的语言技巧。董事们很少会在会议上用下流的方式当面公开批评他们的同辈。在讨论过程中，他们可能会巧妙地表明异议或故意跑题。不论以何种方式，尖酸刻薄都是不合规范的，也是极不寻常的。博物馆馆长可能会被告知某位董事对另一位董事的不满或厌恶，但这些都被很好地隐藏在幕后了。有时候，气急败坏的场面确实会发生，但屈指可数。通常，这类事件会在博物馆财务困难、董事会行使权力或强硬的董事发生矛盾时爆发。要是这种事情发生了，博物馆馆长只能袖手旁观。我们会躲起来，把自己藏起来，等会儿再来收拾残局。不过更多时候，我们会试图调停，尝试以一种愉快而有效的方式把谈话进行下去。如果馆长本人是董事会辩论的焦点，那么他（她）需要为自己辩护，解释清楚问题的本质，并自求多福。

博物馆董事会的大部分成员，会对他们所治理的地方产生积极的影响。在我从事博物馆工作的这40多年里，我曾目睹过很多因为董事英明领导而创造的成就。博物馆的存续、成长和良好的财政状况，无一不证明了董事们的良苦用心。一家博物馆的职工、藏品、活动、声誉等方面的质量，都源于董事会长期良好的治理工作。

关心照顾董事，是一门高雅的艺术。如果操作得当，这将对博物馆馆长有所帮助。董事会成员需要时刻被关注，有些人比其他人更需要被照顾。博物馆馆长是博物馆和董事会之间的纽带，所以必须全天候待命。不仅如此，馆长应持续关注董事会成员在社会、文化、政治及经济方面的动态。哪怕极其微小的事情，也会对董事们在博物馆的工作产生深远的影响。因此，博物馆需要制定明确而又全面的政策来约束董事会成员的行为。相关的规章制度必须被清楚告知，并审慎应用，以免误伤他人。不过，写在纸上的这些职业道德和行为准则与实际操作毫不相干，因为董事会的做法永远是对的。

此处必须说明一个令人不快的现实。有些美国人可能觉得自己生活在近乎完全平等的社会，但事实并非如此。这一点在博物馆的工作中尤为明显，因为在这里，富人扮演着重要的角色。我们这些不属于这个群体的人，需要回忆一下 F. 斯科特·菲茨杰拉德（F. Scott Fitzgerald）[1]的名言：富人"与你我不同"。贫富差距主要体现在董事对待员工的方式上，尤其是对待博物馆馆长的方式。我曾见过，也经历过博物馆员工被当作仆人使唤的情况，虽然这种情况极为罕见。最惨的时候，这种轻蔑的态度让我们的工作环境变得非常糟糕。最好的情况下（轻蔑的态度还会有"最好的"情况？），我们就忍一时海阔天空了。曾有一家相当优异的历史博物馆在短短十年的时间里换过四位馆长，每次任命中间还有 18 个月的空白过渡期。任何一位接受了这份工作的专业人士都会马上意识到，他（她）的能力可能未必符合董事会的期望。博物馆行政人员和文职人员在这场高层的混乱中勉强得以幸存，他们每天要不就是依董事会的指令行事，要不就在某个馆长的指示下工作。

在我职业生涯的大部分时间里，我都受到了董事们的礼遇。但到了紧要关头，他们当中最富有的那些人会独善其身，过着与我们完全不同的生活。而我们的存在就像他们的律师、会计师、管家或理发师一样，我们是他们的打工仔。或许我们的智力能占领高地，但永远不要忘记自己在社会经济食物链中所处的位置。我认识几位非常称职的前博物馆馆长，有一天他们惊讶地发现，自己无缘无故地失去了工作，这时候他们才意识到，自己和这些财大气粗的博物馆董事之间竟是如此不平等。

---

① 弗朗西斯·斯科特·菲茨杰拉德，美国作家，被看作 20 世纪美国最伟大的作家之一，其代表作《了不起的盖茨比》堪称美国 20 世纪 20 年代的社会缩影。

1. 在美国新英格兰北部一家大型博物馆的董事会上，董事会成员正在讨论董事会多元化的问题。有人指出，他们的董事会是相当多元化的，毕竟，成员里有两个民主党人。每个人都环顾四周，想知道在这大约30名成员中，到底谁是民主党人。"多样性"这个词在博物馆的语境中是什么意思？如何定义它？它重要吗？

2. 如果博物馆每年没有"利益冲突"表格可供董事签署，应该补充这个步骤吗？这重要吗？

3. 博物馆董事会是否应该限制员工在博物馆工作的年限？

4. 一家大型城市博物馆的董事会主席常年为员工组织圣诞晚会。晚会一般在博物馆的公共活动空间举行，用圣诞树、花环和其他季节性装饰让博物馆焕然一新。此外还有人扮演圣诞老人，唱圣诞颂歌，还会赠送博物馆纪念品店的礼券。这样做合适吗？

5. 在博物馆董事会中，某些成员喜欢抱怨纪念品商店，认为它应该是一个受大众欢迎的经营场所。博物馆馆长建议在董事会中成立一个销售委员会。董事会主席同意了，建议寻找一位合适的董事来领导委员会。该委员会包括一些董事和一至两名非董事志愿者。非董事人选确定为两名兼职店员，以及博物馆的首席财务官，因其所属部门与纪念品商店相同。

委员会成立后，召开了会议并聘请了一名商店顾问。在接下来的几个月里，商店的装修、商品和定价不断改变。相关费用由委员会成员的财政捐助和博物馆现有的预算支付。委员会中一直存在一个很大的争议，即不同类型的游客，特别是儿童和富有的成年游客，应该会购买多少商品以及什么商品。随着商店内部的不断变革，商店的收入竟然下降了，随之而来的是关于商店前景的讨论。委员会主席（我记得他是一个董事）和店员在选择出售哪些器物及其数量上有分歧。主席变得越来越好辩，坚持按他的方式做事。他指责员工渎职、撒谎、蓄意阻挠和无能。这种情况愈演愈烈，很快到了难以维持的地步，充满了刻薄的言辞。工作人员威胁说要对博物馆提起法律诉讼。这种情况需要提请董事会审议吗？如果需要，那么董事会应该做些什么呢？

6.董事会会议要做会议记录吗？如保留会议记录，是否应向公众提供？若提供，应以何种途径？

第三章 博物馆领导 ①

---

① 博物馆领导，原文为 Museum Directing。在本章，作者具体分析了博物馆馆长的职能，解析馆长领导博物馆的方式，故此处译为"博物馆领导"。

招聘：有魅力、有学识的高管，需要具备外交官的外交技能、投资银行家的金融技巧和20世纪50年代家庭主妇所擅长的社交本领。职位要求拥有正规的学术背景，同时也愿意暂时搁置学术研究，将主要精力集中在研究财务预算和人事问题上。工作时间长，薪资低，而且每次只要稍有差错，你的名字就会被登在报纸上。

——保罗·戈德伯格（Paul Goldberger），1994年

这篇招聘通告曾被刊登在《纽约时报》上，别看这位艺术与文化评论家在描述馆长职位时文笔幽默，背后其实暗藏了不少辛酸。他的这篇文章，开篇即探讨了博物馆领导工作遇到的种种问题。在1994年，共有13家艺术博物馆同时招聘馆长。那段时间，美国的文化部门历经动荡。如今，那时的风波已经平静了不少。虽然关于博物馆馆长的争议仍在升温，但如今大多数博物馆在处理馆长去留的问题上，不再挑剔刻薄了。至于公众对此有什么说法，我想，他们除了亲眼所见的展品，对博物馆内部的情况，特别是人事情况，一无所知。

优秀的博物馆馆长是与众不同的。他们喜欢掌管一切，在公开场合和私底下皆是如此。他们自信的程度令人印象深刻，有时也令人讨厌。他们习惯在人群中脱颖而出，这个特点与馆长的角色相伴而生。他们既要克己守礼，又要厚脸皮。博物馆馆长往往很聪明，富有创造力，并且很有趣，虽然最后这一点可能不太明显。偶尔，他们可能也善于操纵、精于算计、两面派、虚伪、不可信，但幸运的是，这样的人很少。馆长们大多都有一些阳春白雪的兴趣爱好，可能会几门语言，或拥有显赫的学历学位，或拥有亮眼的工作经历，同时也可能拥有飞行员执照，或是

耍耍小聪明。和大多数领导者一样，最好的博物馆馆长都是务实又有远见的人。无论某个馆长的性格究竟如何，员工们都能很快地摸清他的脾气秉性。不过，董事会则会花费更长的时间才能做到这一点。

20世纪出现了许多著名的博物馆馆长，他们每个人都个性鲜明。比如说，费城艺术博物馆（Philadelphia Museum of Art）的菲斯克·金博尔（Fiske Kimball, 1888—1955）、现代艺术博物馆（Museum of Modern Art, MoMA）的艾尔弗雷德·巴尔（Alfred Barr, 1902—1981）、纽约市新博物馆（New Museum in New York City）的玛莎·塔克（Marsha Tucker, 1940—2006）、布鲁克林博物馆（Brooklyn Museum）的邓肯·卡梅隆（Duncan Cameroon, 1930—2006）和大都会艺术博物馆的托马斯·P.F.霍文（Thomas P.F. Hoving, 1931—2009）。现在的博物馆馆长就不那么张扬了。因为馆长这个职位的声誉、权力和公司化倾向使他们更加保守且务实。这种变化是渐进式的，也反映出博物馆经营方式的改变。随着博物馆运营水平和观众体验的提高，领导层的形象自然而然会进行相应改变。但我们需要记住，博物馆馆长前辈们是这个领域的先驱者，他们的所作所为在很大程度上定义了这一职位，因此，他们的影响力在今日仍然不容小觑。而今博物馆馆长所缺少的，恰恰是前辈们的那种创造性和趣味横生的娱乐感！声名远扬的博物馆馆长时代已经一去不复返了，但是这个角色在博物馆中的地位和对其的工作要求依然没有改变。

博物馆馆长由董事会聘任，并对董事会负责。过去人们常说，馆长是"按董事会的意愿"工作的，这种说法现在依然没有过时。这也意味着，馆长可以因为任何理由被解雇，只要这个理由不违反相关法律。现在，签订聘用合同已成为入职的必备手续。然而在以前，正规的流程一般只有一份"聘用书"，或是简单的握手。回想我的第一份博物馆全职工作，是在纽约市博物馆。虽然当时应聘的不是馆长职位，但那时的入职经历却是一个很好的案例。当时，主要负责人发来了一封简短的雇佣信，只有一页纸那么长。在文中，他对我的入职表示欢迎，确定了我的职位和职级，告诉我入职日期，并列出了薪水（大概 6000 美元），仅此而已。入职第一天，我在会计办公室签署了一些文件，拿到了关于养老金和健康计划的信息，但没有工作说明、人事手册或其他书面材料。在如今的入职流程中，这些材料通常会被装订成册，入职新人还会收到博物馆规章制度等相关的文件。当时，我没有经过入职培训，没有试用期，也没有年度绩效考核。（不过对我来说，这种安排没有什么影响，因为我觉得每一天都是绩效考核。）

相比以前的博物馆馆长，现在的馆长们最为缺失的职责是在某种学术领域或专业领域的追求与研究。董事会很少指望馆长能够做到这一点，馆长们也很难履行这种职责。克利夫兰艺术博物馆（Cleveland Museum of Art）馆长谢尔曼·李（Sherman Lee, 1918—2008）是公认的亚洲艺术权威。作为馆长，他积极追求自己的学术兴趣，但像他一样有学术追求的馆长不多了，或者应该说学究型馆长的年代已经一去不复返。这种发展是好是坏，我不清楚。

虽然我发自肺腑地想成为一名藏品研究员，但我经常觉得当一名博物馆馆长已经很令人满足了。这份工作为我带来了很多额外的权力和好处，特别是能负责一些值得夸耀的事情，或是负责创造这样的环境。我一直为雇用我的机构感到骄傲，我希望他们对我也有同样的感觉。能够有机会与杰出的收藏家、工作人员、志愿者和社群一起工作，共同为公众利益服务，是我莫大的荣幸。馆长只是博物馆的临时管理者，我希望我们不仅能为后代保留一个独特的博物馆，而且要以显而易见的方式帮它变得更好。此处应该指出，对我来说，做博物馆馆长的乐趣之一是能够花时间观察观众。毕竟，观众才是所有博物馆的最终受益人。

我经常对我的学生说，无论你们工作的博物馆多小多奇特，请务必假定它是大都会艺术博物馆，或是史密森学会的一个分支，或是卢浮宫。态度决定一切。在过去的半个世纪中，博物馆工作所有方面的专业水平都在提升，随着各个博物馆的工作实践的丰富，博物馆无论规模大小，都具有保持卓越工作水平的可能。我承认，规模不同的博物馆，其资源也是不同的，但这并不是说，规模能决定博物馆的专业造诣。

无论一家博物馆规模如何，它都应该被妥善管理。每个与博物馆相关的人，都应该对自己为博物馆做出的每一份贡献产生成就感。很遗憾，而今说到"博物馆"这个词时，绝大多数人只能想到大型机构。这种现状会让在小型博物馆工作的人感到自卑，甚至产生心理阴影。我希望这种荒谬的观点能慢慢消散。不管博物馆的规模多大，在博物馆工作的目标和期望、问题和结果、宗旨和内容基本上是一样的。

如今，在博物馆领域，我们经常能看到或听到有人讨论博物馆应在社会、经济、政治、人口、教育等方面做些什么。在这些论述中，总有像范畴、模型、范式、增量、商业模式、指标、样本和反思这样的词，被胡乱地堆砌起来。每当这些陈词滥调浮现在我的眼前，我就想要逃跑，无论它是出现在演讲、博客、邮件列表里，还是出现在学术论文中。人们总是用责难的口吻来抨击博物馆。馆长们在遇到这种行业黑话时，一定要小心，因为我们要以身作则，成为现实主义者，而不是空想主义者。不然，我们将被这些说辞限制住，以至于不能最大程度激发博物馆的潜力，甚至我们负责的机构将惨遭失败。我所认识的那些有能力的馆长，都能直观地理解"他们"的博物馆。这种理解尽管非常主观，但也是全面具体的，通常会包括博物馆为什么存在、如何工作、博物馆内部人员做了什么，最重要的还有，博物馆董事会如何运作。有些馆长重视这些观点是为了博物馆的利益，有些则主要是为了他们自己。

在慢慢晋升到博物馆领导层的过程中，我一直以为馆长这份工作是一种更高级的藏品研究工作。它的确是，但并非我最初设想的那样。我逐渐发现，馆长所管理的并不是藏品、展览和学术研究，而是人员、项目、问题、潜能和计划。说到这里，我需要重申一下，藏品研究员出身的学者，在成为馆长后，还能保持学术专长的时代，基本已经过去了。这个现实促使我们避免聘用有藏品研究员背景的馆长。不过，从宏观层面来说，有藏品研究经验的主管不仅能确保藏品的安全保存、主导藏品的征集方向，而且能做出体现藏品特色的展览，推动藏品诠释与研究、改进藏品保管方式，还能适当地将博物馆保管的藏品向公众开放。

担任博物馆馆长一职，基本上与藏品研究工作毫无关系。馆长的个人时间会被庞大的工作量占据。这些工作包括但不限于筹款、员工管理、确保博物馆为公众提供应有的教育内容、畅想博物馆前景并将这些想法变为现实、社交（不是社交网络，而是真实的面对面社交）、节目策划、媒体关系、避免或解决冲突、处理各种商业活动书，等等。（我从前起草或签署过多少交易合同和协议呢？）

我认为博物馆领域中最具戏剧性的职业生涯转型，就发生在一个人成为馆长的时刻。没有人能在当上馆长之前就掌握当领导这门艺术。拥有艺术管理学位，成为一名博物馆的高级管理者，学习作为一名馆长所需要的相关技能，对当馆长来说都很有帮助，但只有真正成为馆长，才能体会个中滋味。为了迎接可能出现的挑战，馆长需要具备决心、耐心和巨大的人格力量。这一点，无论是对我们这些从博物馆内部晋升的人，还是对那些从博物馆外部招聘进来的人来说，都是如此。馆长这份工作经历，注定写满了被认可和不被认可的各种事实。

一家博物馆的领导工作是与众不同的，也有人会说它是孤独的。对于馆长来说，相信自我是一种极具价值的技能和资产。表明自己的"态度"没有坏处，但应该看准时机并合理运用。归根结底，当馆长基本上只能靠自己，因此，强大的内在力量是必需的。馆长可以从以下五种盟友中获得支持：喜欢、钦佩、尊重你的员工或董事，出于各种理由拍你马屁的特殊利益集团，博物馆专家，媒体，公众。

博物馆馆长主要肩负两种责任：让博物馆事业走上正轨，以及把事情做好。这听起来简单，却需要非凡的技能、学识、创造力、社交风度、经验、天赋和耐心。有能力的馆长都了解自己工作的性质。工作能力强的馆长能把琐碎的管理工作升华为一种领导艺术，将睿智的管理手段与富有远见和激情的领导能力结合在一起。随着时间推移，当馆长们自身走向成功时，他们也自然而然地推动了博物馆蓬勃发展，保证博物馆满足社会公众的预期与需求。通过馆长的努力而达成的成就像变魔术一样，横空出世。大多数人完全不知道这些事发生发展的过程，不过，馆长本人可是一清二楚。

博物馆馆长的工资比博物馆的其他员工都高。在博物馆里，最高级别的薪水和其他级别的薪水相差很大。我在薪酬最低和最高的工作岗位上都工作过，常常惊叹于不同薪资水平之间怎会差异如此巨大。这种情况可能是不合理的，因为员工会为此感到不满，但这种情况将不会改变。

馆长可以成就一个博物馆，也可以毁掉一个博物馆。还好，破坏性的结果比建设性的少。在我的职业生涯中，我曾直接或间接地受到六位博物馆馆长的领导。一位杰出，一位优秀，一位普通，一位无知，一位糟糕，一位可怕。那些糟糕又可怕的馆长逼得我只能跳槽，而那些杰出与优秀的馆长教会了我如何统筹、规划和完成工作。他们教导我要以我自己的方式完成工作，还要为公众的最大利益着想。直到今天，我仍然对他们传授给我的技能心存感激。我几乎没有一天不依赖他们的悉心指导而努力工作。

成为一名优秀的博物馆馆长是要讲业绩的。要想达成这一点，必须做出明确的决策，并坚持遵守预先制订的计划，尤其要避免可能造成损失的计划偏移，还要确保博物馆一直享有极佳的声誉。这种工作需要具备协调、开发和未卜先知的技能。这类技能的具体内涵，还有其在实际工作中的体现，取决于许多因素。这就需要从如何培养一位馆长说起了。学习做馆长的种种技能需要时间。有时候，一位馆长可能完全不适合这个岗位，对相关工作的到来没有准备，也没有受过训练。这种措手不及的情况会随着经验的累积而缓解，甚至消失。通常，大多数博物馆馆长追求卓越的领导力，也喜欢当老板（这两个方面略有不同）。就其天性和本能来讲，我觉得馆长们天生就具备这些特征。除此之外，他们确实也在实际工作中巩固提高了管理方面的敏感度、直觉和能力。你可以学习非营利性机构的管理，阅读管理学书籍，参加各种各样的线上线下研讨会，但这并不意味着你会成为一名优秀的主管。

馆长职位还有一项重要的职能——指导。这种指导可以是对自己，也可以是对他人，不管怎样，它都是馆长职责的一部分。因此，在我们说了什么、怎么说、什么时候说、对谁说、为什么说这些方面，一定要做到非常清楚明了、简洁易懂、合乎逻辑。在做馆长的时候，我会指导博物馆维护人员做这样或那样的工作，向老师解释一个项目，为博物馆写文书，进行演讲，维护捐赠者，解决问题，培养董事会成员——我们的工作就是开口说话和积极作为。人们会因为种种原因求助于馆长。在别人的期望中，我们有能力为机构提供指导和保证，还能决定机构存在的意义和前景。

我的领导风格比较倾向于大众主义，这体现在我对博物馆的热爱和好奇心，对人的尊重、礼貌、幽默，以及一点智商。我自认为了解各项业务，除了会计，我可以参与到各种工作中，只要我的参与不要干扰到其他员工和志愿者就好。这确实需要巧妙的周旋。与大型机构相比，我所在的博物馆需要馆长亲自动手来领导博物馆。我所说的"亲自动手"，是指身体力行地做一些实际工作，比如移动展柜、为一本小册子做艺术设计、在一个项目中当乐手、为公众写一些说明文字，甚至偶尔策划一次展览。事实证明，多种任务同时进行通常意味着没法做好所有事。然而，作为一位馆长，你必须习惯于按照某种优先顺序，尽己所能地做一些与本职工作密切相关的事情，即使事件优先级是瞬息万变的。

虽然我尽量避免将博物馆与企业进行类比，但在很多方面，指导一家博物馆与经营一家企业并无不同。组织和参加会议，阅读和撰写报告，制定和审查预算，对预期之内和意料之外的情况做出反应，处理人事问题，这些工作几乎填满了我的全部时间。完成这些工作任务应该是没有任何问题的，只要事态尽在掌控之中。要是完全让馆长的工作职责左右我的全部日程，最好的结果是无聊透顶，最坏的情况可能是接二连三的失败。所以，一定要掌控自己的时间。这种想法也许有点一厢情愿，但如果你严格遵守它的话，也可能美梦成真。最好是能用一天或一周的时间来想象、思考、安排最重要的计划，把时间花在值得的地方。

领导博物馆是一门艺术。这种艺术的特点由馆长的个性来决定。例如，人们一般对会议有两种想法：有的喜欢，有的不喜欢。只要开会的理由正当，对会议主题有成效、有帮助，会议不拖沓，我是喜欢开会的。馆长的工作离不开会议有很多原因。我当馆长的时候，有一个固定的会议日程，上面写的是为特定的工作人员和特殊的主题安排的会议。我开的其他会，很多都是与董事会一起的。除了全体董事的会议外，专业委员会也要经常碰面，探讨相关议题。还有许多会议，只开一两次。所有会议需要按部就班，尊重与会者的时间，杜绝孤芳自赏，还务必要有礼貌。此外，富有成效的会议通常还需要后续工作跟进。

馆长们是怎么工作的呢？看看他们的办公桌你就知道了（见彩插1）。我只在两种情况下可以看到我办公桌的台面：当我开始一项工作的时候，以及当我完成一项工作的时候。除此之外的任何时间，这张桌子上满是纸张、文件、笔记和便笺提醒，它们被乱而有序地堆在一个纸质工作日程表周围。作为一名训练有素的艺术家，我把自己的办公桌看作一间扁平化的工作室，里面放满了正在进行中的作品。我并不抵制新技术，有时候，我也会经常使用智能手机日历，只要我能想起它。不过，我办公桌上的那份工作日程表才是我工作中最为关键的道具，虽然我一周只看它一次，但它能让我的工作按部就班地进行。这份日程也是一本日记。要想用我这样的桌子，必须知道上面有什么，这要求我定期清点一遍桌子上的文件。同时，直观地记住每份文件、便条、纸张的外观和位置也是重要的。当我想从桌子上拿某样东西的时候，总能伸手就抓到我想要的这样东西。我驾驭自己办公桌的能力经常令人震惊。财务人员一看到我的桌子就会出一身冷汗。还有一位曾在大型国际会计公司工作过的董事，被我的桌子弄得烦躁不安，竟然因此拒绝踏进我的办公室。我必须指出，我管理办公桌的方法不值得推荐，它仅对我个人有效。以前，我有过一位上司，他把每天的最后一个小时用来整理文件，他会将正在做的工作放进指定的抽屉、文件柜、书架或其他地方。他每天离开办公室时，桌子是空的。他这样的工作效率才是我辈的楷模。

每个人都有自己的领导方法、偏好和习惯，馆长们必须在这些问题上有清楚的认知。幸运的是，我所管理的博物馆规模刚刚好，能允许我在办公室实行"开放大门"的管理政策。这意味着，无论何时，只要我在办公室，任何人都可以来跟我讨论任何事情。实际上，完全按照这个政策执行也不太现实。它的意义在于，只要员工们知道我的管理方针，他们就会在和我的沟通交流中感到自在，不论这些交流是否发生在我的办公室里。我希望我的员工与我之间能建立起信任的桥梁，这是我的一个管理目标。在人事管理工作中，信任是至关重要的。

比起待在办公室里，员工们在博物馆里四处走动往往可以学到更多。博物馆是一切工作发生的实际空间。沉浸在这些空间里，走访工作人员，观察游客，总能让人耳目一新。我的身份是领导，因此员工对我的一举一动相当上心，但当我走进博物馆开放区域时，身边的人很少有认识我的，在这种环境中边走边逛的确教会了我很多新的内容。作为一名主管，在办公区域走动时最好不要对人过于严苛，虽然我经常看起来是这样的。所以，我尽量多微笑。领导多微笑一次，他身边的人就可以少一分畏惧。

我在工作中容易被其他事务分心，这导致我会忽略一些值得注意的事情。为此，我需要大家来帮我克服这个缺点。所有的员工最好都来帮助我。我欢迎大家向我提出问题，发表意见，提供想法，或投诉抱怨。我会决定到底哪些问题是值得注意的。不过，我圈定的这些重点问题，他人未必也这么认为。由于没意识到或者不关心某些事情，我有时会陷入麻烦，尤其是在董事会面前。

每当员工或者董事向我提出一些无足轻重的建议时，本就困难重重的工作变得更加难以为继。这些建议大多为了制造问题、逃避工作、指责他人、夸大利益相关集团或个人、破坏组织结构，或是仅仅为了支持一个站不住脚的借口。如果一个工作机构的文化能经常容忍员工这种行为，那就意味着管理层没有作为。有些主管对于这种无理取闹的员工避之唯恐不及。然而，当董事会成员这样胡作非为时，纠正措施将非常难以执行。关于董事会如何对待馆长，我有一个建议：馆长是董事会聘请来领导这家机构的人，董事会应该给予他支持、善意和理解。大部分董事会与博物馆馆长的关系维持得很好，当然，像那种削弱攻击、贬低奚落或是其他破坏馆长权威的行为，也并非闻所未闻。董事会应该要善待馆长。找到优秀的博物馆馆长很难，但失去他们却很容易。

上文曾将博物馆与企业类比，实际上，两者是有区别的。博物馆是慈善机构，但企业不是。我之所以使用"慈善"这个词区分二者，是因为在美国法律体系中，博物馆通常被归为与慈善相关的法定类别。1969年至1970年，我利用假期时间在蒂芙尼公司（Tiffany & Co.）纽约旗舰店工作了四个月。我所在的部门负责对接企业客户，部门高管专门负责维护客户关系。我的上司是德国人，她管理着许多与蒂芙尼有业务往来的德国公司，包括梅赛德斯－奔驰（Mercedes Benz）、大众汽车（Volkswagen）和几家化工企业。我将整个店面里里外外都了解了一遍，发现这项工作比我预料的要有趣得多。我很快明白，为什么企业的底线就是底线，不能被跨越。我看好的那些设计精美的产品，如果卖不出去，就会被淘汰。企业必须采取这种经营方式，否则它们的业务将不会维持很长时间。同样是有收入预期的项目或行为，这种事如果被放到非营利性机构处理，就可以稍微宽容一点，至少在字面上是可以的。

蒂芙尼公司不接受来自个人的慈善捐赠，但博物馆可以。这种根本上的经营差异是导致营利性机构和非营利性机构不同的核心因素。然而，应该注意的是，博物馆的非营利性地位不应该是编制年度预算时考虑的唯一因素。

一家博物馆想要赚钱并没有错，但当建馆基础动摇、资本主义的理念占了上风时，对博物馆的使命至关重要的业务（首先想到的是藏品管理业务）可能会遭受重创。馆长们需要认识到这一点。《东汉普顿之星》（*East Hampton Star*）的一名记者，在采访中引用了大都会艺术博物馆前馆长菲利普·德蒙泰贝洛的话，记者报道：

> 金钱在博物馆领域中扮演的角色是真实存在的，博物馆要像企业一样运营的压力也是……被迫像企业一样运营的博物馆数量之多令人不安……观众不会为了达成某个部门的业务指标而来大都会艺术博物馆参观。他（菲利普·德蒙泰贝洛）说，他们感兴趣的是展览的种类和质量，以及博物馆的知识涵养。"很明显，如果可以的话，博物馆需要平衡预算，并且高效运行。然而，按照企业的经营理念运行和像企业一样经营有很大的区别。"
>
> ——珍妮弗·兰德斯（Jennifer Landes），2014 年

不知何故，人们会认为博物馆馆长知道他们所在博物馆的一切细节。不论是对博物馆宗旨性质的深刻认知，对博物馆所有藏品的深入了解，还是财务报表中的每一个数字，馆长们必须能即刻回想起来。这当然是荒谬的，但它确实让馆长们时刻保持警觉。坦率地说，他们要是能告诉我关于"他们的"博物馆中这么多方面的细节，我才会感到惊讶。博物馆越大，馆长所熟悉的部门细节就越少，这是意料之中的，因为每一个大型企业皆是如此。而且和大型企业一样，掌舵人需要员工进行出色的汇报。

我的工作有赖于下属们的工作。他们是一群很优秀的人，分别负责博物馆教育、藏品管理、物业维护，尤其是财务。最后一类对我来说很重要，尤其当人们问起各种各样与预算有关的问题时，不管是关于项

目成本、投资、薪酬、福利，还是其他类似问题。这些问题本身是合理的，我也大概可以回答它们，但坦白来讲，数字更能说明问题，它们构成的指标项目能清晰地阐明结果。如果一家博物馆的经营者很称职也很负责，博物馆的财务状况也是良好的，那么电子表格能说明所有的辛勤工作。用图表来展示自己公认的专业能力，是一种很好的实践。在董事会层面，图表往往是一种回避机制，被用来假装对机构有所贡献，实际上却辜负了机构对董事会的期望。在筹集和捐赠基金这方面，这样的例子就有很多。

据我估计，一位馆长的工作中，平均有50%的时间需要与工作人员沟通协调，而另外50%则需要与董事会以及馆外人员打交道。就像电影《制作人》(*The Producers*)描绘的一样，导演把一半的时间用于打磨剧本以及和制片人沟通，另外一半的时间则用来筹集资金。因此，馆长需要攘外安内，其工作是双重导向的。

如果日常运作能够保证计划得以推进、各种问题得到积极解决，我与员工一起工作的那50%工作时间通常是富有成效的。员工的工作很少令我不快。因此，我一直很感激我的下属们。根据我的经验，大多数人工作起来都认真勤奋。作为馆长，我的责任是了解博物馆的每项工作，确保员工各司其职，提供工作需要的各种资源，监测工作成效，必要时提供指导，及时、有效、公正地处理各种问题。博物馆馆长还有一项经常性职责，即需要时刻支持、感谢工作人员，带领他们不断前行。正视雇佣关系是馆长的一种责任，如果能以体贴入微的态度进行管理并使其成为常态，那么需要处理的负面情况就会减少。

据我保守估计，馆长另外50%的工作时间需要用于筹款，这真不是开玩笑。俗话说"责任到此，不能再推"(The buck stops here)[1]，这句话适用于博物馆馆长，不过前半段改成"责任源此"(The buck starts here)

---

[1]　原文"The buck stops here"是美国前总统杜鲁门的名言，表示自己绝不准推卸责任。

更为切题。不管你能否接受，筹款都是博物馆馆长工作的一个重要方面。它几乎融入了博物馆目前正在发生的一切，或者未来可能发生的一切。所以，筹集资金这项任务不能推给他人。

无论一家机构的规模有多大，馆长们都需要参与到筹款活动中来，无论这些活动是以盈利为目的还是慈善性质的。后者更需要馆长的投入，因为这类活动中有很多潜在的捐助者，还有很多人长期与博物馆在经济方面有往来关系。愿意为有价值的事业捐助的人，无论其捐赠金额大或小，一般都希望能结识并了解这个机构的负责人。对于成功的博物馆来说，其首席执行官（CEO）通常是这个机构的脸面。机构的位置反而不那么重要。当菲利普·德蒙泰贝洛担任大都会艺术博物馆馆长时，他就是一位很出名的公众人物。他的名气是建立在前任馆长托马斯·P.F.霍文的工作基础上的。霍文几乎是凭一己之力，树立起像巴纳姆①一样的博物馆馆长形象。举一个小博物馆的案例，位于美国另一边的艾奥瓦州布恩县历史学会（Boone County Historical Society, Iowa），常务理事帕梅拉·施瓦茨（Pamela Schwartz）就是该组织的代表。布恩县属于乡村，当地人口只有12500人。

成功的博物馆馆长从不浪费任何筹款机会。当他们注意到有筹到资金的可能性时，如果无法立即采取行动，他们会把这个机会记录下来。当然，这并不是说所有关于筹集资金的想法都是好的，其中有很多想法都难以实现。我曾经花费很多时间做相关背景研究，培育潜在的可能性，并准备"提出筹款要求"，但很多时候，我的种种努力会因为想法不合时宜或完全错误而停止或失败。如果定向从个人那里获取捐赠，筹款工作就会变成源源不断的追求。筹款计划的科学性只能保证计划中的每一步都按流程走，但细枝末节、时间点和连贯性恰恰决定了结果能否

---

① 巴纳姆，即菲尼亚斯·泰勒·巴纳姆。此处意为既会吸引他人目光，又懂如何谋利的博物馆馆长类型。

成功。

我记得有一组数据说，每 20 个筹款申请中，只有 1 个能成功。这还算是很高的概率，而且之后都没有任何改善。话说回来，申请拨款要比追讨欠款容易得多。大多数基金会对于捐赠什么对象、如何捐赠以及为什么捐赠都明确规定，有指导方针。它们会公布捐赠时间表、内容、要求和程序。请务必遵守这些规定。不要因为你觉得自己的博物馆是一个优秀的机构，就认为你们的申请必然能通过。写一份不合规定的拨款申请，很可能会浪费博物馆员工或你自己的宝贵时间。当然也有例外，前提是申请者能从基金会获悉具体结果。

如何成为博物馆馆长，似乎已经显而易见了：

> 传统上来说，博物馆馆长职位源于博物馆的业务管理和行政管理的需求。考虑到这项工作的复杂性，这种职位设置是明智的。因为馆长需要具备管理技能来调动大批人才；需要具备募资技能为博物馆的短期项目和长期稳定运营筹集资金；需要会同该领域的专业人士（包括艺术家、参加董事会和志愿者协会的志愿者们）携手合作；还需要承诺向社会公众负责，并以公众的名义践行博物馆免税运营功能。
>
> —— 克里斯托弗·奈特（Christopher Knight），2013 年

我当上博物馆馆长的过程很顺利。幸运的是，我通过学徒式的学习方式，受到了细致入微的技能培训，慢慢地熟悉了这门艺术。而其他的一些馆长则是空降馆长职位，不知道哪种方法会更好。我的一个学生，在硕士毕业后，马上被雇用到一个县历史学会做馆长。她才 20 多岁，这对她来说是个不小的挑战。尽管压力很大，工作也很辛苦，但毫无疑问，她是天生的领导者。在我看来，她做出了正确的选择，我甚至还给她写了一封推荐信。

由于对博物馆的特定领域抱有特殊的兴趣，现在，很多人在职业生涯的早期就开始规划未来的发展路径。同以前相比，现在的人更倾向于在工作之初就确定职业目标。在这种情况下，如果博物馆工作特定领域再需要特殊的技能训练，那就意味着学科之间的流动性和跨学科的可能性会减少。教育人员就是教育人员，藏品研究员就是藏品研究员，藏品保管员就是藏品保管员，展览设计师就是展览设计师。最终，每类人都可能成为馆长，这要么源自一个有计划的选择，要么会随着时间的推移而变得明朗。还有一些博物馆专业人士会从小型机构的负责人做起，然后慢慢升迁。

在挑选馆长的标准中，藏品研究员的职业经历不像以前那样被普遍要求和重视。在我看来，这是一种损失。不过还好，艺术博物馆在寻找领导者时往往会坚持这一传统。由于我对藏品的重要性有着根深蒂固的坚持，因此我相信，拥有藏品相关背景的馆长比那些没有藏品相关背景的馆长更能把握博物馆的本质。这并不意味着没有藏品认知基础的馆长的能力就相对薄弱，我的意思是，这些馆长在藏品认知方面将需要更多的支持。

如今，博物馆的馆长们几乎都需要有一两个硕士学位。伟大的大都会艺术博物馆藏品研究员 A. 海厄特·迈耶（A. Hyatt Mayer, 1901—1980）曾担心博士学位会成为博物馆的"工会会员卡"，还好目前为止他的担忧没有变成现实。他写道："博士学位本应该是教职员工的工会卡，唉，它可能也要成为藏品研究员的工会卡了。"（迈耶，1983: 154）。这是一个比工作业绩更偷懒的衡量标准。对于科学博物馆馆长来说，博士学位还是必要的。鉴于这类博物馆所在领域的本质，其馆长拥有博士学位也就不足为奇了。

除非一个人非常适合从事某个博物馆的馆长工作，否则，馆长候选人必须具备充足的学术背景，这样董事会做出聘用决定时才不会对他（她）冷嘲热讽。我很少发现，高学历对担任馆长职位能产生多大的影响。基本上没什么学术路径是以成为博物馆馆长为目标的。艺术管理专业的硕士项目对培养馆长有帮助，因为设立这类项目的初衷是解决人事、筹款、管理和财务等问题，这四个方面几乎占据了馆长全部的工作时间。戈德伯格说得很对，一位馆长必须"拥有正统的学术背景，同时也愿意暂时搁置学术研究"。

20世纪80年代，出现了一个关于博物馆管理的常见话题：聘用拥有工商管理硕士学位（MBA）的领导者是否有价值。很多人都谈到了把博物馆当成企业来经营的重要性，希望能运用市场原则，从根本上改变博物馆在这些局外人眼中乏味、封闭、财务保守、保护了很多特殊利益集团的情况。幸好，这种说法没有得到普遍认可，在我看来，这是博物馆的又一次死里逃生。

实际应用以上说法的博物馆提供了前车之鉴。当时，大都会艺术博物馆的董事会决定将馆长的工作一分为二。博物馆主席（president）的职位被确立。曾在外交使团工作过的小威廉·B.麦康伯（William B. Macomber Jr., 1921—2003）被聘任为主席，负责博物馆的运营部分。时任馆长菲利普·德蒙泰贝洛则负责艺术部分。这不是标准的双重馆长职位设置，但已经接近了。麦康伯退休后，博物馆的人事管理又回到了更加标准而又实用的分级"金字塔"。

让商人掌管博物馆的做法一般都结局惨淡，最失败的案例发生在史密森学会，学会曾聘请了一位银行家来管理其庞大而又多维的业务。2000年，劳伦斯·斯莫尔（Lawrence Small）被任命为史密森学会的秘书长。他没有值得一提的非营利组织管理经验，也缺乏在史密森学会任职所需的相关背景。斯莫尔和妻子经常用公款购买头等舱机票，为此他广受批评。这不过是更深层次的失败外化出的一个表征。在持续七年的动荡之后，他下台了。

水平不高的博物馆馆长，会引起机构衰落和混乱，尤其是在人事方面。这些德不配位的人往往具备一到两种不良特征。他们可能会缺乏安全感，内心明白自己并不适合馆长职位。或者，他们会被权力冲昏头脑。无论是其中的哪一种，这些馆长的判断都是疲弱且具有破坏力的。对于业务能力强的人提供的建议和支持，他们会选择拒绝、忽视。这些人可能还不诚实。他们的判断真是糟透了。这类馆长一般患有"捧高踩低"的管理综合症：对位高权重的人，他们会车前马后地阿谀奉承；而对下属，他们则不会提供任何的支持帮助，甚至还会做出一些恶劣的行为。还有一些馆长的行为举止像上帝一样，经常摆出一副可笑的傲慢姿态。不管一个糟糕的馆长有怎样的缺点，员工们都会迅速做出改变，并马上适应。一些人会离开，一些人把自己隐藏起来，还有一些人直接敷衍了事。然而，博物馆的董事们一般需要很长时间才会意识到他们雇了一位"个性鲜明"的博物馆领导。处理这种情况通常是需要时间的。所有的这些愚蠢行为，会让博物馆工作人员遭受不必要的痛苦。然而，奇怪的是，博物馆即使在机构管理严重瘫痪的情况下也能幸存下来。机构自身的力量比个人的更大。

无论谁来担任博物馆馆长，工作保障一直是人们关注的问题。这对于经历了大量行政职位变动的博物馆来说，尤其如此。我见过这样的馆长，他们会花异常多的时间去讨好董事会成员，特别是其中比较有威望的董事。这通常是以牺牲员工关系为代价的。如果博物馆馆长按照董事会的思路严格规范自己的所作所为，并且从不疏远董事的话，这位馆长应该能被聘用多年。然而，就像休·H.吉诺韦斯（Hugh H. Genoways）和琳内·M.爱尔兰（Lynne M. Ireland）说的那样，"博物馆馆长在这个职位上的平均任职时间不到四年"（吉诺韦斯、爱尔兰，2003: 17）。我认识一些优秀的馆长，他们仅因为一两个董事不喜欢他们或拒绝听取他们的建议而被解雇。尤其是当博物馆陷入财务困境时，馆长大概率会被免职。有些时候，这些问题确实是馆长的失职，但大部分情况下并非如此。

虽说博物馆已经在各种商业实践中逐步向市场靠拢，但博物馆馆长很少由只有商业背景的人来担任。虽说没有利益就没有使命，但有了使命才能有利益。我希望这种情况可以继续下去。会计出身的人很少能坐上博物馆馆长的位置，这是有原因的。领导一个博物馆需要有博物馆主题相关的知识、开朗乐观的性格，以及编制财务报表之外的其他经验。博物馆馆长必须是擅长和人打交道的人，但会计这类数字专家很少能做到这一点。

我喜欢将博物馆馆长类比为管弦乐队指挥。二者之间的相似性显而易见，所以这种比较还算恰当。和指挥家一样，博物馆馆长也需要看到、听到博物馆的运作情况。虽然我们基本不需要演奏我们指挥的所有乐器，但我们需要理解它们在合奏中所扮演的角色，无论其角色重要与否。音乐表演如此，博物馆的运营也是一样。为了达到一个终极目标，许多工作会陆续展开。馆长需要对这些合作项目的每个方面都给予密切的关注。如果一件事有太多的变量，那它失败的概率也会增长，要想成功，压力是一定会存在的。馆长需要接受现实，鼓起勇气杜绝潜在的干扰因素。熟谙工作内容和机构情况的馆长，一般理解适用于他们的管理机制，知道何时何地、以何种方式运用手中的权力。

最后，考虑到博物馆馆长职位兼容并包的特性，他该如何放松呢？选择可以是多种多样的，最为常见的是陪伴家人、发展爱好和旅行。我本人是在音乐中找到了心灵的归宿，尽管这种放松方式略微有些奇怪。20世纪60年代初，美国民间音乐以一种近乎复仇的方式复兴。从那时起，我和一些高中朋友开始组队演奏陶瓶乐队的音乐。此后，我们的乐队虽然一年只活动几次，但一直坚持下来了。我们的友谊和音乐令人放松。在一次次搬家的过程中，我发现很多抱着跟我同样的目的玩音乐的人。我玩搓衣板音乐，吹蓝调卡祖笛，我还当主唱。我没有一天能不听音乐，特别是爵士乐。陶瓶乐队的音乐就属于这种类型。家庭是我休息的港湾，记得在缅因州的湖边，我和家人度过了最放松的一周。钓鱼、阅读、画水彩画，或者单纯地出门逛一逛，都能帮我恢复活力。闲暇时光，我会尽情地抽上一支好雪茄，喝上一杯冰镇波旁威士忌，这同样放松身心。对于正在管理博物馆的人，还有那些正在考虑从事馆长工作的人来说，给心灵放假、给身体充电是必要的选择。

1. 你的博物馆正在进行一项耗资220万美元的翻修扩建项目。一位捐赠者想要匿名捐助一笔巨款，以向馆长致以敬意。为此，馆长想在馆长办公室旁边竖立一块小的铜牌，铭记捐赠者的贡献。这种情况下，董事会或馆长应该怎么做呢？

2. 在你所在的社区里，有一位颇有名望但并不富有的艺术家想在死后把他的房子和财产捐给你管理的博物馆。他已经把自己的许多作品送给了你，你也欣然接受了。这位艺术家没有直系亲属。他希望自己的家能成为水性绘画（水彩画、丙烯酸颜料等）的研究中心。这座房子距离你的博物馆大约半小时车程，那里曾是该州的乡村地区。房屋建筑面积大概有3000平方英尺[①]，有三间卧室、一间客厅、一间餐厅、一间小厨房和一间艺术家工作室。房子周边的土地占地4英亩[②]。此外，艺术家还将向博物馆提供一笔善款，用于维护这处房产。捐款预计有15万美元。博物馆应该如何回应这位艺术家？

3. 在你管理的博物馆里，有一位引人注目的董事。他常常在下午参观博物馆，身上还总有一股酒气。博物馆办公室的冰箱里，总存放着这位董事的几瓶酒。大家有时会倒上一两杯酒喝。这位董事脾气暴躁，对员工吹毛求疵，经常在董事会和其他主管不知情的情况下对员工下达工作指令。而且，这些指令并不是预先批准的工作计划的一部分。遇到这种情况，馆长该如何处理呢？

4. 董事会在寻找馆长人选时，应该找一位有商业、金融背景的候选人，还是找有博物馆工作背景的人？每种选择的利弊分别是什么？

---

① 1英尺约为0.3048米。——编者注
② 1英亩约为4046.86平方米。——编者注

5. 董事会在寻找馆长人选时，是应该在机构内部寻找候选人，还是在机构外部寻找？每种选择的利弊分别是什么？

6. 你工作的博物馆正在物色一位新馆长。你提交了申请，接受了面试，但最终没有被录用。不过，即将离任的馆长给你升职加薪了。新馆长上任后，一直用怀疑的眼光审视你。在另一种情境下，你成功当选博物馆馆长。当你到达工作岗位时，发现自己的一名员工也曾申请了馆长职位，他明显对自己没有被聘用感到愤怒。你如何处理这两种情况呢？

7. 你管理的博物馆中，有两位最难以相处的董事会成员一起辞职了。他们觉得你指挥不力，还同董事会串通一气。他们甚至说服了几个也在董事会的朋友共同辞职。这些人分别写了言辞犀利的辞职信，并分发给董事会全体成员。在此之前，他们从未对你、对董事会或董事会主席公开表示过失望。这场闹剧之后，董事会主席和剩余的董事向你提供了一份有追溯效力的加薪、丰厚的奖金，以及一份续签三年的工作合同。如何解释这种情况？

第四章

藏品研究＝鉴选＝收藏

慧眼识珠。

　　　　　　　　—— 中国成语

藏品研究（Curating）

　　博物馆一般都保存有若干藏品，因此它通常需要一批了解这些藏品的工作人员。一直以来，这是藏品研究员（curator）的本职工作。尽管在博物馆领域不时会有一些声音，责难藏品研究员的职位，但我相信，这项工作必须一如既往地开展下去。我这么说有两个原因：一是，这个职位的职能确实卓有成效；二是，我还没有在博物馆找到能更好地长期胜任这项任务的其他职位。博物馆作为一个通过客观物品探索主观话题的场所，必须有一位能够理解这些器物的人。此人非藏品研究员莫属。

　　理想中的藏品研究员应该对博物馆拥有的藏品及其流传经过非常熟悉。要想做好这份工作，需要很长时间来学习。最终，这些人在吸收了藏品核心信息后会成为对话者，主动地建立起与藏品相关的对话。这些对话向公众娓娓道来藏品的身份、功能和应用，以及蕴藏在外观特征下的风格、材料、尺寸、成分，等等。上述信息通常存在于特定语境中。换句话说，藏品研究员不仅了解藏品本身，还了解藏品之间纵横交错的广泛关联，或者说在器物创造之初与周遭的关联。"没有人是一座孤岛"，这句话同样适用于博物馆的藏品，因为不论是现在还是过去，几乎没有藏品是独立存在的，一件器物不可能和任何事物都不相关。《蒙娜丽莎》就是在各种力量的合力之下被创作出来的。优秀的藏品研究员明白这一点，并且会花很多时间将藏品与其错综复杂的意义联系起来。为了做好这个工作，他们还会寻求更多的器物入藏博物馆，这些器物反过来会补充、扩大、完善博物馆现有的收藏，甚至会让博物馆形象焕然一新。这项工作也包含从博物馆藏品中注销部分器物，但这种情况一般很少发生。

在明确藏品研究员的定义和工作内容后，不难发现，藏品研究员是诠释藏品内容价值的核心。成功的博物馆都有才华出众的藏品研究员。实力较弱的博物馆则正好相反。优秀的藏品管理工作并非完全取决于机构的规模、空间、预算、位置或收藏主题。预算有限的博物馆可以拥有出色的藏品管理，而规模更大、财力更雄厚的博物馆可能反倒在这方面步履维艰。不过，大多数情况下，博物馆越大、越精专，其藏品管理的优势就越大。资金短缺的博物馆拥有较少的藏品研究员，有些博物馆甚至仅有一位。这种情况下，藏品研究员会负责一系列不同的藏品类型，虽然他们本人的专长可能局限于某些特定的领域，但在工作中，他们必须成为多面手。

藏品研究员的职责包括藏品研究、持续对博物馆收藏进行评估和发展、策划并实施展览、为藏品及藏品相关的主题提供说明文字和解释，以上职责排名不分先后。所谓藏品研究，指的是诠释藏品本体的内在本质及其与某一主题有关的具体信息。研究工作的动因非常现实，大抵不过了解特定的藏品、思考未来的征集方向、准备展览和出版，以及完善藏品信息从而提升其他学者研究藏品时的可及性。在职的研究工作需要有所取舍、有所约束，特别是如今更需要能付诸应用。考虑到藏品管理范围的广度，实际工作中很容易顾此失彼。虽然为了研究兴趣而做研究是纯粹且理所应当的，但我经常会尝试着将藏品研究工作与当时博物馆正在进行的其他工作项目有机地结合起来。我也曾试图要求在我管理下的藏品研究员这样做。一般来说，优秀的藏品研究员是独立的个体，想要对他们实行强有力的监督控制近乎遥不可及。这对机构整体来说未必是一件坏事，但管理者必须认识到这一点。

绝大多数人只能通过展览对藏品研究员的工作成果一窥究竟，他们不知道在展览背后，藏品研究员都做过哪些事。通过展览这类沟通交流的场所，藏品研究员得以传达理念、传播思想、表达观点。无论展览规模大还是小、内容复杂还是简单、展品廉价还是昂贵、展陈效果成功还是失败，或是展览其他方面的优劣，这些结果主要由藏品研究的水平和质量决定。一场展览能否确保有意义的公众参与，主要在于设计展览的初衷、藏品的内容、展览的呈现方式，以及具体的说明文字。因此，决定、选择、安排和诠释展览的对象及内容，对激发观众积极的参观体验是至关重要的。这些工作重点通常是藏品研究员的责任，无论他的名字是否出现在策展团队名单里。正如达娜·弗里斯-汉森（Dana Friis-Hansen）所说："如果策展被看作一系列相互关联、相互交错的工作步骤，那它应该包括（但不限于）研究、主题概念化、选择、战略性安排及阐释。这项工作需要多重任务齐头并进。"（弗里斯-汉森，2001: 67）

在我看来，藏品研究员应当成为一个展览项目的领导人和总负责人。虽说他（她）不可能凭一己之力深化某个想法，或者将某个理念变为现实，但在一般情况下，让一位合格的藏品研究员担任策展团队负责人，基本可以保证展览的最终效果令人满意。我知道我这么说可能会被认为有点"老派"，但若干实践证明，在组织展览时，这种做法具有相当程度的可行性。总的来讲，让非藏品研究员领导策展团队，或者负责遴选上展藏品，很难得到好的工作成果，最好的情况下，他们完成的展览也是支离破碎的，这样的展览让人提不起兴趣。话说回来，优秀的藏品研究员也可能制作出不太理想的展览，这种情况时有发生，但发生的频率还是相对较低的。需要注意的是，千万不要把喜欢咬文嚼字的学者任命为展览负责人，历史类博物馆尤其不要这么做。这类学者常常满口之乎者也，我还没见过有哪些展览能在这类负责人手中把文物变得容光焕发的，他们也很少能理解藏品潜在的教育价值。

由藏品研究员负责策展和布展的传统做法一般包括如下几个步骤。藏品研究员会提出展览主题、选择展品、编写或审阅所有说明文字、制定展陈大纲、确定辅助展品（如线上的展览内容、展厅中的影音装置、图表），等等。假设一位称职的藏品研究员按部就班地完成了每项工作，那么他的展览会呈现出清晰的分析视角和前后一致的"藏品研究话语权"（curatorial voice），这样的呈现方式能最大限度地减少感性认知和现实世界引发的信息混淆。顺带一提，在理想情况下，这种"话语权"会以某种一致的、明显的方式反映出博物馆的"话语"。

曾几何时，人们认为，博物馆策划的展览应该是中立的，展厅里展示的器物既不会引发激烈的讨论，也不应受到强烈的质疑。毫无疑问，这种观念在过去和现在都是错误的。一个特定主题的博物馆之所以会存在，正是为了表达某种既定的观点。博物馆的馆藏内容也是由这种观点决定的。而且，展览中的展示内容也是基于这种观点。随着 20 世纪 60 年代美国的社会动荡逐渐平息，这样的现实得到人们大胆的承认，其在现实中的应用也被频繁诟病。在当时的美国，这种情况尤为明显，博物馆未能幸免于这场社会变革。它们被批评为种族主义、性别歧视、反民主以及军事－工业权力结构国家[①]中代表政治、经济、社会利益的精英主义堡垒。展览则经常被民主变革的主要支持者称作文化侮辱。在我看来，那个时代留下的比较受人欢迎的遗产，是博物馆在藏品征集和展览策划中所采取的更为开放包容的视角。这种行事方法，如今成了藏品研究员在其负责的收藏和展览中必须考虑的几个因素之一。

藏品研究员存在于博物馆中的各个领域。其头衔可以由一个藏品研究员所负责的藏品类型来决定，比如我曾经担任过绘画、版画和照片

---

① 即军事工业复合体。这个概念由美国前总统德怀特·戴维·艾森豪威尔在 1961 年的总统告别演说中首创，主要用于美国的情境。

的藏品研究员。有时，这个头衔也可能表明博物馆的某个特定区域，例如美国馆的藏品研究员。艺术类博物馆趋向于用藏品类型为藏品研究员冠名，而科学类博物馆则主要以研究主题为导向，因此我们会见到类似"鱼类学藏品研究员"的称呼。此外，还有教育研究员（curator of education）的说法。这种称呼的来源，是博物馆里的教育人员要求与一般意义上的藏品研究员平起平坐。我不知道一个人怎么能"研究"教育，不过这种用法已经由来已久了。尽管我不太情愿，但也沿用了这种说法。当教育研究员的职位被确定下来，这标志着曾被忽视的博物馆首要公共责任之一的教育，又重新被重视起来了。

藏品研究员的职位级别简明易懂。最高级别一般是首席藏品研究员（chief curator）、藏品研究员主管（curator - in - charge）或高级藏品研究员（senior curator）。自上而下依次是藏品研究员、副藏品研究员（associate curator）、助理藏品研究员（assistant curator）、藏品研究员助理（assistant to the curator）、客座藏品研究员（guest curator）、志愿藏品研究员（volunteer curator）。博物馆在筹款工作的实际过程中，别出心裁地发明了由捐赠者来命名的藏品研究员职位。例如，如果我能捐数百万给博物馆的话，我希望能以"简·米勒和史蒂文·米勒"冠名陶瓶乐队音乐藏品研究员职位。

当我还是一名藏品研究员时，常常被人问到我是怎样成为藏品研究员的。

虽说运气和偶然事件依然是成就藏品研究员职业理想的必然因素，但学术培训和相关经验的重要性也日益凸显。如果相关的实践经验是在知名的博物馆中跟随优秀的藏品研究员、实际操作重要藏品的工作中获得的，那它将尤其有助益。我提到的这些因素如今看来理所应当，但这种职业背景实际产生的时间却比我们想象中要晚很多。过去，藏品研究员大多是因偶然或爱好而从事这份工作。这并不意味着那时的藏品研究员不擅长他们所做的事情，但据我所知，他们的确在专业能力、个人意愿和实际应用方面略显薄弱。我希望,业余人士担任藏品研究员的日子一去不复返。这让我产生了一个想法:藏品研究是一种使命,而非一种职业。最伟大的藏品研究员往往全身心投入他们所做的事情,而像朝九晚五、简单的工作内容、薪资、福利等种种追求都是后话。想要成为藏品研究员的强烈愿望对于职业规划和晋升至关重要。最好能避开那些对自己的工作不温不火的藏品研究员,因为这些人只是把工作当成谋生的手段。幸运的是,我目前为止还没有遇到这样的人。

藏品研究员的工作涉及的知识领域浩如烟海,他们独断专行,对自己的作为有执着的追求。这批人如此有主见,但奇怪的是,他们未曾写下许多与藏品研究实践相关的著述。这方面当代艺术类的书籍不多,与历史或科学类博物馆有关的书籍就更少了。我之所以强调图书论著,是因为虽然互联网为个体和专业表达自我提供了广泛的机会,但书籍带来的影响能持续更久,也更容易被人们检索到,而且书籍也可以在网上传播。因此,我恳请藏品研究员们多写一些关于其本职工作的文章。

鉴选(Connoisseurship)

鉴选既是一种实践,也是一种理念,通常被认为是一种深奥的审美追求,其追求的对象可能包括伦勃朗版画、明代瓷器,或者俄国圣像的种种奥秘。想到这里,你的脑海中可能会浮现出类似的场景:学者们沉浸在珍贵的古籍文献中,思索眼前事物的细枝末节。在这些画面里,有放大镜,有并不广为人知的参考书籍,有值得细细品鉴的器物,画中的男性甚至还佩戴着领结。在电视连续剧《古董巡回秀》(*Antiques Road-show*)里,有的是这样的镜头。

暂且将大众的看法搁置一旁。当谈到博物馆藏品时,鉴选能力是一切杰出成果的根源。因此,所有人都应当理解和接受这个概念,甚至那些与博物馆藏品的质量、知识和内容无关的人也应如此。出色的馆藏，通常源于罕有而高度精练的鉴选能力，这种能力针对的是个别藏品，并随着时间的推移在总体馆藏上发挥作用。鉴选是一种基于观察的智力活动，它不掺杂任何个人情感，对此博物馆的馆长们尤其需要理解并积极支持。他们必须捍卫鉴选工作的连续性，否则博物馆将在藏品征集竞技场中萎靡不振，甚至倒退。

那么，什么是鉴选能力呢？它在我们存在的物质世界里，汇集了学术研究和感官判断并交融着关于品质、意义和价值的未定义情感。鉴选能力来自以物体为中心的广泛思考经验，有时还需要少许邂逅的成分。很多时候，在我们的讨论中，鉴选能力的范围和内容似乎都相当狭窄，几乎窄到了一种不正常的状态，甚至可以等同于痴迷。这样的鉴选，是没有实际应用价值的。对于博物馆来说，鉴选能力的内涵比艺术品研究更包罗万象。高等级的藏品鉴选可能针对的是汽车、漫画书或雪茄盒标签，其广泛的包容性显而易见。不管鉴选的对象是什么，鉴选者的技能、经验和"鉴定专家之眼"都是通过相似的方式、经过很长一段时间打磨出来的。

已故的美国国家美术馆前馆长约翰·卡特·布朗（John Carter Brown, 1934—2002），在当年考虑从事博物馆工作时，曾拜访了伟大的艺术史学家伯纳德·贝伦森（Bernard Berenson, 1865—1959）。贝伦森告诉布朗一个在博物馆工作的秘诀："看，看，看，再看，直到你视而不见为止，然后从视而不见到光明洞彻。"（哈里斯，2013: 28）。

伟大的博物馆存有伟大的收藏。最明显的例子是卢浮宫博物馆、大英博物馆或大都会艺术博物馆。其实，规模并没有那么重要，规模小的博物馆也可以因其收藏水平高而受到同等尊重，无论这家博物馆是艺术类、科学类，还是历史类。此处举三个小而美的博物馆案例，它们分别是位于美国华盛顿特区的菲利普斯收藏馆（Phillips Collection）、隶属于美国费城医学院的米特博物馆（Mütter Museum of the College of Physicians and Surgeons in Philadelphia），以及位于英国伦敦的约翰·索恩爵士博物馆（Sir John Soane's Museum）。还有一大批同样重视收藏的博物馆，要是把这些博物馆列成清单的话，应该会很长吧。不管我们想到了哪家博物馆，只要它声名远扬，那一定是因为人们看好这家博物馆的馆藏。的确，有些博物馆的藏品可能需要与优美的风景、有趣的建筑、激动人心的临时展览（temporary exhibitions）、便利的地理位置或是一家好餐厅竞争。然而，这么多年来，藏品质量建构了机构的内涵。这是合情合理的。很少有人真的想去博物馆看平庸无奇、无关紧要、虚假或暂时流行的藏品，至少这样的参观行为不会在几十年间循环往复。

那么，博物馆如何在藏品收藏方面建立起良好的声誉呢？需要通过自律、开明、知识渊博的鉴定专家，他们不能被亵渎鉴选工作的管理者轻视，不能被考虑不周的政治思潮干涉，不能因为错误的预算削减、领导层的误导、目光短浅的藏品管理理念所破坏或阻碍，尤其要避免敲诈勒索行为。

一些博物馆因其丰厚的文物收藏而广受赞誉。它们之所以享有这种声誉，是因为在征集、保护、研究、阐释藏品的过程中，这些博物馆管理层深思熟虑，为长远利益精打细算，并在实践中保持高度精准的判断力。这种做法本质上融合了知识、经验、视觉敏锐度和与藏品相关的直觉，并且收藏工作不应该被视为一个无足轻重的老旧观念。鉴定专家们赖以为生的这套工作技巧必须每天练习、坚持使用。无论博物馆的规模、位置或预算如何，都应当如此。位于马萨诸塞州迪尔菲尔德（Deerfield, Massachusetts）的迪尔菲尔德历史博物馆（Historic Deerfield），在获取新藏品方面表现出非凡的藏品研究敏感性。费城艺术博物馆拥有并征集到许多极好的藏品。美国自然历史博物馆（American Museum of Natural History）因收藏有众多的恐龙化石而受到追捧。从这些案例中，我们可以看到鉴选能力在历史、艺术和科学类博物馆中发挥的作用。

也有一些博物馆对鉴选能力漠不关心，这主要是由于视觉理智主义

（visual intellectualism）的核心要义遭到了破坏。对于博物馆来说，视觉理智主义应是其存在意义的核心所在。多年前，我的朋友兼同事、经验丰富的博物馆专家曼斯菲尔德·柯比·塔利（Mansfield Kirby Talley）曾在不同时期就这个问题发表过文章，他说：

> 鉴定专家——提到这个词会让人联想到这样一种场面：优雅的绅士们沉迷于一种非常高雅的消遣，他们将身份不明的艺术作品鉴定为这个或那个艺术家的创作。鉴定专家有时被视为魔术师或能变戏法的人。我们必须承认，在鉴选能力中确实有魔法的成分，就像数学和物理学都有魔力一样……鉴选能力依赖于大家对鉴定专家个人性格的清晰认知，而且还依赖于公众对其人格的信任。鉴选的基础，是对某个人的作品有着独特的认识和理解。

（1989: 175）

> 当我们注视一件艺术品时，作为审美对象的艺术作品和我们的眼睛展开了对话。这种对话中，我们凭借自身的能力来区分画作水平、绘画手法等任何与艺术品相关的原始内容。这些内容向我们展示出艺术家的设计意图，以及艺术家如何运用形式、颜色、材料、技术来将其意图通过外在的表现形式实现出来。从本质上说，这就是美学的含义，不管我们把它看作一门关于美的科学，或者是一种对美的热爱，抑或是与美相关的规定、原则，还是美学实践。我们在历史、技术和材料方面的认识程度将决定我们评估美的能力——对艺术家的创作水平来说也是如此——我们用自己的知识体系来评价我们看到的东西。

（1996: 4）

不论一位鉴定专家的身份是艺术历史学家还是藏品修复师，他研究、评估和欣赏艺术品的方式，都取决于一种无法用逻辑解释的洞察力和直觉。伯特兰·罗素（Bertrand Russell）曾经引用过亨利·柏格森（Henri Bergson）的话来解释这个现象。柏格森是一位19世纪的法国哲学家，他倡导直觉是比理性更基本、更可靠的认识世界的方式。他曾说："有两种截然不同的认识事物的方式。第一种是我们在对象外部去观察它，第二种是我们从对象内部来把握它。"柏格森将直觉定义为："一种理智的交融，这种交融使人们自己置身于对象之内，以便与其中独特的、无法言喻的内涵相吻合。"这就是著名的15世纪意大利绘画的鉴定专家伯纳德·贝伦森眼中的鉴选力基础。

（1997: 273—274）

正如前面所说，鉴选——无论是将身份不明的艺术作品鉴定为某位创作者的作品，还是普遍意义上的理性欣赏——都无法从逻辑上加以解释。要是你认为鉴选方法不过是带有大量神秘浪漫主义色彩的19世纪伪科学，那么请允许我提醒你，贝伦森所做出的鉴选结果中大约有85%被后来的学术界接受了。同样不应该忘记的是，在贝伦森那个年代，他选择从事的专业领域尚在起步阶段，相关专业知识还很粗略。作为鉴定专家，贝伦森的成功不仅依赖于他的"眼睛"，也依赖于他识别特定手法和风格的直觉能力，还依赖于他的视觉记忆及浩瀚的知识量。鉴选结果显然不可能做到万无一失，但科学和科技方法也是一样。任何工具都有一定范围内的有效性，鉴选结果的有效性也取决于鉴选者的能力。虽然鉴选是一种相当主观的工作，但并不是说所有人都能干得一样好。只要你了解鉴选的历史和其最佳从业者的成就，你就很容易理解，鉴选工作并不像安妮·奥克利（Annie Oakley）说的"我做过的任何事情都比你更好"那样简单。

（1997: 276）

作为一名有抱负的鉴定专家，或者说真正的鉴定专家（我希望所有的藏品研究员都能成为称职的鉴定专家，尽管这毫无疑问是一种持续不断、永无止境的个人追求），藏品研究员花费大量的时间研究藏品，以了解它们是如何被创造出来的、由什么构成、如何被使用、被谁使用，以及为什么会被使用。他们想知道一个物件的历史，也就是它的出处，还想了解其背后的时代背景，以及这件物件与其他物件之间的相互关联。在别人看来，这都是奇怪的关注点，但对于鉴定专家来说，却是必不可少的。

在任何一家博物馆，能与高水平的藏品研究员共度时光都是大有裨益的。这些藏品研究员会向人们解释他们负责的藏品，而且这些藏品都受到了藏品研究员经年累月的研究。他们提供的洞见和信息令人着迷，只有通过多年的不断观察、思考和研究才能获得这些认知。成为这样一个鉴定专家，需要大量基于藏品本体的研究，这可不是光靠看复制品或阅读某一主题的文献就能做到的。藏品研究是在与真实事物密切接触中产生的，真实事物中凝固了许多有意义的内涵，因此值得被特殊关照。

所有博物馆的收藏工作都必须以鉴选为中心。在鉴选工作中，哪怕是最微小的失败，也会使博物馆陷入长期的困境。如果收藏工作未能完全建立在精细准确、见多识广、经验丰富和高度自律的鉴选者的基础上，那么最终的结果只会是麻烦。当然也有例外，但都不值一提。永久性收藏应该是一种乐趣而非负担。

一个人喜欢博物馆里的藏品就会喜欢它的全部，无论它意味着什么、表达什么、传递什么。然而，随着时间的推移，我逐渐得出一个结论：博物馆里的藏品不一定都属于那里。我花了好多年才接受这个现实。那些年，我接触过成千上万件藏品，但我始终不明白为什么有些藏品会出现在某个博物馆里。经过仔细的探究和考证，我发现，这些藏品进入博物馆的原因是无法解释的，甚至是虚假的。这些糟粕之所以出现，是因为没有员工（合格的藏品研究员）有兴趣、有知识、有权力或是有哪怕一点点鉴选能力，来拒绝其入藏。

博物馆的征集入藏流程应该是正式、规范、有序的。这是鉴定专家检验自身本领的试验场。鉴于博物馆反反复复地对其藏品的持久性做出暗示和实际承诺，若是出于与博物馆核心使命无关紧要的原因接受藏品，那么这种行为是愚蠢和不负责任的。大多数主流的专业博物馆都努力确保被纳入永久藏品的器物是正确的、具有长期价值的。总的来说，这种方法的应用大体是成功的。

大都会艺术博物馆前馆长托马斯·P. F.霍文提出了一种鉴选艺术品的方法（1975年）。这种方法能完美地应用于征集工作中，不管征集对象是什么情况。从某种程度来说，它是对藏品鉴选的概括。面对潜在的征集机会时，需要考虑如下几点：

①直观印象

②器物描述

③现状、完残、年代

④使用方式

⑤风格

⑥主题

⑦肖像学

⑧历史

⑨参考书目

⑩馆外专家意见

⑪科学分析

⑫存疑清单

⑬总结：这件作品是否符合最初的印象

经验丰富的资深藏品研究员在看到一幅画、一把椅子、一只昆虫、一辆汽车、一块石头、一件衣服，或者任何与他们在博物馆的专业范围相关的东西时，都会下意识地运用霍文提出的鉴选技巧，哪怕他们从未听过这套理论。我要重申一下，鉴选能力来自很多、很多、很多的观察，这种观察永远不能停止。大多数情况下，培养鉴选能力需要关注真品，而不是复制品。拥有明亮通透的"心灵之眼"与拥有良好的体育或音乐能力没有什么不同。定期的实践应用是保持能力与时俱进的必要条件。我担任纽约市博物馆的藏品研究员时，我们馆的镇馆之宝之一是19世纪纽约版画公司柯里尔公司（N. Currier）与柯里尔和艾夫斯公司（Currier & Ives）的版画[①]。该公司曾出版7000多幅版画作品，我们馆拥有其中的3000多幅。在博物馆工作的16年间，我经常亲眼见到这批馆藏中的一幅或多幅版画，这样的经历让我对版画十分敏感。这些版画被重复拓印，广泛传播，因此最初的石制印版也被重新制版了很多次。绝大多数的复制品都非常容易辨认，即使是对版画只有些许了解的人也能辨认出来。不过，20世纪重制的版本很难被鉴别出来，我本人就遇到过两次。遇到这些仿制品的时候，我的第一印象一般都是略感怀疑，但我不能马上说出原因。我这么说并非狂妄自大，而是因为这是所有鉴定专家的本能反应。当时我并不了解霍文提出的鉴选方法，但复盘之后我发现，那时我研究鉴别存疑版画的方法，基本和霍文的说法是一致的。如今，我仍然会做一些以柯里尔和艾夫斯版画为主题的讲座，但自从我的工作不允许我时不时地接触版画真品之后，我的鉴选能力就下降了。而且，由于我只看到了我们馆藏的版画，这些其实只占该公司出品的全部版画的一半不到，即使在我对版画的熟悉程度达到顶峰时，我的鉴选能力仍然不够完备。据我所知，国会图书馆（Library of Congress）的版画藏品与纽约市博物馆的收藏不分伯仲。我希望有朝一日能在那里待上一段时间，仔细看看每一幅画。虽然我的"心灵之眼"目前在持续休假

---

① Currier & Ives 是美国运营时间最长的印刷机构，时间达 73 年之久。Currier & Ives 的早期历史沿袭了它的创始人纳撒尼尔·柯里尔（Nathaniel Currier），以及美国第一家平版印刷工作室波士顿的威廉（William）和约翰·彭德尔顿（John Pendleton）的做法。1857 年，公司名称从 N. Currier 更改为 Currier & Ives。

中，但我相信以后它有望恢复活力！

达拉斯艺术博物馆（Dallas Museum of Art）馆长马克斯韦尔·安德森（Maxwell Anderson）简明地列出了另一种鉴选博物馆藏品及征集对象的方法。他的理论是从艺术的角度出发的，以审美的方法论为评价标准。他提出的"艺术品质量的五个特征"是对鉴选工作的有力总结，可以应用于博物馆已经拥有或打算拥有的对象。他指出，这套方法"可以应用于任何人工制品"。也就是说，它未能涵盖自然历史博物馆收藏的不计其数的标本。不过，我觉得这套理论可以被转换为某种评价自然标本的办法。

安德森提出的评判艺术品质量的五个特征包括（2012年）：

①方法新颖
②技术精湛
③主题鲜明
④构成连贯
⑤观者难忘

总的来说，这些特征中只要有一个或多个缺失了，那么博物馆就需要重新审视其征集方案，考虑是否要获得或保存研究对象。谨小慎微的态度总是明智的。以我对历史博物馆的了解，它们往往收藏大量的劣质画作，因为这些画作具有纪念意义，而非艺术价值。虽说历史博物馆收藏的艺术品可能无法满足安德森提出的五个特征，不过，拥有并保存这类藏品对于历史类博物馆来说是很重要的。鉴选在具体应用中复杂多变，这个特例仅能反映其中的一个方面。

从博物馆藏品或潜在征集对象来看，价值评估的意义之一在于警惕欺诈。我的言下之意是要警惕赝品。就藏品而言，博物馆的业务是围绕着客观事实展开的，所以它们努力获取并保存的藏品应当是被学者们证实的真品。当我在纽约弗里克收藏馆（Frick Collection）看到三幅维米尔（Vermeer）的画作时，我很有把握地认为它们就是维米尔的真迹。当我在亨利·福特博物馆（Henry Ford Museum）看到一辆总统专用的豪华轿车时，我想它就是总统当年用过的一辆车。而当我在自然历史博物馆看到一个奢华的宝石矿物展览时，我也没有理由不相信展出的岩石和展品说明一致。

着力避免博物馆藏品中出现赝品，并不意味着赝品就不存在了。那些兢兢业业的博物馆，会不时从它的藏品中发现一件赝品。如果这件赝品的身份得到确定，那么这个消息可能会被公开，也可能不被公开。在此方面，我没有强烈的偏好。根据调查对象的重要性、发现欺诈行为的人、新闻的公关价值及制度政策的不同，调查结果也有所不同。此外，在藏品档案和研究文件中记录其赝品身份和相关信息是绝对必要的。博物馆有义务以某种方式将这件器物"标记"为赝品，这些"标记"必须是永久性的。随后，工作人员会讨论决定这件器物是否应该继续作为藏品存在。我倾向于保留它，可以把它作为背景资料与博物馆的某类藏品联系起来。同时，必须采取措施确保这件赝品不会在其他地方以"真品"的身份出现。当然，博物馆工作中最大的失误，莫过于把本来不是赝品的物件打上了赝品标签。在实际工作中，某件作品的身份可能在真品和赝品之间来回转换，这种例子屡见不鲜。

赝品还有很多兄弟姐妹，比如复制品和仿制品。它们在博物馆也占有一席之地，因为它们可以通过多种方式传播知识。这些器物的作用通常是辅助性的，一般以展览道具或一次性教育材料的形式出现。在这些应用中，博物馆需要确保观众了解这类器物的非真实性。这是博物馆义不容辞的责任，这条规定在博物馆道德准则中名列前茅，但现实并非如此。有一家可爱的小博物馆，专门为一位著名的美国体育明星而建。在博物馆关于其个人生活的展览中，有一处令人印象深刻的设计——这位明星多年来拥有的冠军戒指。在大约20件展品中，有两件是复制品。他保留了所有收到的戒指，但有两枚除外。展览说明并没有提到哪些戒指是真的，哪些不是。博物馆的疏忽并非为了欺骗观众。对观众来说，如果不知道这一疏忽的话，他们可能对此毫不在意。无知者无罪，但是，它提供了一个案例，让我们警惕博物馆要在此方面多加注意。

收藏（Collecting）

收藏的冲动是人类社会中一种很奇怪的现象。并不是每个人都有收藏的欲望，但那些对收藏表现出强烈兴趣的人，注定要为这项乐趣付出一辈子的时间，既饱受折磨又甘之如饴。收藏有很多种形式，其内容包罗万象，可以是汽车或轮毂盖、枪支或子弹、初版图书或《疯狂》（MAD）杂志，只要你能说出一个类别，就会有人收藏它。收藏行为的个人心理已经被验证并研究过了，但机构收藏的心理目前尚未被详细讨论过，而这正是博物馆的专长。我倾向于认为，博物馆的收藏行为比个人收藏更崇高、更公开，而且博物馆会以更严格、更规范的方式进行收藏。关于前半部分的看法，我应该是正确的，因为博物馆确实是公共服务机构。而后半部分的假设可能不太准确，因为有些博物馆收藏意图较弱，而有些个人藏家反而对他们的藏品高度关注。

你要是问我博物馆工作中最喜欢哪个部分，我的回答一定是收藏。2014 年，时任大都会艺术博物馆馆长格伦·劳里（Glen Lowry）和前任馆长聊天的时候，被传授了这样一个经验："收藏是博物馆馆长能做的最有意义的事。"[1]对我来说，扩充馆藏的益处在于这种行为未来将会为人们带来一定回报，并且能确保这批藏品永续存在下去。如果我为某家博物馆征集到一批藏品，那么这批藏品大概率会在未来很长一段时间内被我们的后

---

① 德斯蒙德·菲什图书馆慈善午宴，Desmond-Fish Library Benefit Luncheon，纽约，2014 年 11 月 2 日，摘自作者笔记。——原注

代欣赏。我希望由我鉴选出的藏品都是明智之选，而且一直能保有其价值。收藏的本质其实是对未来有价值的东西的预测和推断。这是一厢情愿的做法，因为除非在你的有生之年，博物馆注销了你征集来的藏品，否则，你在博物馆工作的时间跟历史长河相比是微小的，小到不足以了解未来几十年会发生什么。也许，后辈们会对我征集的藏品不以为然，他们可能会小声嘀咕："米勒征集这件蹩脚货的时候到底在想什么呀？"

我一直不是征集委员会的拥趸，尽管这些年不少博物馆都成立了征集委员会。委员会里的大部分成员并不知道博物馆应该收藏什么、为什么收藏、怎么收藏。但是，由于这个机构确实客观存在，我觉得它们应该能帮助藏品研究员完善征集所需的前期论证。这项工作进行得越细致准确，其长期结果可能就越积极。一种较为简单的论证方法是为有意征集的器物起草一个说明牌。这种做法可以迫使藏品研究员对征集对象做出简明扼要的描述。

研究过历史的人应该都知道原始文献的价值。在大多数情况下，博物馆也倾向于收藏有原始价值的藏品，这就是为什么有些可能被描述为二手、三手的资料只能受到较少的关注。在征集过程中会将征集对象作为物证来考量，这种理念其实未必适用于每个征集对象，因而没必要太过坚持。我们经常遇到这种情况，特别是在历史博物馆，有些藏品在展览中充当背景，或者作为布置场景的陈设。这些情况下，藏品并不是作为物证出现，但这也不会降低藏品的文献价值，它们只是暂时扮演一个不那么突出的角色罢了。

有些藏品的器身虽然没有铭文，却能保存很多历史信息，这在博物馆里是一种常识。在征集新藏品时，这种认识是至关重要的。比如说，将一把椅子、一件衬衫或一个贝壳作为物证来看，就意味着，一旦这些藏品被博物馆接收，它们就不再具备原有的功能。在博物馆，它们被赋予新的角色，椅子不再被人坐，衬衫也不再被人穿，贝壳也不再是其他动物的寄居场所。博物馆可以把这些藏品安插在不同的展览中，使这些器物具有多样的可能性，扮演起讲故事的角色。艺术品可能不会经历这么大的角色转变，因为艺术类藏品仍然可以被挂在墙上或被放置在基座上，按照入藏前的状态被欣赏、观察。某些情况下，艺术品的内涵也会发生改变。假设一件绘画是因某个特定环境所作，比如教堂，那么入藏博物馆后，它会失去一部分原有的宗教内涵。

如果一家博物馆在收藏方面很在行，并且这种情况已经持续一段时间了，那么其被认可的收藏往往是这家博物馆的全部藏品，而不是某部分单独的藏品。

> 博物馆将藏品归入馆藏的过程，其实是对藏品的再语境化（recontextualize）。博物馆将入藏的器物从原始语境中剥离出来，并将它们放入"藏品"这一新的语境中。器物的再语境化主要是指将它们与相关的其他器物关联起来的做法，被博物馆公认为收藏工作的基础之一。在馆藏中，一件藏品因其是整体馆藏的一部分而具有特殊的意义。在大多数情况下，一件藏品的生命与入藏前有着明显的不同。
>
> ——麦克唐纳，2011 年

对我来说，藏品等同于文献，所以我需要深入理解其中的文化价值，以及这些价值在未来可能如何演变。在区分藏品价值的时候，最好从其个体背景和同类语境出发，这种观点我在本书其他地方探讨过。在征集工作中，一件器物能否作为物证存在是判断其是否值得收藏的标准之一。作为道具的藏品，在整个戏剧化的背景下仅扮演一种角色。因此，在决定一件藏品是否值得收藏时，应寻找显而易见的证据，而不是把它作为可以随意安插在博物馆背景中的一件道具。

20 世纪 70 年代，曼哈顿下城的鲍厄里街区（Bowery）从一个以廉价旅店、小酒馆和批发市场、餐厅供货商闻名的地方，转变为艺术家的圣地。从前，穷人专属的小旅馆和出售廉价酒的酒吧比比皆是。作为当时纽约市博物馆摄影收藏的藏品研究员，我向当代纪实摄影师们敞开怀抱，我希望能支持他们，组织相关展览，并入藏有关作品。我时不时地拜读别人的作品集，里面会有一两张鲍厄里街区的照片。照片上，总有一个流浪汉倒在街边。有一天，一个女人来找我，她说她做了一个很棒的纪录片项目，不仅拍摄了鲍厄里街区的流浪汉，还拍摄了附近的酒吧、妓院、餐馆供应链、新艺术家的工作室和生活空间。简而言之，她记录了这一转变的早期阶段。随着这条街变得更加高档，其特征发生了翻天覆地的变化。她的作品不像其他平面作品集那样，需要从插页中寻找同主题的照片，她的作品包罗一切。她把照片捐赠给了博物馆，我们还为此举办了一场图片展览。在我看来，能收藏到她的作品对纽约市博物馆来说相当重要。纽约市是一个充满变化的地方，比起周边地区，纽约所经历的变迁尤为显著。鲍厄里街是曼哈顿最古老的大道之一，跟随纽约的发展改变了许多。我呕心沥血地收藏这些照片，不是为了名利，我的名字会在若干年后变成博物馆历年年报上的几个字，但我希望我征集来的照片能引起长久的共鸣。

奇怪的是，在博物馆领域，有些人认为征集、鉴选和藏品研究毫无意义。他们对物质文化漠不关心，甚至还认为这是一种单纯想把无关紧要的东西全部据为己有的执念；收藏是一种烦人的侵扰，它占用空间，耗费金钱，把控人们的注意力，而博物馆本可以把这些注意力花在对说明文字的精雕细琢上，而不是万事都以器物本体为中心。大多数情况下，想要重新定义博物馆的观点并没有太受追捧，其热度很快就消散了。不过，一旦它被接受并付诸实践，那结局将会是惨淡的，因为博物馆有限的资源会从征集、鉴选和藏品研究转移到模糊不清、颇具社会争议的举措，以及没有价值和连续性的项目中。这些人经常伪装成激进的理性主义，但实际上他们的观点只是来自博物馆外部的抱怨，这与久经考验、真正主流的博物馆规则相悖。这些人永远也接受不了人们来博物馆就是为了看实物的现实，所谓实物必须是真实有意义的物证。我不明白反对者为什么坚持要这样做。他们说的大多是自我陶醉的话语，而且因为没有领会最基础的常识而被博物馆界排斥。博物馆能做到征集好的藏品，妥善保管它们，并以一种生动的方式将其呈现给观众已经很不容易了，它们竟然还要忍受这一大批博物馆学究在自己建造的神坛上疯狂叫嚣。我们必须警惕这些博物馆领域的间谍，往好里说他们是异见者，往坏里说就是毁灭者。

博物馆获得永久藏品有两种方式：接受捐赠或购买。博物馆的绝大多数藏品是捐赠得来的，少量购买的藏品是例外。有人会说，野外采集是除了捐赠和购买外的另一种取得藏品的方式，科学类博物馆就是这样实践的。博物馆馆际藏品交换也是一种方式。不管藏品来源是购买还是捐赠或者是别的途径，本章和其他章节提到的征集动机都是相同的。

在鉴选藏品的过程中，必须学会如何去除糟粕。许多博物馆的馆藏中，都有不具备归属感的藏品，地方机构尤其如此。这并不是说这些藏品没有经过正当的征集、准确的登录、良好的照料，虽说这种情况也偶有发生。我的意思是，就博物馆的核心使命而言，这些藏品与博物馆的契合度不高。这些年来，我看见过一些不适合博物馆的东西是如何被送进博物馆的。当不相关的器物进馆时，负责征集的人员要么是忽视、软弱、被否决的，要么在整个过程中是缺席的。采取抵制行动的理由有很多，但不采取行动的理由更多。我可能亲手阻止了99%的给博物馆提供藏品入藏的动议。一般我拒绝的时候会非常礼貌、恭敬且热情，希望能把宣告自己决定的过程作为一个教育实际或潜在捐赠者的机会。我要让他们知道博物馆为什么要收藏，以及如何收藏。这些被拒绝的人还从未和我有过矛盾。

博物馆的藏品注销工作存在很多争议。它是有效管理藏品的工具，可用于处置有争议的问题。当藏品注销工作开展时，博物馆会立刻成为言论攻击的对象。藏品注销的标准应该同入藏的标准一样严格。然而，现实情况并非总是如此。有很多藏品注销的案例都基于不合理的缘由，把藏品展示次数过少当成藏品注销的理由尤其浅陋。博物馆藏品上没有标明"保质期"，博物馆收藏的某样东西很长时间没有展出（或是从来没有展出），不能构成它被注销的理由。

正如我在本书最后一章中所指出的，博物馆未来将面临一个重大问题——藏品的规模问题。事实上，很多博物馆在努力解决这个问题。如果博物馆继续蓬勃发展下去，它们的收藏工作还能维持多久？这个世界充满了物质。有太多太多的艺术品、历史文物和科学标本可供博物馆收藏。因此，博物馆需要更精益求精、更有条不紊、更井然有序地开展藏品研究、鉴选和征集。博物馆的领导们应当清楚地认识到，博物馆至少需要一位能从鱼目中择选出珍珠的权威人士。

1.下面这封信被寄到了你的博物馆,对此你会如何回应?

亲爱的 ×××:

　　我有十幅美国著名艺术家约翰·斯隆（John Sloan）的重要画作。多年来,这些藏品一直被借给位于康涅狄格州新不列颠市的新不列颠美国艺术博物馆（New Britain Museum of American Art）。那家博物馆正在翻新画廊,因此正在归还从我这样的私人收藏家处借来的艺术品。我目前也在寻找其他有兴趣从我的私人收藏中借用这些画作的艺术博物馆。

　　这批斯隆的画是他在西南部所作的佳品。画作描绘了风景、印第安人、静物和裸体。考虑到贵馆的尊贵地位,我想你们会愿意借用我的藏品。

　　我很乐意与您讨论长期借展的可能,期待您的回复。

　　欲知更多藏品信息,敬请上网查询……

　　2.你所在博物馆里有个新上任的藏品研究员,他推荐博物馆征集购买一件木纹漆六片围板箱,纳入装饰艺术收藏。这件器物是藏品研究员在一个古董市场里发现的,这个市场有50多个摊位,贩卖各种各样的器物。藏品研究员声称,这件箱子的年代可以追溯到19世纪20年代到50年代,是由某个显赫家族的成员制作的,该家族在博物馆所在地区以其制作的家具产品而闻名。这件六片围板箱有六块板子,箱子的六个面分别有一块板,仅此而已。箱子为长方形,大约有1米长,占地1.5平方米。箱子顶部的合页脱开了。内部被分成几个隔间。箱子底面外部有一个手写的名字,是当地一家家具制造商的姓,藏品研究员也是据此断定这件箱子就是由这个家族制作的。家族所在的城镇地名也被写在了木板上。

根据藏品研究员的推荐，博物馆馆长同意以250美元的价格买下这个箱子，并将其展出。在博物馆工作了30年的博物馆登记编目人员（register）对这个箱子相关鉴定的真实性表示怀疑，但他什么也没说。

　　不久之后，博物馆展出了这个箱子。随后，馆长接到了来自家具制造商家族后代的电话。他就住在博物馆附近，坚持认为这个箱子是伪造的。据他解释，以前他曾经拥有一批旧木板箱，上面潦草地写着家族的名字。在19世纪，这些木板箱曾被用来包装木匣。大约10年前，一位邻国的古董贩子听说了这批木板箱，就从这位家族后代手中买了下来。不久之后，博物馆刚入藏的那个箱子就出现在了当地的一个展会上。有人向博物馆抛出橄榄枝，希望博物馆买下这件东西，但当时的藏品研究员拒绝了。后来，这个箱子被一位私人藏家在拍卖会上买下，这个人把它带到博物馆进行鉴定。当时的藏品研究员告诫这位藏家，这个箱子的年代存疑，因此藏家把它归还给了拍卖行，并得到了退款。

　　后来，博物馆馆长安排与新任藏品研究员和家具制造商的后代会面，后者就是声称将签有家族名字的木板箱卖给古董商的那个人。此人言辞激烈，断言博物馆入藏的六片围板箱并不是古董，也不是他的祖先制造的，它的外观看起来古色古香是因为专门仿制过。博物馆的新藏品研究员对此很不耐烦，一直否定对方的话。经此一役，博物馆馆长终于对这件藏品的真实性产生了怀疑，然而关于博物馆买到假货的传言已经四处流传开来。新藏品研究员坚称他的鉴选力是毫无疑问的。

　　针对这种情况，博物馆应该采取哪些措施呢？

　　3. 这个故事发生在1976年，当时纽约市博物馆举办了临时展览，其中有一件展品是由康涅狄格州的一位古董商发现的。这位古董商拿着金属探测器，发现了英国国王乔治三世（King George

Ⅲ）的一尊铅制雕像的碎片。这尊雕像最早被放置于曼哈顿下城百老汇南端的纽约鲍灵格林（Bowling Green）。美国独立战争初期，殖民地居民将雕像推倒，砸成碎片，并将大部分碎片拖到康涅狄格州熔化殆尽，制成子弹。在拖着这堆碎片经过康涅狄格州时，殖民者们在一家酒馆休整片刻。随即，保皇派袭击了满载碎片的马车，并将里面的东西扔进了附近的沼泽地。多年来，雕像碎片不时被发现。

1976年年初，《纽约时报》发表一篇文章，对最近发现的乔治三世雕像碎片进行了专题报道。康涅狄格州的古董商是在沼泽里发现它的。纽约市博物馆馆长看到了这篇报道，立即决定要采取措施征集这块碎片，或者至少得到展示它的机会。当年恰逢美国建国两百周年。馆长要求博物馆的高级藏品研究员找到碎片和它的主人，尝试说服对方，把碎片带到博物馆展出。他们最终成功了，碎片被放置在博物馆大型展览序厅的中心位置的玻璃橱窗中。之后，博物馆开始协商以5000美元的价格购买这块碎片。

在8月的一个工作日的上午，距离乔治三世展览的开幕已有几个月，博物馆的宣传工作也收到了积极的成效。助理藏品研究员史蒂文·米勒接到了博物馆参观问询处工作人员打来的电话。当时史蒂文正在休假中。电话的内容是，一名男子来到了博物馆，声称对乔治三世的雕像感到非常愤怒。史蒂文要求警卫让那个人接电话。男子态度蛮横，威胁要起诉博物馆，还说雕像的碎片是他在自己位于康涅狄格州的家中发现的，这块碎片属于他而不是古董商。这个人想当场把它拿走。那么，史蒂文能做些什么呢？

4. 在过去的几个世纪里，艺术家在制作版画时，不是仅仅从最终的作品中提取版画用的图案，而是在创作的每个阶段和状态都做这一步工作。这些"状态"之间，存在着或明显或细微的区别。如果一家博物馆收藏版画艺术，那么它在收藏时应该考虑版画"状态"的哪些方面？谁最有资格做出这些决定？

5. 假设你是某州立博物馆藏品征集委员会的成员。委员会的职责是审核决定有关藏品征集工作的提议。你所在的这家博物馆有三个部门：艺术、历史和自然史。每个部门都收藏着与博物馆所属州有关，在该地区制造、使用或能反映当地情况的物证。委员会根据各部门藏品研究员在委员会季度会议上的发言，做出征集决定。在下一次会议上，将提出三项提案，其中一项征集提案是关于一件制作于1958年的美国福莱尔公司火车引擎玩具。这件玩具由该州的一个本地人拥有。这个人想把它捐给博物馆。第二件征集对象是由享誉该州的一位已故的20世纪艺术家创作的画作。画作内容是州内某个位置的代表性场景。它也将通过捐赠的形式进入博物馆。第三件器物是一块岩石标本，由博物馆地质部门的一名成员在该州的一个采石场采集得到。虽然这些征集对象各不相同，但每一件都附有藏品研究员提供的具体资料，而委员会成员将会向提案人提出一系列问题，其中一个问题是：博物馆在未来使用这些器物的过程中，是否有限制？作为征集委员会成员，你觉得委员会提出的这一系列问题还应包含什么？

6. 在评估潜在博物馆藏品的过程中，如果对象是一辆车、一幅画或一堆鸟蛋，分别会涉及哪些鉴选标准呢？

第五章　博物馆管理

以管理为主题的出版物有很多，无论是在线上还是线下都很容易找到。大学里的书店是寻找书籍的好去处。看过这些书，你会惊异于作者们竟然来自各行各业。不过，请仔细地查看他们的履历。大多数作者在现实中从来没有真正管理过重大事务，而且在很长一段时间内都没有显著的管理成效，尤其没有管理非营利性机构的经验。因此，他们自然不会负责筹集资金、制定预算、支付工资、领导人员、指导项目、在一家久负盛名的机构中激励他人、应对财务压力、做出重要决定或为了公共利益将他们的学识转化为实际行动。他们中，没有人像大多数博物馆馆长那样，需要全天候在馆里待命。虽说管理类书籍的作者们缺乏这方面的经验，但我总能从书中学到一些有价值的东西。

一般来说，管理类文章会根据具体业务的不同来选定文章的主题。你可以搜到关于房地产、银行、IT行业、建筑、娱乐、人力资源等方面的书籍，但很少有以非营利性文化机构为主题的管理书籍，更没有一本书讲博物馆管理的。

管理书籍那么多，竟然没有一本专门讲博物馆的，这实为博物馆界的一件憾事。或许，博物馆管理需要不同寻常的管理技能和经验。据我所知，博物馆确实具有与众不同的特点，想要成功地管理这种特殊的机构，需要从实际工作的角度和哲学观念的层面去理解它。在无形的管理工作中，客观现实与具象实体不断角力。博物馆中的管理人员必须认识到这一事实，因为这个过程每天都在重复发生。

管理博物馆既是一门艺术，也是一门科学。对于大部分工作来说，有一些事情是你想做的，有一些事情是你必须做的，然后还有一些事情会在你做的过程中涌现出来。不论是作为艺术还是科学，博物馆管理都需要有主导权，或者至少要有一定的影响力。如果管理者认为这种要求不甚合理，那么他（她）就不能成为称职的管理者。世界上似乎有两种人，发起者和响应者。在博物馆管理工作中，我们需要同时承担这两种角色，这要求我们具备管理意识和敏感性，时刻了解每项事务中谁在何时何地应该做什么，为什么要这么做，以及谁不需要做。

作为一门科学，管理的关注点往往集中于可量化的官方认证机构设置、统计数据和工作流程。这些内容通常可以在人力资源手册中找到，关于通信方式的简介中也有涉及，例如备忘录、电子邮件、会议、电话或信息技术规定等。有时，这些管理内容在法律法规中有明文规定。用计量手段量化评估管理工作的方法很受欢迎，因为人们希望用数值来评估操作过程和实施结果。所谓计量手段，包括理解工作内容，将工作所需时间和实际时长量化，这种手段常用于项目管理、活动策划、观众服务、馆藏品和借出藏品的统计、计划执行动态、结果评估以及预算中。

在追踪预算执行情况和处理财务问题的过程中，管理的科学性尤为明显。创造性会计[①]一直以来都臭名昭著，这种观点无可非议，因为做假账的奇技淫巧在博物馆中时常被滥用。不过，更为常见的情况是，会计技巧被恰当且诚实地用于满足需求、实现目标和反映事实。在博物馆工作中，财务职能应建立在健全的财务实践和实际情况之上，而不是被操控的空想主义或在机构举步维艰的时期做出的奇葩举措。如果仅仅为了给拨款报告、资格认证或贷款申请提供一份赏心悦目的电子表格而夸大收入预期，那么这种行为愚蠢至极。忽视由员工起草、经董事会批准的合理年度预算，同样是不明智的。在一年中的每个阶段都遵守原定计划并持续监测年度预算执行情况，才能发挥财务管理的最大价值。这种工作方式令人安心，前提是其依据的预算方案和工作程序是合理的，而在应用过程中也应被证明是正确的。

作为一门艺术，博物馆管理是不可被量化的，但如果应用到位，其

---

① 创造性会计，即做假账。

效果相当显著。管理艺术依靠的是见机行事、学问渊博、直觉敏锐和创意新颖，同时还要克服有限资源的局限性。优秀的管理者能与不同性格的人共事，能高效、及时且出色地完成工作。不管你提出什么问题，他永远能应对如流，想你所想，答你所问。管理者无论位于博物馆的哪个职级，都需要充满激情和信念地领导他人，这一点永远不会改变。

一个人对某个博物馆投入的时间越长、精力越多，他能得到的经验就越丰富，他的工作也就越出色。这样的工作经历可以使管理过程更清晰、更简单。这种经历能将优秀的运动员与平庸的运动员区分开来。对于博物馆工作人员来说，也是如此。在评估博物馆业务运营限制时，对现实情况和潜在可能进行高度精确的把握将尤其有所帮助，不过可能也存在一些例外。有时，过于深厚的知识基础会导致管理上的盲目，会阻碍新想法的产生，也会导致防御过当的心态，或是在必要时不懂灵活变通。

管理就是要在繁杂的日常事务中一往无前，让工作在正轨上运行，阻止不恰当的做法，避免机构走向倒退。要想在管理工作中做到卓有成效，管理者需要认同机构发展的目标，清晰明确前行的方向，按照既定道路前行，才能取得出色的成果。在博物馆中，这种情形可以发生在个人层面，可以发生在博物馆董事会层面，也可能是外界力量干预的结果。不论何种情形，只要管理工作中的每件事务都能达成共识、实施到位，那就可以说这样的工作是优秀的管理，而优秀的管理自然会带来良好的结果。管理不善则正好相反。按部就班的日常运营通常意味着需对常规需求实时监控，同时还要确保满足这些需求，无论是公共需求、员工需求、藏品需求、建筑物需求还是财产需求。显然，对于有管理权力的人来说，全力以赴地满足常规需求对于持续输出积极的管理成效来说，是必不可少的。如果管理工作远远达不到博物馆的发展目标，或者根本没有任何既定目标，甚至做一些粗制滥造的工作来敷衍了事的话，管理的结果只有一个，那就是倒退。

假设一家博物馆在其领导的管理任期内，尤其是其董事会的任期内，突然垮台，那么这种失误更多地应归结于糟糕的管理，而不是糟糕的外部环境。2008年，当经济危机来袭时，我正身陷新泽西州莫里斯敦莫里斯博物馆（Morris Museum, Morristown, New Jersey）的一场严重的经济危机中。作为馆长，当时我的管理目标是保证现有工作人员不失业，不让经费削减影响到日常业务和公众体验。我的管理成效显而易见，员工们正常工作，项目继续进行，来访的观众们丝毫没有意识到我把机构的预算削减了近100万美元。的确，那段日子我们强制实行了休假周，每周闭馆两天，降低了工资，董事会削减了不定向的开支，某些维护项目被搁置。尽管如此，我们继续举办展览，充实馆藏，接待学校团体参观（这项业务受到一笔重大拨款的鼎力支持，该款项当时刚刚设立不久，旨在为有困难的机构提供组织活动经费），同时保证了我们常规业务的正常运转。面对危机，博物馆依然沿用活跃的工作日程，注重日常运营，避免了机构倒退的可能。在我卸任后不久，博物馆重新获得美国博物馆协会的认可，这也证实了我当时的管理做法是对机构负责的表现，是经得起推敲的。

我在管理方面学到的最有价值的经验来自我的领导们，他们常常花时间向我传授经验，解释他们如何做出决策、评估现状、权衡机会，且为什么会这么做，以及如何运用管理技巧。当我还是缅因州立博物馆的馆长助理时，那五年中，馆长保罗·里瓦德对我时时提点；当我还是纽约市博物馆中一个羽翼未丰的藏品研究员时，馆长约瑟夫·V.诺布尔和高级藏品研究员巴里（贝拉格瓦纳思）经常给予我帮助，回想那些日子，领导们的谆谆教诲犹在耳边。我强烈建议身居高位的博物馆主管人员向自己的下属分享管理技巧，交流工作心得。这是在任何书中都找不到的信息，而且这些信息价值无量。另外，最好能把这些技巧集结成文，这将对那些在博物馆谋求领导职位的人有极大的帮助。

如果我让你思考一下博物馆工作的必备技能，最先浮现在你脑海中的几个职业需求可能不会包含管理能力。不那么了解博物馆的人，可能仍然认为博物馆这种机构是陈腐的共治之所，由其中志同道合的学者和专家所掌控。他们都在各自的领域内颇有建树，代表公众利益，为公众服务，对此宗旨达成共识，并朝着理想中的结果不断努力。博物馆自带一种象牙塔的特质，预示着它在某些方面会脱离主流社会。这主要由博物馆的两个特点造成：博物馆所搜集、持有并产出的珍贵内容，以及博物馆的建筑。

博物馆是追求晦涩难懂的学术之场所，就这一个特点足以将普通人挡在门外。20世纪60年代的过时论调如今依旧影响着博物馆，当时人们大肆宣扬博物馆应该与时俱进，所有人都享有进入博物馆的权利，如今，这些机构一方面继续宣称自己有要为不知情的公众服务的神圣使命，一方面却又任由知情者统治这座奇异的城堡。或许公众可以接受这种情况存在，但他们肯定能意识到这种以文化启蒙为己任的高贵使命，势必是愚昧落后的。这可能是博物馆被视为主流社会中边缘化群体的原因之一。从表面上看，这种形而上的讨论可能没有什么意义，但当博物馆寻求政治资金时，它的作用就凸显出来了。我所谓的政治资金是由地方政府或国家机关提供的资金，用于博物馆的运营或特殊项目。当经济形势恶化时，这些资金就会被认为是不必要的支出，因而易于流失，也很难恢复。

博物馆的建筑，要么被设计得随心所欲，要么看起来有一种超然世外的疏离感。博物馆需要成为物质文明的安全存储仓库，因而当博物馆扮演各种政治、文化或公民权利的神庙之角色时，它应当从精神和实体上都脱离日常生活或将自己置于日常生活之上。这种情况外化到建筑上，结果就是博物馆建筑与我们日常生活中见过的其他建筑大相径庭。

不难理解，在博物馆研究、学习、交流甚至是成为艺术、科学和历史诸神的圣殿的实践中，管理一直扮演着强有力的核心角色。人类发展史上迈出的每一步，都离不开某种管理的助力，博物馆也不能例外。博物馆管理，无论如何定义，应对的内容都是藏品和知识、人员、沟通交流、规划、项目、空间、构想和机会、进度安排、问题、资源、声誉、改变、展览、预算、潜力、时间、走动管理。下面，我将简要阐释博物馆管理工作中的每一个要素。

藏品和知识

总的来说，博物馆中最重要的器物就是其藏品。作为一种学习媒介，藏品构建起一系列无声的辞藻，人们可以通过这些辞藻来获取和提供知识。当物证成了传播理念、故事、涵义等内容的基础时，随之而来的会是问询、调查、曝光交织成的旋涡。博物馆管理的基本指令与我们生活中有时无法解释的神秘物证密不可分，无论该物证和人类社会有关还是和自然世界有关。正因如此，博物馆的角色在魔术师、解说者和解密者之间不断变换。在接受这个说明性的概念之后，我们这些身处博物馆领域的人必须弄清楚怎样为了公共利益来实施它。要做到这一点，就必须恰当地管理蕴藏在藏品中的知识，小心翼翼地提取出这些构建机构基因内核的藏品内涵。

正如本书其他章节中提到的，服务于信息的藏品会扮演如下两种角色：证据或道具。作为证据，藏品可以证实恐龙确实存在过，或者可以证实梵高是一位有影响力的画家，或者可以证实蒸汽机驱动了工业社会的发展。最有说服力的证明方法，是使用与要证实的对象相关的原件进行证明。复制的恐龙骨架、梵高画作、蒸汽机也能在展览和教学中充当教具，但是它们不能像"真品"那样，用其内在的真实性把人类与科学、艺术和历史的各个方面联系起来。这就是为什么在主流博物馆我们看不到以"图坦卡蒙珍宝的复制品""人造月球岩石"或"假内战武器"为主题的展览。同样，这也是博物馆通常会避免将复制品、仿制品或赝品纳入永久收藏的原因。当然，也有例外，不过理由必须很充分。一位20世纪著名艺术家仿制的米开朗琪罗作品就受到了很多重视，之所以会这样，不是因为这幅作品代表了一位不朽的文艺复兴艺术家，而是因为它代表了一位 20 世纪著名的艺术家。

因藏品而存在的信息，通常被定义为研究，但其范围可扩展到编目、出版、阐释和其他具有档案性质的内容。决定收集和留存信息的重要性，以及在何种程度或深度上进行信息收集和留存，基本都属于管理决策的范畴。博物馆作为一个自称了解事物及其相关背景的地方，被认为在它们所拥有的藏品和展览方面有所专长（顺带一提，这些所谓的藏品和展览并不专指某一类）。毕竟，这不正是它们举办展览和维护馆藏的原因吗？因此，最好的博物馆勇于接受其作为信息库的角色，同时也认识到这些知识来之不易，它们并不能通过迅速且廉价的方式得来。的确，尽可能多地了解馆藏是一项持续而又涵盖广泛的责任，这不仅是博物馆员工的职责，还与机构外部的工作人员和专家息息相关。

整理有关博物馆藏品的信息，可能是一个艰苦、缓慢、困难、持续投入甚至是偶然的过程。实际上，"过程"这个词描述得不是很正确，因为它暗示了某种逻辑和连续性，而从藏品中采集信息可能需要几十年的时间，并时刻受制于不断变化的专业员工、预算、机构指令，以及诸如政治、自然灾害、经济、品位和学术等方面突发的外部影响。事实上，任何关于博物馆藏品的知识都需要被保留下来，并随着时间的推移不断被重新审视。藏品本身也应被这样对待。定期评估藏品的信息价值、功能和潜力，对博物馆来说是至关重要的。管理正是坚持和实现这一目标的核心。

提到藏品，新的观点总在不断涌现，因而从多重角度考虑这个问题是必要的。当博物馆决定注销某件藏品时，必须公开其正在进行的调查及发现。每当这种情况发生时，博物馆都有失去一件藏品的风险，而这件藏品原本能为博物馆奉献一些信息。保留一件已注销的藏品的信息，或保留没有信息的藏品，会为一件藏品带来机会或挫折。对"信息是如何产生的"进行管理是一项管理责任。

对博物馆掌握的信息进行品质监控也是一项管理职责。博物馆对其藏品究竟有多少了解？大型博物馆拥有长期任职的藏品研究员，其业务范围能涵盖馆藏的大多数藏品，因而往往有深厚的知识基础。小型博物馆也是如此，特别是如果它们有特殊的藏品的话。当我在新泽西州莫里斯敦莫里斯博物馆担任执行馆长之时，我征集到了穆塔夫·D.吉尼斯（Murtough D. Guinness）收藏的机械乐器和自动乐器，我们还聘请了一位对这批藏品了如指掌的藏品保管员，这位知识渊博的保管员和他的兄弟基本上算是和这批乐器共同长大的，因此他对这个主题十分了解。

可以肯定的是，考虑到博物馆中藏品的广度、深度和庞大数量，其相关信息的解读往往取决于工作人员的专业特长。随着人员的更替，藏品的信息解读也跟着发生变化。举例来讲，美国中西部的一个大型历史协会几十年来一直雇用一位出色的藏品研究员，他主要负责馆藏精美服饰的研究工作。有一位藏品意识淡薄的馆长对这位藏品研究员没有什么好感。后来，由于藏品研究员在考勤记录和每日准时到岗方面有些懈怠，他被解雇了。这意味着该协会失去了一项非凡的智力资产，而能从这些藏品中获取的信息内涵也越来越少。这真是一个愚蠢的管理决策。

当然，并不是所有伟大的藏品研究员、博物馆历史学家或其他信息工作者都会永远在一家特定的博物馆里工作。有人可能觉得，直接把这些员工掌握的信息转移到一个方便的电子数据库或者硬盘中就好了，但这是行不通的，至少这种方式做不到全面完整。真正赋予这些个体以价值的，是他们对特定藏品的熟悉程度、这些藏品处于更大范围的藏品体系中的何种语境、它们如何能反映或不能反映某个相关主题，以及这批藏品中还缺少哪些部分。他们也知道或熟悉一类特定藏品是如何存在的、包含哪些内容，同等重要的是，没有包含哪些内容。

我个人比较中意的一种能留存信息的人事管理办法是学徒制，在变更和补充藏品相关人员的时候可以渐进地采用这种方式。如果说即将卸任和即将上任的藏品研究员的工作年数恰好重叠，那么这种情况就能满足知识的连续性和传承的需要。不过，考虑到博物馆员工（包括我自己）流动性日益增长的现实，这个想法的可行性岌岌可危。如何管理不断流动的博物馆员工带来的长期积极影响，可以说是一项挑战。

人员

"人是公司最重要的资产"，这句话绝非陈词滥调，对于博物馆来说尤其如此。一家博物馆的成功、失败或平庸，都是其工作人员的专业水平、奉献、创造力和活力共同作用下的结果。在博物馆的语境中谈论管理时，人员管理是重中之重。人事层级关系往往是错综复杂的。如何应对你的上司？如何管控你的下属？如何驾驭你影响不了的人？如何应付一面之交的人？谁来管理谁？

退一步说，在博物馆的工作中，你会遇到许多有趣的人。不同寻常的智力参与和博物馆的实际需要会将彼此各不相同的观点融合在一起。博物馆的工作有时会需要这种不同寻常的员工组合。在博物馆工作的某一天内，我可能会遇到负责维护或营销、安全或销售、筹款或摄影、策展或为观众服务的同事。他们的个性和专业背景会像他们的职位名称一样不同。从管理的角度来看，理解并重视各种人事职责的特质，以及它们之间如何相互协作或相互矛盾，甚至有时发生的对抗，都是非常必要的。

目前，解读博物馆员工心理世界的最佳结构化方法，或许是迈尔斯－布里格斯类型指标测试（Myers-Briggs Type Indicator Tests）[1]。更实用的方法，应该是我从保罗·里瓦德那里学来的，当时他是缅因州立博物馆的馆长，我是这家博物馆的副馆长。保罗机敏地观察到，博物馆的

---

① 迈尔斯－布里格斯类型指标是性格分类理论模型的一种，它将人的性格分为四个维度，每个维度各有两个极端。这四个维度就是四把标尺，每个人的性格都会落在标尺的某个点上，这个点靠近哪个端点，就意味着这个人有哪方面的偏好。这个指标通常被用于测量职业倾向。

员工档案可被分为不同的学科和性格类型。我们管理的不是思维方式相似、以博物馆为中心的同质化员工，而是忠于不同专业的各种员工。这些专业包括考古、平面设计、摄影、建筑、观众服务、历史、文物保护、零售、藏品保管、自然科学、木工和会计。作为管理者，我们的工作是在日常工作和长期规划中，促进这些专长及时有效地融合起来。大多数情况下，这并不困难，至少以我的经验来看是不存在困难的。要认识到员工对于自身认知有差异。在缅因州立博物馆中，建筑师对担任藏品保管员不感兴趣，藏品保管员不会参与零售业务，木匠不想当会计。我很早就意识到，认可不同员工的专长，并公平地支持他们，对于营造互敬互爱、积极进取的工作氛围来说至关重要。

另外，我也了解到，同他人一起工作过很久的人通常更了解他们的同事，明白如何与他们相处才能保住自己的工作和福利。员工的这种状态可能会让整个团队进行适应性调整，导致团队可能不会全天候都保持齐心协力的士气，但在很大程度上，这种状态意味着工作能平稳运行。不过，它也可能导致对同事消极怠工的忍让。从管理的角度来看，这种忍让会阻碍改善现状的纠正性行为，因为无论管理者是谁，他都得不到员工全部甚至部分的支持。然而，如果管理部门允许一个不称职的、聒噪的或者不能胜任本职工作的人继续工作，其他的员工除了生气外，还会想知道负责人事的领导到底有什么毛病（如果这种问题出在博物馆负责人身上，比如博物馆馆长，那么怀疑的对象肯定是董事会）。

如何处理员工问题，讨论这件事免不了老生常谈：作为管理者，你永远不应该在工作中把自己当成所有人的朋友，即使你确实是他们的朋友。现实中，友谊会造成工作上的尴尬局面。工作中的拈花惹草或风流韵事更会引发爆炸性的恶劣反响，更不用说由此引发的尴尬人际关系了。管理者必须以专业的方式进行管理，而不能以私人的方式做这项工作。

博物馆人员管理的范围和程度显然取决于个人职务。一些员工，比如初级员工或那些工作内容涉及手艺或交易等特殊岗位的员工，可能很少会面临管理问题，抑或是承担管理责任。那些担任监管职务的人，显而易见地会更专注于管理职能。当我还是一位入门级助理藏品研究员时，很少和人打交道。随着我的职权扩大、职位提升，情况发生了改变。

在成为领导的路上，我会把好领导向我提出的好建议牢记在心，同时也注意对我遇到或听说过的坏领导引以为戒。除了要在某个领域有所专长外，管理敏感度也绝对是人事管理专业技能的基本要素。据我观察，大多数博物馆员工都是相当有能力的人，他们会竭尽全力完成一项工作，哪怕有时外部环境极具挑战性。问问他们，你就会知道：即使是在最富有的博物馆里，资金也永远不够。空间总是宝贵的，机构内部的资源竞争相当恼人，日程安排是个挑战，藏品需要永远的关注。除了少数人之外，我非常喜欢与我职业生涯中共事过的人交流。尽管工作职位和地点不断变化，我还是想方设法与许多人保持联系。尤其是我的好朋友们，有些人尽管已去世多年，却依然深深地留在了我的职业记忆库里。

虽然我不喜欢领导们要有一种既定的"管理风格"这种说法，但这样的事情在现实中确实存在。和其他人一样，我的管理风格基于个性、训练和工作经验，这包括我作为雇员和观察员的全部经历。我们可以把这种管理风格称为"与人为善"。"善"这个词，并不是指一个决策者具有外向的力量、气魄、主见、强硬的观点和精明强干。它让我想起了"好人没好报"这句话。"善"通常与那些令人愉快的人联系在一起，因为他们不会磨磨蹭蹭、令人讨厌、要求苛刻。但这只是一种过分简单化的刻板印象，我建议大家千万不要照葫芦画瓢。我的经历说明，一位领导者可以既友善又高效。我把职业生涯中所取得的成就，都归结于我对人友善。管理者可能天生是独来独往的人，但在博物馆里，孤家寡人是一事无成的，因为你不得不依赖他人。

顺便说一下，在管理中友善待人并不意味着你必须喜欢每个人。相反，友善可以是一种绝佳的手段，用来控制愤怒、沮丧和其他影响人际交往和工作效率的消极情绪。对我来说，友善意味着客气、有礼貌、尊重他人，而不是好欺负或无视别人的厚望。我对自己有很高的期望，我对博物馆也有类似的目标，尤其是我工作的博物馆。不过，当我被逼得很惨或被逼到绝境的时候，我也有迅速发怒的倾向。这总是让人们措手不及，包括我自己。愤怒不是一个好的管理工具，但有时它会发生。

　　我喜欢赋予员工权力，让他们在最大限度上发挥才能，把工作做到最好。从管理的角度来说，这意味着要下放很多权力，还不能干涉一个人的工作。这种做法还需要监控，有时需要进行远程监控。在这件事上，我的问题在于，我的监管可能是不严格的，如果对一些人放任自流，那么可能导致不良后果。我必须学会明确自己的期望，这需要不断的自我约束和坦诚沟通，尤其需要后续跟进。

　　为博物馆配备工作人员意味着寻找并培养有各种背景和兴趣的人，他们的才华、能力和经验将维持并推进教育计划、藏品发展、展览、维护、安全、筹款、会计和管理等方面的发展。然而，不管擅长哪个学科，员工们都需要以富有成效的方式一起工作。我在职位描述中会提到对这方面的期望。当然，冲突会爆发，但越少越好。当冲突真正爆发时，需要立即管理，即使所谓的管理意味着默许在没有监管人员参与的情况下让突发情况自行解决。

　　当我开始将职业生涯从藏品研究转向管理时，我很难从专家的角色切换到多面手的角色。当别人想要获取有关特定藏品和主题的信息时，我不再是被征求意见的对象。我不是某个话题的终极权威了，而是在某项调查或讨论过程开始时被联系的对象。通常情况下，我的工作只是简单地为人们指明一个特定的方向，或者允许某事继续进行。幸运的是，因为我有丰富的博物馆背景，从基层开始做起，我可以迅速地权衡情况，在处理问题时也较为有力。这对我很有帮助，但这些经历并没有使我成为一名考古学家、平面设计师、摄影师、建筑师、历史学家、文物保护人员、零售助理、藏品保管员、自然科学家、木匠或会计——所有这些都是博物馆中有代表性的人员，而我却偏偏成了一个管理人员。那份工作使我成了管理者，这是一个艰难的学习过程。

成为一名管理者并不意味着你必须对你负责管理的所有领域都有所专长。这个职位需要的是一种思考、判断、审视和评估的能力，为各种决定和行动排出优先级，从而保证适当的连贯性并做出一些创新。如果做不到这些，那么有可能会乱作一团。通常，想要达到这种要求需要依靠直觉和经验以及知识。优秀的管理者对人员、环境和问题有着敏锐的直觉。我会认真听取擅长这些领域的员工提出的意见。

虽说在当今的博物馆世界里，量化处理活动、项目、目标和议程非常必要，在与董事会和拨款者打交道的时候尤其需要这样做，但是，最伟大的成就往往是在没有计量基础的决策中产生的。高瞻远瞩的领导者能推动博物馆持续存在或发展壮大，甚至两者兼而有之。这让我想起已故的纽约市新博物馆创始人玛莎·塔克，在她迸发灵感和实现梦想的过程中，她不曾把自己沉浸在大量复杂的会计预算或经过逻辑计算的商业计划和论证试算表之中。在我和玛莎的相处中，我感觉她基本上属于另一种人。她的"管理风格"完全以人为本，以艺术为中心。她的成就凭借的是信念和热情。

了解某个人为什么会身处博物馆领域中（无论他或她想怎样定义这件事）是很有启发性的。动机对我来说很重要，我绝不希望员工把自己的工作仅仅看作工作而已。每个在博物馆工作的人，不论其职位高低，都应该把这份工作视为一种使命召唤。当然，这是一种极其天真的奢望，但愿望可以永恒存在。毕竟，我工作是因为我必须工作。我做博物馆工作则是因为我想做。可惜的是，有些人，尤其是有些博物馆馆长，到博物馆里来是为了其他原因，比如声望、地位、金钱和权力。这种人控制欲强而又自私，通常能力不强。不过，大多数情况下，我遇到的人都有自我奉献精神且对自己所做的事情充满了热爱，我们其他人也从中受益良多。

博物馆人员管理的对象大部分是员工。如何进行这项工作取决于一系列的变量，不过对工作保持敏锐的心理意识能使短期和长期的人际关系和合作结果普遍令人满意。这就要求我们在激发人们最好的一面的同时，也要抑制最坏的一面。我坚信要发挥人们的长处，而不是只专注于他们的弱点。其实，我尽量避免使用"弱点"这个词，因为它可能引起误解。专注于优点的时候，弱点可以被最小化，消失不见，或者变得无关紧要。

我曾经在一个规模不大的博物馆里管理过两名全职维修人员。其中一位说话得体，受过良好的教育，拥有博物馆相关领域的学士学位。他擅长与各种背景的员工打交道，但他会刻意避免与大型机器、机械工程或重型设备打交道。另一个维修工的教育程度较低，而且整个人都有点粗线条。他不愿意参与博物馆大型活动中的正式社交场合。他热爱机械，喜欢自己动手修理东西，解决各种机械问题。这两名员工都很勤奋，工作效率高，他们相处得很好。在给他们分配了几次明显不适合他们能力的任务后，我终于学会了如何以适当的方式给这两位先生分配工作。这位大学毕业生直接与志愿者团体和博物馆里形形色色的工作人员对接。另一个人能完美驾驭砍树、修理车辆、修理锅炉和处理环境气候控制系统。这种互不相同的优点弥补了各自的缺点，他们是一个理想的互补团队。我并没有花很多时间试图改变他们的性格，或纠正他们在绩效考核中的缺陷。事实上，我在多数情况下会避免绩效评估，因为我觉得这有点侵犯人格、过于主观、无关紧要、微不足道。每一天都应该是一次绩效考核。

我必须指出，忽视工作人员的突出弱点有时是不明智的。如果一名员工明显不适合他（她）现有的工作，那么这个问题需要立即采取纠正措施。管理者们会推迟处理重大问题，有时候甚至不去处理次要问题，但这种逃避现实的慵懒状态只会拖延不可避免的结果，还会增加工作场合的矛盾，导致工作效率低下，称职员工会认为管理者并不称职。我可以列举几个例子，说明在我做出了错误的聘用决定或错误地处理员工问题后，我的人事管理能力大不如前。简而言之，我认为博物馆的业务核心是为公众服务，管理博物馆则是以人为本。

博物馆是集体努力的成果，因此，负责人需要了解其他人对某个员工的看法。有时他们的观点有价值，有时则没有。无论处于哪种情况，都需要明白一点，即除非馆长或主管在员工管理方面总是做出糟糕的决定，否则当权者需要得到支持，他们的决定不应受到干涉，尤其是董事会的干涉。我曾经遇到过这样的情况：董事会对一名糟糕员工有着毫无理由的支持，以至于他们不顾我的强烈建议，为该员工专设了一个完全虚假、极不合理的工作岗位。尽管我试图力挽狂澜，但还是难以避免在管理上随之而来的灾难。

除了工作人员，还有一些其他人也会参与到博物馆的管理工作中。董事会和志愿者就是其中的两个群体，在本书中分别单独为他们设立了章节（我意识到，虽然两者都是博物馆的志愿工作者，但他们的主要职责截然不同）。管理这两个群体有时轻而易举，有时难于登天。实际上，现实如何将取决于每个人的个性、博物馆的性质，以及大家如何定义志愿服务人员的角色和期望，当然还有管理是如何被定义和认同的。

就承包商或学术顾问而言，严格的管理也是绝对必要的，因为有太多的可能性会让事情变得一团糟。合同关系可以是针对一次性的项目，也可以是长期的联系。似乎后者比前者更不需强有力的持续管理，但事实并非如此。合同和咨询关系中需要关切的方方面面是显而易见的。博物馆聘用的人员应具备哪些资格？他们与别人合作的情况如何？与别人合作的时候，他们表现得好吗？表现得有多出色呢？有哪些安全问题需要特别强调，特别是当一个承包商负责的项目可能涉及近距离接触藏品的时候？谁来监督博物馆的承包商和顾问？他们是否受过培训并有能力这样做？如果承包商或顾问未能完成他们的任务，你有什么办法？

我管理过的一家博物馆曾经与一家自动售货机公司签订了合同。由于博物馆自身不提供餐饮服务，合同中承租的三个提供小食的自动售货机和一个咖啡机可以为观众们提供茶点。有几年，我们之间的生意关系很好，后来该公司不再根据合同规定向博物馆支付销售食品的收入，这种情况持续了好几个月。其间，我们反反复复地给该公司打电话。结果，他们竟然挂断了我们首席财务官的电话，随后在我介入这件事的时候还挂断我的电话。那段时间，在该公司负责这个项目的技术人员每周仍继续来维修机器，并把里面的收入钱款取出来。我失去了耐心，要求我们的维修人员把机器放到仓库里，但他们没有告诉我具体位置。然后，我们就静静等待下周技术人员的到来和公司管理部门的警告。技术员如约而至并立即联系了他的主管。后来我们再也没有接到他们关于这些机器的电话，也从未联系过这家公司。几年后，在新开始的一个大规模扩建和翻新项目中，我们把这些机器里面的钱都取出来了，然后把这些机器全都扔进了垃圾堆。

自动售货机事件是一个有趣的例子，说明了哪怕是简单的合同安排也可能出问题。我喜欢这个故事和我的处理方式。还好，这种蠢事并不是主流。在大多数情况下，只要人们从开始就有了明确的期望，那么博物馆与承包商和顾问的关系就会很好。我对善良的人非常忠诚。要是没有现有的员工或无偿服务人员，博物馆很难完成所有工作。举例来说，我经常邀请自由职业者来帮忙布置展览。这些人大多是艺术家。他们的手工技能通常都相当出色，他们对展览的呈现也独具慧眼。

能力强的管理者总是对顾问、承包商和专家保持警惕，监督他们及时、有效、负责、愉快地完成高质量的工作，以满足特定的需求。考虑到当今生活的流动性，企业和个人可能来去得毫无预兆。再加上博物馆的需求不断变化，拥有一个罗列人名和联系方式的可靠的数据库是十分必要的。除了标记好哪些人能对博物馆有所帮助之外，管理者还要依赖同事们的建议，并留意那些在博物馆专业期刊上做广告、在年度会议上作报告的供应商。所幸，博物馆这个领域还很小，这个领域里其他专业人士的参考和推荐是值得信赖的。

如同人类的每一项努力一样，在任意一个管理方面，我们都需要理解博物馆环境中的自尊现象。有时候，最好和最坏的事情都会因为自尊心的合作或碰撞而产生。优秀的管理者能认识到这一点，并采取相应的行动，把事情做好。你要准备好接受一个人自尊中不寻常的一面，只要它没有在工作中引起骚动就不是个问题。不过请注意，以我的经验来看，这种做法会有一个反作用，它会发生在董事会不同意你的立场的时候。在某些情况下，我觉得一位员工可以胜任某项工作时，他却没有得到董事会成员的认可。相反，我也曾遇到过这样的情况，一位员工完全不适合这份工作，甚至可以说是荼毒了博物馆。可悲的是，这个人受到了最有权势的博物馆理事的宠爱。不必说，这两种情况都导致了令人不满意的管理结果。

有些人拥有强烈的自尊意识，并且需要不断地安抚、姑息、支持和应对，而有些人似乎没有自尊。在我的工作中，还有更为大型的博物馆中，这两类人都不少。我欣赏的管理者会注意员工的感受、需求和情绪，并努力让他们保持在正确的轨道上。我不喜欢的管理者们对这些事不敏感，还经常制造不安。如果一个无礼、自私的管理者成功入驻博物馆，那该有多可怕？但是，如果管理者是每个人最好的朋友、知己和酒友，这种情况也应当被关注。这会造成一种萎靡不振的氛围，因为员工们很快就能学会如何操纵主管，以获取自己的利益和工作保障。

当博物馆的工作人员认为自己没有受到尊重时，自我管理的负面影响就会显现出来，这反映出我们对公平的需要。人们想要的不仅仅是薪水、荣誉、恩惠或津贴，而是公平。我们是否被公平对待，如果不是，那是为什么？作为一名管理者，最重要的工作之一就是努力在一天的工作中保持平衡，或者至少是让人感觉到平衡。在博物馆里，这常常体现在资源的分配上，包括空间、个人权力和工资。博物馆员工看重空间。如果一个人毫无理由地占据大量或者更好的空间，可能会导致其他工作困难重重。同样，如果一个人的权力领地被其他人侵犯，就会产生摩擦。薪水，至少在私人博物馆中通常是高度保密的，但不知怎么的，每个人都知道别人的薪水，或者他们自认为知道。更糟糕的是，高管薪酬往往是公开的信息，因为它们被列在公共税务记录中。博物馆高层管理人员和其他工作人员之间的工资差距常常令人震惊。

招聘这个主题也是需要深入了解的，各行各业都一样。它是人才发展的前沿阵地。博物馆也不例外。这些年来，我负责招聘过很多人，大部分情况下，效果都不错。任何处于我这种位置的人，如果他（她）说自己一直都能取得成功，那就是在说谎。人人都会犯错。纠错行动并不能令人愉快，却是另一项不可回避的管理工作。

在招聘方面，我有几条建议是我自己觉得十分受用的。不管要填补的是什么空缺职位，与求职者进行日常且坦诚的交流都很重要。申请空缺职位的人会比被录用的人多，因此，几家欢喜几家愁。你会希望那些没有得到这份工作的人在离开时感觉得到了公平的对待。招聘既是一个人事问题，也是一场公共关系的冒险。当你为一个职位寻找最佳人选时，你希望每个人都能说出他们受到的待遇是多么好，以及他们是多么欣赏这家博物馆。毕竟，你永远不知道这些人在我们这个领域会有什么发展，也不知道未来你的博物馆会有哪些空缺职位是他们有资格应聘的。

如何确保像人们期望的那样，为求职者提供一段合理的应聘经历，是由最高管理层决定的，但也需要整个机构贯彻执行才可以。首先，明确知道哪些空缺职位需要填补是很重要的。这意味着起草招聘启事时，描述要准确，内容要全面，不要满篇都是"以及交办的其他任务"这种字眼。在对谁负责和由谁问责方面，也要有一个清晰的界限。没有人愿意时不时地思考一下自己的领导是谁。

在任何招聘过程中最重要的部分就是索要推荐信，并与提供推荐信的人交谈。应聘者被要求提供推荐信，一般需要三封。显然，应聘者会让那些愿意帮助他们的人来写这封信。注意倾听信中都说了什么，尽可能少地接受书面推荐信。我自己几乎从来不提供很笼统的推荐信。谁知道这样的信最后会用在谁身上？按理来说，应聘者会提醒那些愿意提供推荐信的人他们应扮演的角色。在向应聘者的前任领导提问时，最常被抛出的问题莫过于是否还会雇用这个人。根据职位的特性，你可以通过非正式的渠道秘密地搜集职位候选人的信息，这种方法的效果取决于职位本身以及博物馆所属的社区。假设你正在寻找一位藏品研究员或藏品保管员，你可以打电话向几位朋友征询意见。如果你在一个小镇上，大家彼此都知根知底，而且候选人是本地人的话，你可以分别询问该社区的重要人物。我在本宁顿博物馆（Bennington Museum）做馆长的时候，每当我们开放一个职位招聘，申请这个职位的人大多都是本地人，这时我往往会征求会计的意见。她是一个骄傲的本地人。从她的表情中我马上能判断出这个候选人是否值得接触。审核正式的推荐信时，尤其要谨慎，因为它们可能并不尽如人意。我曾经雇用过一个人来管理藏品，他的两封推荐信都有无可挑剔的来源。结果我发现，其中一位我认识的已婚推荐者是这位应聘者的情人，而另一位推荐者写信的初衷是担心如果他提供了糟糕的推荐信会遭到报复。尽管我们这些负责招聘的管理者已经竭尽所能，但有时难免仍会犯一些错误。

如果我觉得机构里有合格的候选人的话，我更喜欢从内部招聘人才。假设情况不是这样，那我会在同事之间询问潜在的人选。如果这些办法都没能成功，那么发布招聘广告的惯常做法就是贴在各种汽车外面，或者发布在网上。一般来说，我更偏好那些专门从事博物馆工作的人，不过我也愿意接纳之前从事过其他职业的人，尤其是安全保卫、日常维护和财务领域的人士。

管理人员需要对岗位的维持、变化和调整，以及对继任员工的规划，保持时刻的关注。确定一家博物馆可以有哪些职位，以及应该由谁来填补这些空缺职位，一直是管理者们工作的重心所在。同时，始终要对各项工作的精髓有所把握，并且为员工更替做准备，无论他们是志愿的还是非志愿的。优秀的博物馆员工很难找到，留住他们同样困难。

沟通交流

让博物馆里的每个人都知道这个地方正在发生的事情，对提高生产效率和提振员工士气极为关键。其难点在于确定如何、何时、何地、为何，以及其管理流程是怎样的。从馆长这一级开始，全部员工都应当承担沟通的责任。我曾经遇到过在这方面表现出色或糟糕的馆长。二者都有困扰，痛苦各不相同。让大家如实、定期地了解情况是很重要的。可以通过多种方式来实现这一目标，比较简明的方式包括会议、纸质材料、一对一的交流、电话，以及各种信息技术方式，如电子邮件、推特（Twitter）和脸书（Facebook）。

确定哪些信息需要交流、如何交流、与谁交流以及由谁交流，对成功的信息共享来说至关重要。关于这些顾虑的讨论是持续不断的。虽然有时候最终的结论并不重要。让每个人都知道维修人员使用的是什么牌子的锤子，一台复印机一个月需要多少纸，或者什么时候该交水电费，这有必要吗？并没有。但员工确实需要知道博物馆的假期闭馆时间表，员工可以享受哪些福利，何时举行租赁活动，以及哪些部门具体负责这些事务。一旦对沟通相关的基础事项达成一致，下一个问题就是如何传播信息。传播有正式的途径和非正式的交流。正式的途径主要是纸质通知、信息技术方法和面对面的交流，其中比较常用的是通过会议。非正式交流发生在咖啡间、停车场、员工餐厅、意外邂逅以及非正式的线上联络中。无论使用何种沟通方式，我都鼓励主管岗位的人时不时地参与进来。根据博物馆规模和管理者个性的不同，他们的出席或缺席可以极大地改变一个聚会的性质。

无论如何，在博物馆都要遵守沟通惯例，请保持礼貌和尊重的语气，无论针对的是什么问题或涉及的是何种人。在这个法律纠纷不断的年代，稍有不慎就会触犯法律，不正确的信息会像野火一样迅速蔓延。因此，传播信息时要准确、及时、考虑周全。在这方面，博物馆和其他工作场所没有什么不同，不过我希望博物馆这种机构要格外谨慎，因为它们本身是公共场所，小的失误可能导致严重的误解，媒体的参与会让事情愈演愈烈。

沟通的责任主要落在管理者身上。这也是我喜欢经常在我工作的博物馆里走动的另一个原因。与员工、志愿者和公众互动相对来说更直截了当，我总能从中学到很多。作为回报，我可以将从个人或群体处得知的信息加以运用。此处必须补充一点，要想让获取的信息真实有效，在沟通中为他人保密是必不可少的。如果员工认为对方不诚实、不能保守秘密，或者不尊重他的意见和观点，那么他们就不会信任这个人。另外，有些可能对其他员工产生不良影响的信息需要谨慎处理。如果有人提醒我说，你要注意某个雇员的情况，那么我会小心、谨慎并且秘密地暗中调查。

作为一名馆长，你必须明白如何同董事会沟通与如何同内部员工交流同样重要。这可以通过前文提到的方式实现。无论是与董事还是与员工进行信息交换，无论谈论的内容涉及董事还是员工，都必须小心那些为了一己私利而绕过机构规定和正常业务流程的人。总的来说，博物馆人与人之间都是友好互助、轻松愉快的！

规划

> 如果你不知道何去何从，你到达目的地的时间将遥遥无期。
>
> ——约吉·贝拉（Yogi Berra），2001 年

在任何一家博物馆工作的每一天都充满了意料之中的重复性事务。这种例行公事就类似于接待前台、客房服务和会计工作。尽管如此，日

常基础工作的价值和重要性不应被忽视或轻视。相反，每天的日常事务必须被毫不动摇地坚持贯彻执行。管理不善的售票处、肮脏的厕所或混乱的财务账户，都会在短期和长期内产生各种各样的负面影响。优秀的管理者能够理解这一点，他们密切关注这个问题。当然，在日常事务中做出的努力不应以牺牲对未来的思考、相应的规划、定期实施的项目进程以及其他对博物馆实现其使命有帮助的事宜为代价。所有博物馆都经历过艰难的时刻，当这种时刻来临的时候，优秀的管理者会通过反复权衡，对没必要、不合适、计划外的发展策略采取对策，努力使机构持续运转。

从管理的角度来说，再怎么强调博物馆规划的重要性也不为过。虽说维持机构现状是至关重要的，也是一个不小的挑战，但仅仅保证业务照常进行，会导致机构的萎靡甚至更糟——倒退。博物馆必须随着时移事异而不断变换，而不能仅仅是在原地维持运行。

规划就是接下来去决定何时、何地、如何、为何。这需要建立在逻辑基础、理性经验和伟大抱负之上。好的规划能反映出良好的判断力。糟糕的规划则正好相反。基本上，博物馆已经习惯于在有限的预算下运行，虽然这么说有点怪，但这可能是对其有益的。这种财务现实让博物馆在规划时能够保持警惕，避免铺张浪费。

在花费巨大的事务中保持清醒尤为重要。这方面，最常见的例子就是新的建设项目。这类项目一般都需要董事会积极筹措善款。为此，大多数博物馆会认为，在其筹集资金的规划中增添充足的捐款数额，就足以支付大型建设项目新增的额外运营成本。然而，一些博物馆在实际操作中折戟沉沙，教训是沉痛的。

博物馆应该永远向前看，在前行的过程中不断变化，这似乎与博物馆由内而外散发出的停滞感相互矛盾。在我们的社会中，很少有机构能像博物馆这样处在一种自我满足的安逸状态中。这是由于博物馆自认为其将永远存在。这种认为自己能长久存续的傲慢态度也渗透进藏品收藏、展览、建筑，当然还有规划中。

人们往往认为，博物馆深陷在过往的泥沼中，总在回顾过去。但对于博物馆工作人员来说，情况并非如此，至少管理者和身处领导职位的人不是这样的。对我来说，没有哪个地方比博物馆考虑得更长远。虽然许多博物馆所致力于的主题可能是很久以前的历史、艺术、科学证据等，但真正占据博物馆工作人员每分每秒的却是未来。那个未来可能是几天后，几十年后，甚至是"无限的尽头"。

今日在博物馆领域工作的我们，只是交付到我们手中的遗产的临时管理员，我们保存并维护这些遗产不仅为了活着的人，也为了我们的子孙后代。我们不仅发自肺腑地认同这件事，愉快地接受了这个任务，而且还计划把事情做得比我们刚刚接手时的更好。这样做才是正确的。毕竟，正如前面提到的，博物馆应该是长久存续的——非常长久。这个看似荒谬却希望满满的目标是推动博物馆进行规划的动力。博物馆既要活在当下，也要引领未来，这要求博物馆在使命、收藏、活动、观众、运营、场所、资源开发和配置等方面，都必须不断地超前思考。

在过去的几十年里，博物馆规划的价值被普遍认同，规划已然成为一项机构治理任务。如今，机构规划在诸如长期预测、战略计划或愿景文件等官方文件中均有概述。规划已变得如此重要，以至于要想获得美国博物馆协会的认证，就必须提供博物馆有规划的证明文件。当然，你可能更想知道，在董事会和工作人员将规划落实到书面上并正式批准这些文件后，它们能产生怎样的实际效果和影响。据我所知，有一家博物馆就只是为了获得认证而写了一篇规划，后来这个计划被完全忽略了。因此，只是为了避免玩世不恭的态度，编制规划也是有意义的。但是，实现规划文件中提出的目标和计划才是编制规划的理想结果，在大多数情况下，博物馆确实会继续努力朝着这些目标进发。坚持一个规划需要严谨和纪律，抛弃那些不可行的部分，避免那些不必要的干扰。为此，设立一个专门委员会或委员会分支，负责定期审查、监控短期战略和长期规划是非常必要的。

规划除了有董事会制定并批准的文件这种形式外，还包括一些个人计划和博物馆的共同计划。优秀的博物馆工作人员总会提早做打算，并在任何可能、恰当以及可行的情况下实现这些计划。藏品研究员会一直考虑梦寐以求的征集对象、研究项目和展览；教育人员想要改进好的教育活动，终止效果欠佳的活动，并开发新的活动；筹款人员不断寻求更多筹款机会；藏品保管员期望改进登记编目的工作方式和库房储存设施；维护人员列出了基础设施升级的日程表。这样的例子不胜枚举。如果博物馆里不存在这种思考，那它就是一个停滞不前的机构。

项目

大规模的管理往往源自许多想法，只有通过各种项目才能变为现实。那么，项目是由什么构成的呢？视情况而定。有些小事也可以成为项目。不过我说的项目是那些计划好的、有明确开始和结束以及一定规模预算的更大的尝试。一位优秀的管理者会了解潜在项目的可行性，他通常能将项目落地实现。博物馆的项目往往与藏品、活动和建设有关。藏品项目可以包括展览、保管、登编、征集，偶尔也会包括藏品注销。活动项目与教育、研究、人员调整或升职（遗憾的是，有时也涉及降职）有关。建设计划通常是关于建设新建筑、装修翻新、添加新结构、异地重建，等等。

选定一个博物馆应该追求的项目需要相当多的深思熟虑和专业知识。成功的结果源于良好的管理。项目不应是一种"一时冲动"或者"敷衍了事"的行为，除非设立项目的初衷是要对紧急情况做出反应，比如突发的人为事故或自然灾害。我所说的项目，指的是那些满足人们需要和博物馆适当需求的项目。要衡量这一点，必须依靠专业的博物馆工作人员，有时也需要顾问的帮助。要是董事会、志愿者或"社区"之类的人随意决定这些事情，而且也不采取相应措施的话，那么我就会对他们选定的项目持怀疑态度。经过深思熟虑并有明确成果的项目是在逻辑缜密的问责下产生的结果。举例来说，如果博物馆因为附近的园艺用品商店想要促销其新出的柳条家具，而把收藏的柳条家具拿出来展览，这个举动会占用博物馆的宝贵资源，并且引人侧目。然而，如果博物馆不管当地的园艺用品商店怎样，单纯地因为其收藏的柳条家具很好而进行展示，将这些承载着很多历史的藏品用一种有意义、有趣的方式阐释出来，那这种做法就是完全合理的。

理解项目的起源是非常重要的。如果博物馆受某个董事或其他不关心机构存在私心的人所迫，那么这种情况将会把博物馆拉向不切实际、牵制过多甚至是灾难性的深渊。这种项目有时是可以获益的，但这样的情况很少。我们可以看到很多因为糟糕的董事导致项目陷入困境的案例，比如董事会借了一大笔钱来支付新博物馆建设、充实馆藏、扩建或翻修的费用，期望能通过博物馆赚取的收入来偿还贷款，而不是由具有慈善意识的董事发起的筹款活动来吸收大额捐款。如果项目资金到位，资金捐赠充足，那么董事作为财政现实主义者精打细算的绝对关键作用就显而易见了。这些年来，美国博物馆就是这样发展壮大的。这种做法还是值得鼓励的！

并不是所有的博物馆项目都需要大量的资金支持。有些工作，如小范围重新布置展厅和展览，重新摆放一些藏品，或改变工作人员职能和组织结构，通常可以用现有的资源和预算来完成。我在克利夫兰的西部保留地历史学会（Western Reserve Historical Society）担任馆长时曾这样做过一次。当时，该协会的汽车收藏数量约为 150 辆。其中一半是 20 世纪前几十年在克利夫兰制造的。这些车被放置在两个巨大的展厅里，与其他地方生产的汽车混在一起，这种安排完全体现不出克利夫兰曾短暂地成为美国第一汽车之都。汽车博物馆在博物馆建筑群中占用了两层楼。我把所有不是在克利夫兰生产的车移到较低一层的位置（是的，我亲手帮忙推车），并让克利夫兰生产的所有车辆集中在主要楼层。这种简单的重新布置的确费时，但花费很少。此外，这种安排为未来的展览指明了方向，强调在美国乃至全球历史的大背景下阐述地方历史。观众参观第一层展厅时反响热烈，他们在得知这些汽车的产地全是克利夫兰后感到惊奇，我们也因观众的这种反应而十分欣慰。

无论项目的目标是什么，它必须是为了博物馆的明确利益而存在，而不是为了满足某些人的短期心血来潮或迎合个人职业规划而存在。我看过很多展览和配套的图录都是因为藏品研究员自己想要而呈现出来的，并不是因为公众对此有任何预期或期望。有些时候，我觉得我们经营博物馆是为了自己。这是管理不善的结果。

每当上述情况发生的时候，我就会想，仅仅为了外在形象、自我意识，或者看起来好像有事可做而去着手一个项目是否明智。我想这是人的本性使然。我还想继续以展览为例说明这一点，特别是地方小型博物馆的展览。由于我们总觉得公众吵着要看我们的馆藏，或者想重新布置我们已经展出的东西，所以我们拼命想要编造出不断变换的展览日程，往好了说是有名无实，往坏了说是有破坏性的。这种性质的项目会消耗员工的时间，难以实现，造成机构的挫败，而且经常出现不必要的员工流失。可以肯定的是，我们所在的博物馆领域创造了这种现象。我们的初衷是想要博物馆藏品吸引公众的注意，而最直截了当的方式就是展览。随着时间推移，这变成了公众对博物馆的看法。董事会也是公众的一部分，如果董事们认为自己负责的博物馆没有积极推进展览更新计划是员工的失职，那他们的这种想法是可以原谅的。现在，人们普遍认为，博物馆的存在只是为了举办展览。这毫无疑问给机构带来了巨大的项目负担，我们必须记住，展览的前期策划越深入，项目的结果就越好。我一直希望博物馆可以有一个至少三到五年更新一次的滚动式展览计划，但我从来没有实现过，好在时间还来得及。

空间

博物馆依赖于空间。思维博物馆、想象博物馆、互联网博物馆，都是天真的理论构想，但它们也就止步于想法而已。博物馆是被它们占据的空间定义的，包括展厅、卫生间、库房、走廊、装卸区、办公室、教室、多功能厅、会议室、机械设备、礼品店、楼梯，等等。空间管理是博物馆运营中一个未被充分认识却至关重要的方面。很少有人能明白这一点。在我的职业生涯中，我发现造成员工摩擦最常见的原因有两个，一个是空间使用，另一个是知识领域侵犯。

博物馆总是空间紧张。像密歇根州迪尔伯恩的亨利·福特博物馆，或是像大都会艺术博物馆这样的大型机构，都难以容纳多种功能。对博物馆来说，确定、指定、发现、改造、分配、准备和使用特定的空间是一个持续不断的管理挑战。考虑到人们对博物馆做什么、为什么做、怎么做有着越来越多的期待和构想，空间问题不会消失，它在不久的将来肯定也会持续下去。我曾协助指导了几家博物馆扩建、翻新和重组的项目。这些经历令人兴奋且予人收获，但它们经常提醒我，大多数人对博物馆空间的使用知之甚少，建筑师在这方面尤其含混不清。

有两种方法可以分析博物馆有何种需要以及怎样管理空间。解决这些问题可以从藏品的角度或观众的角度来分别推进。每条路径都可以指引你到达同一个目的地。如果从一件藏品的角度出发，首先要考虑的是它如何进入博物馆，如何被保管，如何向公众开放。从观众的角度出发，公共空间是第一要务。这两种方法都趋向于在同一个地方——正在展出的藏品上结束。

说到博物馆的空间管理，我的言下之意是空间应如何被定义和使用。定义空间的内容列表曾经是很短的。这个表里一般有藏品保管区域、展厅和办公室。在新型博物馆的平面图中，各类附属房间出现了，包括教室、多功能厅、咖啡馆或餐厅、图书馆和礼品店。自博物馆的诞生之日开始，空间划定和分配的数量急剧增长。位于波士顿的伊莎贝拉·斯图尔特·加德纳博物馆（Isabella Stewart Gardner Museum）就是一个很好的例子，最近该馆新建了"辅助"建筑（见彩插图2），能够满足各种功能需求。创始人对博物馆的最初设想是在这座城市后湾区的沼泽上建造一栋威尼斯宫殿，但这座迷人的建筑并未包括我们如今对博物馆功能分区的普遍期待。新的独立建筑由伦佐·皮亚诺（Renzo Piano）设计，位于原博物馆的后面。建筑包含餐厅、访客服务接待处、商店、会议室、展厅、办公室和文物保护部门。这栋建筑也是博物馆的主要入口，有足够的空间容纳观众。过去，这些功能分区只能被硬塞进旧建筑里。

在决定了博物馆需要什么样的空间、需要多少空间和如何分布之后，接下来就是对其使用的管理。展厅需要根据实际展览情况定期分配。藏品库房必须只能存放藏品（纽约市博物馆的派对酒水类藏品曾经就未能保存在这种状态中，20世纪70年代，这些酒水偶尔存放在绘画库房里。每隔一段时间就会有一瓶波旁威士忌消失。究竟是谁做了这种事？）。会议空间不可能同时成为人们聚集和临时存放藏品的地方。走廊最容易招致毫无缘由的空间入侵。它们被用来临时存放藏品、办公家具和包装箱的情况多常见呀！为什么教室也会受到同样的待遇？装卸区的所有东西又是怎么回事？博物馆忍受不了真空的环境。如果有任何空余的空间、平坦的表面，马上就会有东西填满它。所以说持续监控是必要的，这可以避免非法盗取和无意（或故意）侵占为其他用途预留的空间。

在博物馆里，办公室的位置和布局总是看起来很滑稽。更老、更大、更复杂的建筑物往往会把办公室设在奇怪的区域。拥有多栋建筑或房屋的博物馆常把办公场所布置在地图上的各个角落，如马萨诸塞州的旧斯特布里奇村（Old Sturbridge Village in Massachusetts）、新英格兰历史学会（Historic New England）或弗吉尼亚州的殖民地威廉斯堡博物馆（Colonial Williamsburg, Virginia）。从管理的角度来看，要想去一个人工作的地方见他的话，需要走很远的路，或者开车。好在，如今便捷的即时通信技术和应用极大地提高了人们随时了解别人工作的能力，你可以知道什么时候谁在哪里做了什么。我不确定目前关于办公室布局和位置都有哪些规划理念，不过我很喜欢帕里什艺术博物馆（Parrish Art Museum）在其位于纽约长岛东端沃特米尔（Water Mill, New York, on the eastern end of Long Island）的新建筑中的设计。这个细长的结构将博物馆所有的办公室聚集在一个开放平面的中心。带有玻璃门和玻璃墙的工作站和办公空间让所有人和物暴露于彼此面前。区域两侧的外墙都用了落地窗，可以俯瞰外面的景观。

城市中的博物馆似乎特别易于受到空间需求的限制。大都会艺术博物馆目前的场地和布局几乎已经穷尽了任何扩建的可能。它不允许扩展到中央公园，也不允许增加层高。在重新布局现有空间方面，大都会艺术博物馆已经做得足够出色，未来它还将继续这样做下去，但可供选择的余地也就是如此了。惠特尼美国艺术博物馆（Whitney Museum of American Art）原来空间狭小的环境促使它搬到了位于曼哈顿切尔西区（Chelsea neighborhood of Manhattan）的一个新地点，这也是空间因素导致的。纽约市新博物馆在几个临时场所运营后，终于在鲍厄里街区建立起属于自己的建筑。我估计，基于空间需求的博物馆的发展趋势在不久的将来不会减弱。当然，这就引出了建筑师与博物馆管理的话题。

我曾领导并管理了两个较大的博物馆扩建和翻新项目与两个较小的项目。我也曾研究并撰写过其他博物馆建筑的建成、翻新甚至是二者的全过程。我喜欢这类任务，但我相信，在大多数情况下，建筑师不明白博物馆是做什么的，它为什么这样做以及如何做。与他们讨论空间的构建和使用时，这一点简直昭然若揭。你可以试着跟他们谈一下博物馆管理上的挑战。好的建筑师会倾听，差的就不会。我不得不跟这两种建筑师打交道。建筑空间设计失败的最典型例子之一是国家美术馆（National Gallery）的东翼。简单看一下平面图就知道我为什么这么说了。展厅，一直是博物馆反复申明想要的，却被困在了角落里，其被赋予的地位比消耗大量空气的大型中庭小多了。这片宽敞的空间的确有它的魅力，这无可厚非，但我因这种设计剥夺了博物馆和公众本应得到的东西而感到被冒犯。

如果你想在博物馆的某个区域做些改变，就必须考虑它会对其他部分产生怎样的影响。空间利用会对整个机构带来一定的后果和影响。改变一个房间的作用，另一个也会随之而变。为博物馆增加翼楼，进行大规模的翻新，或者重新安置主入口，这些工作带来的改变往往是最明显的。然而，改变也可能源于对部分建筑的用途进行较小甚至是微小的调整。俄亥俄州克利夫兰的西部保留地历史学会提供了一个具有启发性的例子，展示了主入口的移动对于建筑布局的改变。这家博物馆由一系列相连的建筑组成，其中包括两幢历史悠久的房屋，其原有的入口几乎从未改变过，随着多年来的发展，博物馆为观众开放了另外三处"主要"入口。因此，除了它展出的许多藏品之外，在每个入口大厅处也摆放着许多藏品，这使得人们在参观的时候会经过一些莫名其妙的展厅。

西部保留地历史学会是一个有点夸张的例子，说明博物馆最初建成时虽然达到了空间利用的目标，但后来逐渐演变成一种奇怪且令人难以理解的建筑组合。我们在许多老式博物馆中都能看到这一点。随着博物馆的扩张（它们很少萎缩）和经营方式的改变，曾经完全可以接受的平面布局和建筑外观现在已经过时了。当博物馆藏品需要不同的存储和展示条件、公众期望更多更加不同的设施时，这种情况尤为明显。

博物馆的扩建提供了简明的事例，说明博物馆如何在努力管理新建空间的同时还能处理原有空间。如果博物馆现在的入口在一个远离原始入口的新翼楼，你会如何处理洗手间和旧的衣帽间？如果有一间展厅的设计初衷是让人们进入博物馆时第一眼就看到这个地方，但当博物馆扩建后，新入口被安排在远离原建筑正前方的位置，这会引发什么后果？楼梯的处理尤其特殊，走廊以及其他过渡的建筑区域也是如此。我们都很熟悉那种老式的美术学院风格的博物馆入口大楼梯，但是，当正门被放到别的地方，我们该怎么处理这些楼梯呢？波士顿美术馆（Museum of Fine Arts, Boston）尝试了一个不错但有点儿小贵的解决方案，它在1981年新建了由贝聿铭设计的翼楼和入口，关闭了于1909年建成的位于亨廷顿大道（Huntington Avenue）的美术学院入口。几年后，博物馆重新开放了原来的入口，但这是以员工的重复劳动和牺牲销售区域为代价的。

提到博物馆的空间，我就想起了乔·诺布尔在担任纽约市博物馆馆长时经常提到的一个近乎神话的地方——"别处"。"别处"指的是他让我们把他想从某个地方移走的东西放到的一个特别的地方。博物馆经常在这方面玩抢椅子游戏。我们从未找到乔所谓的"别处"，但所有的博物馆都理解他的言下之意。

我工作过的每一家博物馆都有一些空间，这些空间的使用方式与最初的设计迥然不同。从某种角度来看，这些空间的安排和布局是合理恰当的，甚至是有前瞻性的。新空间的扩展和改造同样被认为是合乎逻辑、妥当、前卫的。然而随着时间的推移，空间需求会发生变化，所以说没有绝对的博物馆设计。

构想和机会

博物馆是实现伟大构想的完美对象。它们的公共声誉结合关心这些机构的人们以及相关的话题和事物，为博物馆招来各方源源不断的建议。这些建议的发起者认为他们的想法无懈可击，需要立即付诸实施，而且还觉得他们可以把博物馆的认可度、引人倾慕的程度及其地位提升到一个前所未有的水准，或者说他们可以纠正博物馆造成或被牵连的一些可怕的错误。你猜怎样？博物馆观念的传播、认同和实施同样需要管理技巧。

无论何时何地何人向博物馆提出了一些构想，其中有四分之一的想法可能有一定的价值，但通常无法付诸应用，与博物馆的核心使命没有直接关系，经不起推敲，或者在提出建议的那一刻是不可行的。还有四分之一的建议可能是合理的，值得研究。然而，这 25% 的提议中有大部分都无法实现，因为它们总体上需要的资源比任何博物馆现有的资源都多。更不用说，金钱并不是实现所有想法的灵丹妙药。基于上述来自经验的简单的百分比，我感觉在一个博物馆的正常年份中，100 个可信的想法里有 10 个值得被深入研究，而大概仅有 2 个到 3 个能在某种程度上被付诸实施。

对博物馆中不断涌现的想法进行管理至关重要，这种过程是持续进行的。尽管董事会可能参与其中，但扮演关键角色的人应该是员工，尤其是涉及众多想法时。这些构思通常需要大量的时间、资金、人员、空间等资源的配置。许多小的想法往往可以很快完成或直接被废弃。如果员工提出了一种重新布局办公室的新方法，这可能不需要领导的批准就能完成。但如果同一名员工对如何简化未来员工的背景调查有想法，那可能就需要"高层人员"的大力参与了。

那么，谁负责管理博物馆的构想呢？这取决于想法本身和博物馆。我倾向于让员工自行管理一些在时效性和日常性等维度与他们的工作职责有关的构想。此方法必须符合职位描述且有助于工作开展。如果一位教育人员构想了一个新的教学计划，它符合博物馆的使命且可以着手开展的话，我会很乐意支持这个想法。如果一位登记编目人员想移动一些藏品的存放位置，那我同样会支持他，以此类推。我确实想时刻掌控正在实施的任何想法。这是一项管理上的要求，能确保每项工作被出色地完成，还能避免由于一个想法得不到良好的执行而走不必要的弯路或是资源浪费。重大构想指的是那些涉及大部分甚至所有员工、改变博物馆的工作重点和运营方式、预计将产生长期影响的想法。这些构想必须由博物馆主管来把握，因为他们具有相应的领导力和其他能力。

评估一个构想是在现实和推测中的操演。博物馆决策者在制度、经验和学术上的知识越丰富，决策结果就越理想。那些在博物馆领域成功工作过一段时间的人，通常在直觉上和实际上都很清楚哪些想法是可行的，哪些想法是应该避免的。但这种程度的熟悉会不由自主地产生保守的态度，会对新的、不同的或未经尝试的想法产生抵制情绪。对于我们这种有责任进行决策并把重大决策付诸实施的人来说，最好还是要成为前一种人，而不是后一种人。

我喜欢创意。更重要的是，我喜欢看到创意想法变为现实。这是怎么发生的呢？这真是难倒我了——不过我在很长一段时间里一直在推动这个过程的进展。考虑到博物馆中的新想法频频出现，这个地方一定是笼罩在充满创意的氛围之中，为百家争鸣提供了动能。

还有一种现象是，博物馆的外部人员源源不断地提出建议，董事会尤其会这样做。某些人似乎觉得博物馆的工作人员只是无所事事地坐着等待指示，然后才会做些什么。这与现实相去甚远。无论是谁提出的想法，都要鼓励大家这样做，要乐于听取各方的建议。大多数时候，来源如何是无关紧要的，预期之内或意料之外的想法都足够多，所有来源的想法都值得鼓励。

想法一旦被接受，接下来会发生什么？如果说这个想法是在反复的深思熟虑中走到了这一步，那么其成功基本已经是既定的了。当然这还需要考虑资源、日程安排、任务依从度等。在仔细地思考和研究后，如果发现某个想法是可以实现的，那么它就应该被推进和管理。

知道如何评估和实现好的想法很重要，了解怎样用管理能力转移和避免坏的想法同等重要。当一个糟糕的建议被有影响力的人强加给博物馆时，这种情况就很艰难了。技巧和手腕只是这项工作所需的两种外交技巧。拒绝董事提出的想法可能会十分困难，因为他们是一群"无所不知、聪明绝顶、才华横溢、永不犯错"的人。

机会和构想是相似的，如果从博物馆管理意识和实施方面来看的话，两者的出现都需要富有远见的判断能力、经验和直觉。我在管理的工作中常对机会主义抱有信心。虽说博物馆的大多数工作都是自发产生的，并且都围绕着机构使命和员工的参与，但你需要警惕一些在工作计划之外产生的可能性。管理者必须认识到，博物馆可以利用突然出现的一些极具吸引力的情况。

与构想一样，管理层也必须知道何时应避免与愚蠢的机会纠缠在一起。这方面的例子常见于未经审查的博物馆藏品。我认识一位博物馆馆长，他没有任何艺术背景，在某年 12 月突然单方面拿来了三幅据称是萨尔瓦多·达利（Salvador Dali）的作品要入藏，当时画作的捐赠者正迫切需要一份税收申报。这些画是在一艘游轮上购买的，船上有一家明尼苏达州绍斯菲尔德的帕克·韦斯特画廊（Park West Gallery of Southfield, Minnesota）经营的商店。达利的作品是全世界赝品最多的。这笔捐赠应当立即引起关注，因为即使是在网上粗略地浏览一下，也会发现这家画廊曾经被多次曝光和起诉。

举一个机会主义思维的正面案例。在美国国家航空航天局（NASA）航天飞机项目结束之后，博物馆争相购买航天飞机（见彩插图 3）。这件事实在太令人兴奋了。6 艘大型太空飞行器被争先恐后的博物馆瓜分一空。从管理的角度来看，这些博物馆直觉敏锐，因为它们能有效而迅速地将所有资源投入一个难以捉摸的目标争夺中，它们知道这个目标是合适的、受欢迎的。我不喜欢把宝贵的资源浪费在愚蠢的事情上，不过我同样想尽一切可能去获得一架标志性的太空探索飞行器。而且，如果我所在的机构不能像其他机构那样买到一个，我会非常失望。假设我已用尽全力来建立并提出一个征集航天飞机的可行理由，那么我得到的反对意见大概不是由于糟糕的管理决策和监督工作，而是由于地理位置的确不允许（运输航天飞机可能要跨越整个国家）和捐赠者权衡各种政治因素之后投票决定时的运气。

资金在实现构想的过程中的作用可能并不像看上去的那样显著。从表面上看，如果没有资金支持，构想就无法实现。有时是这样的，有时则不是。在处理构想时，财务现实的确是一个重要的考虑因素。如果说博物馆有足够资金做某事，也并不意味着一定要去做。

此外，切记，要坚持那些曾经被证明是富有成效的好想法，不应该在急于完成新事务的时候抛弃这些想法。

进度安排

考虑到博物馆的复杂性和特殊性，进度安排显然是管理的优先事项。展览开发、公众项目规划、维护活动和会议（博物馆有很多会议）相互影响，这要求安排进度时有严格的约束。我不太擅长沟通进度，因此我需要额外的努力来改善这一点。这对处于一定职级的人来说可能有些尴尬。在此，我必须感谢我曾经的三位领导，是他们纠正了我在安排工作时懒散的做法。当我在纽约市博物馆担任策展助理时，馆长乔·诺布尔改掉了我的一个坏习惯，那就是在他向我要资料时，我应当及时向他提供。他很少指导我，但最终他不得不直截了当地告诉我，要提高我的反应速度。我还当过这家博物馆的藏品研究员巴里（贝拉格瓦纳思）的手下，他曾连续三四个月容忍我早上迟到。平常他是一个温和、不愿与人发生冲突的人，但每个季度他都会训斥我一次，每当这个时候，他几乎都变得暴跳如雷。此后我会迅速进步，但很快又会倒退回来。最终，随着责任越来越重，我不再那么手忙脚乱了，迟到的次数也减少了。在缅因州立博物馆，保罗·里瓦德从未因我在进度安排方面遇到的困难而感到烦恼，因为他教会了我如何做一个现实的计划者。经验让他知晓如何组织项目、提前准备以及完成任务。我从保罗那里了解到，如果你提前足够久的时间计划，早早开始，能认识到项目的实际情况，并根据预测在操作中秘密建立一定的灵活性，你就没有理由不按时完成一个项目。正如我的经验所表明的，对于有抱负的博物馆专业人士来说，能有身居要职的好朋友来培养他们是一件很棒的事情。

如果说博物馆管理是一门艺术，那么进度安排就是艺术中科学的那一面。为了提升效率，在某种程度上，必须让尽可能多的人参与进来，不论他们喜欢与否。进度安排不能在真空中进行。博物馆的日常运作是一个整体。如果博物馆的展览人员在进行复杂的布展工作时，展厅的入口处有一场消防演习在同时进行，那么会发生什么情况？假设此时还有学校参观，而讲解员并不知道消防演习和展厅装修都在进行的话，又会发生什么？

在进度安排中，大型货品的交付工作尤其值得注意。有一次，我在纽约市博物馆等待20个用于保管印刷品的大型定制储物柜送达。对方向我们保证，会在某个早晨到达，而不是在午餐时间，因为那时博物馆所有的维护人员都不在岗。上午很快过去了，我只好匆匆溜出大楼去吃午饭。正在这时，货物到达了。幸好我和领导与维护人员相处得很好，他们才愿意响应他的求助，放弃一部分工会规定的午餐时间，为曼哈顿一条繁忙的小街上停着的一辆50英尺长、占据了双车道的卡车卸货。不用说，我们肯定要给他们小费，以表我们衷心的感谢。如果他们不来帮忙，卡车就只能满载着货物驶出城去。还有一次，我也是在等一批货物送达，那时我正在奥古斯塔的缅因州立博物馆工作。类似的储物柜从同一家公司运来，装在一辆同样大的卡车里。就是这么巧，他们计划在一个只有我和老板有空的星期天到达。我和卡车司机通了电话，他所在的公司位于克利夫兰，我告诉他在越过州界时要给我打电话。这样我们就有两个小时为他的到来做准备，然后卸货。事情按照计划顺利进行，幸运的是，当我打电话给他的时候，司机正在公司办公室附近转悠。日程安排需要监控，但如果你可以与实际参与的人进行沟通，也会有所帮助。

我经常听到有人说事情没有被写在日程表上，他们不知道发生了什么事，又或者会议时间改了却没人告诉他们。在我的工作世界里，这种情况并不经常发生，但那是因为我周围都是很有条理的人，他们煞费苦心地严格执行清晰连贯的日程安排。为了弥补自己在时间安排上的不足，我征募了一些不仅擅长安排时间，还很高兴告诉我什么时候会发生什么事的人。我还要补充一点，自信的管理者会毫不犹豫地命令员工让他们的上司按部就班地准时工作。

问题

每当我听到"问题是潜在的机遇"这句话时（或者是别的说法），总会略略地笑。有时候这是对的，但有时候问题就是问题。如果一个员工总是满腹怨气，不称职，搅乱工作环境，而且是一个彻头彻尾的麻烦，那他（她）就是个问题。摆脱那个人之后，我才会得到机遇，但在那之前，他（她）是一个问题。漏雨的屋顶也是个问题。2001年，当我来到新泽西州莫里斯敦莫里斯博物馆履职常务馆长时，遍布整个建筑的12处已知、明显的屋顶漏水已经成了问题。一个没有预料到的耗资1200万美元的改造和扩建项目解决了这些问题，这么做并不是因为漏水问题是一个机会。

从管理的角度来看，问题需要尽可能地被解决。优秀的管理者知道如何识别问题、解读问题、判断问题是否可以解决，如果可以的话，还会找出解决问题的方法。

认识到问题是管理职责。并不是每个人都认为某一特定情况是一个问题。我发现，让人们了解博物馆正面临的一些未被认识或被忽视的问题是需要时间的。相反，要让人们相信他们认为是问题的东西其实不是问题，也需要时间。在我的误解清单中，博物馆参观人数是最突出的迷惑问题。当我听到董事们抱怨某个博物馆的参观人数太少时，我就想问问他们觉得有多少人参观才算合适。我从来没有这样做过，但提问的冲动一直诱惑着我。人们如何决定最佳的参观人数？我当然希望博物馆能有很多参观者，但更重要的是，我希望观众能拥有一段有意义的参观体验。追逐数量是徒劳无功的事，但对一些董事来说，这永远是他们的首要任务。我还没想好如何处理这个问题。

资源

资源管理对博物馆的重要性类似于其对任何人类冒险。不论是短期还是长期，合理的采购、节约和资源分配都是至关重要的。但是，什么是资源？如果把所有资源列个清单，那么金钱肯定排在最前边，同样重要的还有人员、建筑、能力、社区、选址和声誉。博物馆的最主要资源是藏品。认识资源并理智地部署资源是一种核心的管理才能。我曾见到过有些资源被创造性地使用并取得了显著的成果，但我也看到过它们被浪费、忽视和遗失。

资源管理必须做到合理分配和委派。让我负责博物馆会计是不明智的，但让我来领导一个展览项目就非常合适。一家收藏了大量化石的博物馆不应该为了展示一堆无关紧要的死蟾蜍而把其他藏品藏起来。某些博物馆建筑是非凡的资源。最典型的例子就是纽约市的所罗门·R.古根海姆博物馆（Solomon R. Guggenheim Museum）。虽然这家伟大的艺术博物馆举办过很棒的展览，但这座建筑本身往往是最吸引人的地方。作为一种资源，它是无与伦比的。

如果把选址当成博物馆的重要资源，最典型的案例可以看看华盛顿特区的国家广场（National Mall）。广场周围全都是博物馆，每一家想要在美国首都亮相的新博物馆都觊觎这片土地。那些曾经被原来的文明社会用于建立集市、广场、竞技场、体育场或广场的地方，过去是市民免费放松消遣、接受教育、互动娱乐的中心，如今，这样的区域通常受博物馆管辖或由博物馆占用。

博物馆作为社区资源的作用日益凸显。虽然我不太乐意把提升博物馆价值的成绩归功于不懂博物馆的领导，但在这方面我总是很感激他们的支持。把博物馆作为经济催化剂是有些冒险的，不过，把它们当成一个地方的有益资源却毋庸置疑。纽约库珀斯敦（Cooperstown）是棒球的代名词，这里的小镇和名人堂（这是一家博物馆）都是这个地域与棒球交相辉映的资产：只要看看那些排列在主街两旁的体育纪念品商店就知道了。弗吉尼亚州的威廉斯堡有一家最古老、最杰出的户外多栋建筑博物馆，它显然也是社区资产。位于马萨诸塞州的迪尔菲尔德历史博物馆，长期以来作为社区资源享有良好的声誉。在它保护下的建筑和藏品的质量足以佐证这一事实。类似的实例在全美各种拥有大规模收藏的博物馆中都有体现。博物馆管理者必须理解并接受大众对博物馆的看法，即博物馆是地区经济的引擎，同时它们还要对此做出相应的努力。

声誉

博物馆的声誉是它最重要的资产，所以必须对人们对你所在机构的看法进行持续的管理。博物馆享有相当高的可信度和赞誉。一直以来的研究表明，博物馆在这方面的水平远高于大多数其他民间机构。宗教团体、军队、学校或国税局都希望能被公众赋予与博物馆同等的尊重。

声誉管理常见于营销公司、拥有巨额广告预算的公司或剧院经纪人的工作中。对于博物馆来说，管理声誉就是要坚持做自己擅长的事情，不被干扰，不受猜忌。博物馆的声誉与所有工作人员都有关，而对于担任行政职务的人员来说必须特别注意强化这一职责，甚至严格执行这一职责。

博物馆的声誉建立在几个假设的共识之上。博物馆是人们可以信赖的地方，它们为公众开展有益的工作，致力于长期维持自身价值，声称自己是负责任的、开放的、透明的。公众对这些观点表示认同。除非在不久的将来发生一些灾难性的文化变革，或者博物馆完全转变了做事情的初衷和方法，否则我认为未来的博物馆依然会广受赞誉。

我想提醒那些在博物馆领域工作的人（我真的不想用"产业"这个词），不要因为我们共有的机构声誉会一直良好就沾沾自喜。我们必须时刻小心警惕我们馆藏的真实性、学术研究的重要性和影响、展品的意义、手握实权的员工（工作人员和志愿人员）的职业操守、公众对教育活动的喜好、我们在社区中扮演的角色（无论我们如何定义它），以及我们的外在形象——无论是在虚拟网络上的还是现实生活中的。

如今，博物馆的声誉在围绕藏品所有权的讨论中变得岌岌可危，尤其是那些有可能通过非法方式进入博物馆的藏品。

人事问题也会影响博物馆的声誉，尽管我想不出有什么人事问题能对机构产生长期有害的影响。一般来说，这种坏消息会被散播、被讨论，即使没有被遗忘，也会被不屑一顾，对公众来说尤其如此。对于博物馆职业本身来说，这很少引发不良后果。人们总是在找工作，所以追随失败员工的脚步，或者为在这方面声誉不好的博物馆工作，都没有太大问题。最后留下的通常是一些令大家印象深刻的有趣八卦，或者是在与事件相关者工作的时候多看他一眼。这是博物馆自成一家的又一个案例，它克服了专一性的限制，也回避了问责制。

在管理博物馆声誉时，理解和知晓如何与媒体合作（或者说操控媒体？）是至关重要的。无论我在哪个博物馆工作，都要让人们看到这是一个充满正面消息的地方。负面消息当然也会有，但大多数情况下，积极因素远远超过消极因素。新的展览、有趣的收购、新近的雇佣和晋升、庆典活动、翻修或建筑项目、奖项、来访的贵宾和教育活动，这些浮现在你脑海中的事情都是吸引媒体关注和公众兴趣的好消息。在极其罕见的情况下，会有一些不愉快的事情需要被处理掉，这时对处理问题的过程进行管理是绝对必要的，它应该来自博物馆人事结构的高层领导。不管被散播或回应的新闻是何种性质，我一般不愿意让董事会去和媒体打交道。管理一个机构的"声音"，对于别人如何认知它起到了决定性的作用。而且，这种管理必须包括对真相的坚持。在媒体的质疑面前撒谎、欺骗或隐瞒事情，结局只能是事与愿违。

最后，提到管理博物馆声誉，我还需要提醒一下，如果一些有声望的人在走进博物馆时说了一些特别的话，你一定要注意了。在我清单上的第一句话是："这对博物馆有好处。"当你听到这句话的时候，抓起你的钱包，迂回一圈，撤退，掩护，放下吊闸，拉起吊桥。说这种话的人大多是想利用博物馆。他们是消费者而不是给予者。

改变

俗话说："没有人喜欢改变。"我不记得从博物馆某些人的口中听到多少次这样的话，他们知不知道自己在说什么？当董事们认为有必要进行某种改变，而改变结果却受到强烈批评时，人们尤其喜欢招摇地宣布这种盲目观察的结果。这句话的语气傲慢、居高临下。我认为可以换一种说法："没有人喜欢愚蠢的改变，或者对别人好于自己的改变。"如果我买彩票中了一大笔钱，我会喜欢这种改变。如果一个蠢笨的老板离开，我会喜欢这种改变。

改变是博物馆的日常，所以管理改变相当重要。我总爱说博物馆应该改变，但也要保持不变。一方面，每当一件钟爱的展品被移走，一项受欢迎的活动被暂停，或者一栋珍贵的建筑被严重改变，矛盾就会显现出来。另一方面，如果博物馆什么也不做，只是简单地维持它现有的展览，一味固守少得可怜的活动，或者以过时、不合理的方式存续下去——那么，人们理所当然地会指责它与世隔绝、死气沉沉、了无生趣。好在，博物馆往往充满变化，虽然这种变化有时是循序渐进的，难以被察觉。有时候，这些变化是很明显的，而且只要改变得合乎逻辑，就会得到普遍的接受与赞扬。管理对于改变的发生、发展和最终成功都至关重要。

我相信博物馆里的改变是渐进的，而不是革命性的。从管理的角度来看，渐进的结果是更为持久、更贴近实际的。不过也有例外，它们通常发生在那些近况堪忧或准备迅速蓬勃扩张的机构。博物馆是众人合力的结果，因此一两个人很难引起迅速、触及实质的变化，除非他们资金丰厚又在博物馆坐拥权力。通常，对博物馆来说，最有效的改变源于兼容并蓄的管理，这种管理能让有影响力的人参与进来，进而带动其他人也参与进来。越多的人认同改变并参与其中，效果就越好。那么管理者如何在做到这一点的同时，又不让改变因太多人的参与而遭到破坏呢？

了解博物馆里的"玩家"是很重要的。谁具有影响力和知识并广受尊重？谁能把事情做好？谁特别了解这家博物馆？谁能带来积极的影响？谁是潜在的麻烦制造者？从理念到结果都能控制或引导这些个人特性和个体力量，对于管理来说是必要的。

要是想理解和管理董事会中的"玩家"，我只能祝你好运。我想从自己的亲身经历中举出一个成功的例子，当时我正想为一家博物馆征集一批藏品。那时，一位熟人提醒我这批藏品有被征集的可能，我们立刻去查看具体情况。我带了最难缠的一位董事会成员和另一位他崇拜的董事会成员。我心想，如果后者认为这些藏品值得收藏，那前者一定会同意。果不其然，事情按照预想中的发生了，从那之后一切都很顺利。这笔捐赠包括一大部分可以用于常设展览（permanent exhibitions）的藏品和一笔款项。需要补充一点的是，当我下次去看藏品的时候，我带着我们最有权力的董事，以及一位在董事会中颇有权威的成员 —— 其他人在讨论藏品征集与否时会听取这位成员的意见。二人都认为这批收藏值得征集。我的关键"玩家"都在董事会里，他们都很乐意推动这批藏品入藏。

而在一次不太成功的管理经历中，我提出了一个计划，希望在我领导的博物馆里，对一大批藏品进行保护、展览和内容升级。计划中的展览内容占据了两个楼层的两个大展厅。当时我向30多位委员会顾问介绍我的计划，在幻灯片上展示我的想法。与会者接二连三地对我的报告提出异议。他们这样做并不是指责，而是以一种"无所不知"的态度接管了对话，把我晾在一旁。不出所料，委员会主席也没有挺身而出支持我，因为其他人都是他在商业、社交和慈善事业方面的合作伙伴。我的计划最终只能停留在幻灯片中，再未往前迈进一步。我其实没有被诋毁、嘲笑或讽刺，我只是被忽视了。整件事给了我一个教训。当时我充分准备了各种各样的预算数字，但正是这些数字引起了最大的争议。和商人打交道意味着如果你说两个，他们会说八个、七个或者一个。数字会引人深思。从那以后，我再也没有做过这样的报告，而且我一直保持着用陈述式文件推销自己想法的方式，让其他人议论去吧。

说到管理，我们必须从控制自己的个人需求开始，当然还有我们在博物馆等机构中内部和外部的人际关系。因此，无论一个人的工作是什么，管理要求的首位是自我管理。于我而言，这是最重要的挑战。我有时成功，有时失败。

在"自我"之后，管理的外延还包括以一种有回报、协作、及时、有意义的方式，高效、主动、有防范意识地与各种专业人士一起工作，无论他们是我们的上级还是我们的下属。这些人包括志愿者、顾问、董事、承包商、同事和我最喜欢的社会公众。对于我们中的一些人，特别是在博物馆里的人，这无异于日常挑战，特别是如果你喜欢做白日梦，容易分心，不尊重坏的或者愚蠢的上司（更不用说董事会了），容易被琐碎的工作激怒，想为所有人做好一切，或者有多种兴趣。要是再加上一个过于繁忙的日程安排和对一个人的时间、才能和存在的紧迫要求，博物馆里竟然能完成那么多的事情，真是奇迹。更糟糕的是，博物馆本质上是令人分心的环境，充满着迷人的事物。各种各样的人都会加入博物馆，有些人很棒，有些人不怎么样。每天琐碎的工作能吞噬掉一整天。此外，我们还有不间断的电话、临时召开的会议、计划外的会议，以及无处不在的即时通信，它们经常占用我们的即时注意力。这些事物总是在工作场所与你相伴，让你的生活脱离开稳定的进步。曾几何时，我听到员工反复说他们没有时间做这些事情，或者他们不得不停下一些工作来做其他事情，或者什么事特别占用他们的注意力，或者他们在等人回复，或者他们遇到了技术故障……这就像是说我的猫死了，我的车坏了，我被困在电梯里，或者我的闹钟没响这样的陈旧托辞，只不过把困难的倍数增加了。要想把事情做好，你必须跟自己提前预约。

我喜欢给自己做一个管理预约来完成特定的任务，达成特定的项目目标，或者做白日梦。在你的日程表上为自己安排时间和跟他人订下一次约会没有什么区别。要是你知道自己每日的生物钟在什么时间段效率特别高那也很有帮助。例如，每天清晨或在一个普通的工作日结束时，通常是我写创作型文章的最佳时间。这时候，一般其他人不在身边，也不会有人打电话给我。我可以忽略电子邮件、已经处理了大部分的"当日任务"，或者把它们都推迟。

考虑到博物馆资源匮乏的事实，人们很容易认为在这里完成许多事情是不可能的。恕我不能苟同。在博物馆里，一切皆有可能，但要让事情超越现状，需要想象力、承诺、清晰的愿景、正确影响下的支持或力量，还有一点点运气。机会主义也会有所帮助，但这需要董事会和相关员工愿意冒险、扭转乾坤，相信他们（或你）的直觉。

博物馆的运作往往非常谨慎。这么做有充分的理由，但我认为，如果一个机会不愚蠢，而且能够被谨慎管理、小心实现的话，偶尔碰碰运气是值得的。

展览

展览是第十二章的主题，但是此处必须将展览的讨论也包含进来，作为我们在博物馆世界中所必需的管理技能的一个子集。展览管理的范围囊括从相当简单的到非常复杂的事务。展览管理可以简单到仅仅把一个器物放在展示的地方，然后在附近贴上一个说明牌；它也可以复杂到把同一类物体与浩如烟海的辅助材料和信息，通过昂贵的视听装置进行阐释，而复杂的建筑环境又凌驾于这些装置之上。决定一个展览是简单还是繁复，取决于几个较为突出的现实因素，包括它将在哪里举办、它将如何被展示、有多少时间来筹备这个展览、谁将负责这项工作，以及它将向观众传达什么信息。这些考虑因素的所有分支和形式涉及若干层次的管理。

博物馆展览最简单的形式是，一个人选择一种主题，撰写制作说明牌，把展陈对象和说明摆放出来，并使用现成的照明设施。而另一个极端是非常复杂的博物馆展览，这可能涉及从展览设计师、教育人员、灯光专家到保安人员、藏品保管员和藏品研究员等各种角色。通常，展览越复杂，制作展览就需要越多的管理，特别是涉及不同的学科时。如果在决策中未能取得平衡、分出先后，情况可能会很棘手。

如果是由错误的人做出最后的决定，或者是由委员会做出的决定，那么一场展览的成本会高得多，举办效果也差得多。如果让一位设计师自由发挥，你将很难看到展品的个体价值，因为它们可能会迷失在由图形、色彩过度渲染、展览道具和设计构思组成的"鱼龙混杂"的视觉效果之中。如果让藏品保管员行使最终的权力，那么所有文物都将被放在密封的黑盒子里，不受任何因素的影响（观众可以看图片——谁需要看原始文物？）。如果是学者们说了算，那么这个展览中大篇大篇的文字会让你瞬间进入梦乡，其中一些话语对于普通的博物馆参观者来说是完全无法理解的。如果安保人员占了主导地位，参观者将接受全身扫描、按指纹和背景调查，然后戴上手铐被护送着穿过展览区，而且观众要远离展品，需要用望远镜才能看到文物本体。教育人员将用教学素材充满展览，而展出的器物将在允许上手观赏的互动项目中，或在为各个年龄段的孩子准备的活动中丢失，文物碎片被一片一片地带走。一个展览的外观和效果的最终决定权需要掌握在某个权威人士的手中，这位权威人士对展览所讨论的主题如何在展厅的形式中诠释有着直观和经验上的心得体会。这个人必须拥有一定的管理能力来把握和平衡上述博物馆专业的合理需求，以避免我所描述的那些明显被夸大的后果。

无论你在博物馆是管理展览还是进行其他事务，熟悉自己管理的内容是有帮助的。如果你不是某个展览主题的专家，要愿意尽快学习；要承认自己有时不得不依靠别人；尽可能多地摸清你手中的资源；找一个在你所管理的领域有经验的人；知晓你现有可用的资源和能力，并尽你自己和机构最大的可能去运用这些资源；了解正在进行中的事、为什么做，以及怎样做。

预算

在博物馆需要管理的所有事情中，预算可能是最关键的。第十章对年度机构预算进行了评述，但也有一些其他的预算项目需要注意。这些预算包括部门或办公室预算、拟订方案和实际项目预算，以及需要向拨款者报告的预算。制定预算是管理的一个方面，但监督预算也是一项必不可少的工作。作为博物馆馆长，我几乎每天都要从管理的角度参与预算的执行、评估、批准和质询，哪怕只是几张要付给供应商的支票。一般来说，这些已列入年度业务预算的费用由工作人员编制并经董事会批准，就算信任也要核实。

上面提到的"次级预算"以多种方式出现。它们是由博物馆各部门的负责人制定的。藏品研究员在策划展览时会写这种预算。所有的项目开发都需要预算。建筑工程也包含复杂的金融业务。谁来确定这些预算取决于谁承担或分配了任务。有些人很擅长做预算，而有些人却不然。在我批准一项财务计划之前，我通常喜欢让不止一个人起草、参与或审查它。董事们以某种有意义的方式参与这一过程是很重要的，尤其是在批准结果方面。

编制预算固然重要，一旦预算到位，就必须对其进行监管。这个责任在其他努力面前显得至关重要，我相信这对非营利性机构来说更是义不容辞的。像博物馆这样的公共服务组织，需要严格的财务管理。即使是博物馆想做的最小的事，钱也是不够花的。因此，要不惜一切代价避免浪费和损失。我的经验表明，博物馆可以很好地管理预算，坦率地说，我认为它们的资金几乎每一分都花在了刀刃上。不过，也要小心避免事情发展偏离预设轨道，尤其是在基建项目中。管理过建筑扩建或翻修项目的人都知道，预算超支是多么容易。翻修工程遇到意想不到的情况时，这种情况尤其明显。根据问题的严重性，预算可能会被调整。博物馆的其他支出领域也会有意料之外的事情发生，比如展览或项目开发。在预算中包含应急资金总是有帮助的。有时，这项资金必须被隐藏或伪装起来，以免多管闲事的参与者在不知情的情况下减少或删除这笔款项。一个人的预算能力越强，他就越善于创造这些保护性的缓冲地带。

我笃信严格的预算程序。这首先需要由员工提出年度预算，然后经业务主管和董事会等机构内部审查。这个过程会需要大量的数字计算，并且极有可能减少资金需求、愿景或期望。在预算草案成文后，它会被提交给指定的董事，通常是董事会财务委员会的成员。这往往会进一步降低工作人员的期望。最终，预算草案被交给董事会的执行委员会进行审查和批准，然后提请全体董事会进行最终审议。这个过程可能会花费很长时间，但也取决于谁来负责。我本人就很厌恶在一个财政年度的开始没有一个经过批准的预算。一旦预算被确定下来，就必须严格执行。月度财务报告也很重要，对收入和支出的持续监测不能听之任之。还有一点很明显，整个过程中会出现种种变化，但优秀的管理人员会理解并解决这些问题，且使事情保持在正轨上。

潜力

博物馆充满了潜力。它们有潜力拥有更多更好的收藏。它们应该努力提供更好的展览。它们有丰富教育内容、提升活动水平的可能性。增加募款一直是一种潜力。另外，扩展实体设施的潜力也是长期存在的。

管理博物馆的潜力，首先要认识这样一件事。我从来没有遇到过一家博物馆没有潜力比目前做更多的事。这并不是说博物馆在当前是失败的。相反，它们存在的事实本身恰恰掩盖了其失败。如果说一家机构有潜力，并不意味着它们在当下没有工作效率。我相信潜力是建立在成功和既定能力的基础上的。

一旦博物馆确定了自己的潜力，下一步就需要考虑哪些行动是可能的，或者哪些行动是可以考虑的。经得起推敲的潜力必须通过深思熟虑的过程展现出来，此时需要考虑哪些是可以做的，哪些是应该做的。空谈无用，行贵于言。和大多数地方一样，博物馆充满了喋喋不休的人，尤其是在董事的级别上。我完全鼓励与博物馆有关的想法、建议、评论、观察和询问。但是，我讨厌听胡言乱语。这是一种环境噪声，它忽略了博物馆是做什么的，博物馆与什么有关、能做什么或者应该做什么。在考虑一家机构的潜力时，我喜欢现实主义的立场。另外，我是个梦想家！我的目标是，让博物馆的潜在形象生动起来，同时永远不要让适得其反的言论成为人们逃避现实的一种方式，这会造成巨大的不安，从而阻碍进步。

时间

时间分为现实时间和博物馆时间，两者是截然不同的。

——史蒂文·米勒

时间是个奇怪的概念，特别是在博物馆界，从某种程度来说，在这里，藏品是主要的计时工具。这些器物是几年、几十年、几百年乃至亿万年的标志。藏品的客观存在给人一种人类和自然发展脉络相互交错又分散疏离的感觉。唯有通过藏品，博物馆才得以宣布确立，并因此被赋予使命，即以一种随时间推移或时间轴的方式，毋庸置疑地以及时而持久的方法解释我们的宇宙。博物馆能否成功完成这项使命取决于许多因素。其中一个因素是现实时间在博物馆的工作场所呈现出的真实状态。

我在本节开头所引用的那句话来自我多年以来对博物馆里发生的各种事情的学习。这句话似乎适用于所有事情，无论其类型。在所谓的真实世界里，时间是由时钟来测量的，以秒、分、小时为单位。在博物馆的世界里，时间则以日程、委员会、摇摆不定的承诺和资金来衡量。理解博物馆时间的本质对于成功的管理极为关键。在其他领域几周或几个月就能完成的事情，在博物馆里可能要花上几年的时间。即使是很简单的任务也可能陷入复杂的决策过程，或者因为没有确定决策的过程而踟蹰不前。在处理本章讨论的其他管理问题时，必须理解时间对博物馆日常的影响这一独特的现实。留意这件事，小心谨慎些。

走动管理

你能通过走马观花观察到很多东西。

——约吉·贝拉，2001 年

很久以前，我就听说过"走动管理"这个词。这意味着你要在办公室之外花时间去真正体验一下你负责管理或领导的这个地方。在我得知这是一种被广泛认可和推荐的管理技术，并在工作中有意识地模仿之前，我已经开始这么做了。1966 年冬天，当时我正在大学实习阶段，我得到了一个在佛罗里达州圣奥古斯丁（St. Augustine）的古迹保护组织带薪实习的机会，那时我就被介绍了这个方法。我的一位上司每天早上带我在城里"巡视"。这个组织中有多栋建筑和项目需要实地监督和审查。

大抵因为我热爱博物馆，所以走路从来都不是一件苦差事。只要员工能理解我不是为了"检查工作"（尽管这是一个自然反应），他们就会接受我的周期性的出现，尤其是出现在一些其他馆长不可能去的地方，如锅炉房、地下室、库房或屋顶上。当我走出办公室时，我总能学到一些东西，我一般把这件事安排在新陈代谢最慢的下午。但是为了使之卓有成效，走动式管理必须也安排在白天的其他时间进行，晚上也是一样。

在固定的工作岗位接见工作人员、志愿者和观众，除了评估运营情况外，还可以提醒大家馆长非常关心博物馆的事实。你遇到的人会意识到你对他们和其工作的关心。小部分人可能会利用这个机会提醒你他们表现得多好，他们做了多少工作，或者某件事情出了什么问题，又或是抱怨其他人的表现。这种吹嘘或抱怨在其他任何工作场所都是可以被接受的。但我不能容忍他们在博物馆里这样做。话虽如此，我还是会认真地听，把自己的观点藏在心里，记下我听到的评论，表示感谢，展现出深思熟虑的样子，然后继续前进。每隔一段时间，就会有一位自我任命的顾问提出点意见，倾听也是一个好的管理者应当做的工作。也许你不喜欢某位员工，对他（她）没有什么好感，或者认为某份工作显得毫无价值，但有益甚至是睿智的观察来自方方面面。

走动管理需要触达博物馆的每个角落，员工必须明白"他们的空间"并不完全是"他们的"。上司在进入别人的"地盘"时也需要保持礼貌和尊重。例如，作为馆长，我很少在没有藏品研究员或者藏品保管员许可的情况下进入他们管辖的藏品库房。在博物馆里走动让我有时间与工作人员聊天，而这种交谈的方式在会议或其他场合是不会出现的。反之亦然。

走动管理应当致力于从公众的角度来评估博物馆工作的效果。我喜欢观察博物馆的观众，也试着设身处地为他们着想。有时我想知道究竟有多少博物馆专业人士能对公众表示出一丝一毫的关心。当然，我们的确声称自己全心全意为公众付出，我们会引用统计数据、项目、活动、计划和各种委婉的托辞来证明这一点，这些说法旨在让别人认为我们全身心地致力于为公众的智力、情感、心理和娱乐福祉服务。但是，这是真的吗？当我环顾四周，我只看到了我们躲在办公室、实验室、会议室、工作坊和论坛中，偶尔对各种各样的听众说些表明忠心的话，但实际上自己很享受这种与公众的疏离感。在工作中我经常看到，没有员工捡起那一片垃圾，没有员工接电话，没有员工回应（在线或离线的）问询信息，也没有员工了解展品的任何情况。

此处我想为博物馆的工作人员辩护一下，我认为是我们的工作性质使我们隐逸起来或者说关注点狭隘。很多工作都要做，博物馆最终还是代表公众的，但是可用的时间和资源太少了。管理层必须伸出援手——不仅要提醒我们为什么要在博物馆工作，为谁工作，还要引导我们按照这个理念去行动。

我们怎样做才能帮助员工更多地关注观众和其他人呢？首先，我建议大家在博物馆问询处工作一天。同时我还建议他们在周末做这件事。对于管理者来说，定期对博物馆系统进行测试是非常重要的。你可以从外面打电话到博物馆，了解电话咨询系统是如何工作的。可以给员工写封信，看看是否有回应。电子邮件也是一样。花时间分析博物馆发布的每一条文字和图片信息，特别是线上的那些。观察一下在博物馆关门前半小时，观众会受到怎样的待遇。另外，提到问询处，你需要紧密监控这些地方堆积了多少无用的随身物品。请记住，博物馆里最有价值的地方是问询处的桌面。每个人都想要的宣传册或公告等信息都会放置在上面。这就是为什么我们会把这些桌子设计得非常狭窄，几乎没有空间放垃圾。这无异于背水一战，但我一直在为之努力着。对游客的最低限度的尊重也体现在层出不穷的垃圾桶和其他安插在博物馆入口的器物上。虽然我很喜欢纽约长岛沃特米尔新开的帕里什艺术博物馆，但我很困惑，为什么人们开车到这里需要首先经过货物装卸站（见彩插图4）。这些地方总是乱糟糟的。

如果一家博物馆适宜参观，那这主要得益于员工们的努力，尤其是一线员工的付出。我总是说，一个博物馆的收藏可能很糟糕，但如果它环境整洁，工作人员热情好客，这家博物馆就会得到很高的评价。反之，如果一家博物馆有着令人难以置信的藏品，但是，如果它杂乱无章、灯光昏暗，员工脾气暴躁、反应迟钝，那么它只能获得较低的分数。几年前，这种差异性被用来描述欧洲和美国博物馆在游客服务方面的鸿沟。自那以后，大西洋两岸的博弈升级了。希望这种情况能继续下去。

1. 你是一家博物馆的馆长，对一名员工的学历感到好奇。此人已在该机构工作数年，处于初级职位。大家都知道她没有获得硕士学位。然而，她也从未提及任何本科生活，哪怕是随口一说或者私下的沟通都没有。你开始感到好奇，并主动联系她曾就读学校的教务办公室。你询问对方这个人什么时候毕业的，对方说她并没有毕业，实际上还差10个学分。你联系了博物馆的前任馆长，他和那个人很熟，听到这个消息颇为震惊。这位馆长之前做了完全相同的调查，也发现了同样的事情，但这名员工当时承诺会回到学校毕业。事情发生了差错，未能达到预期的结果。你会做些什么呢？

2. 你是一家博物馆的馆长，这家博物馆是美国中西部地区一个大型历史协会的一部分。协会在许多领域都有大量的收藏，每年举办几次展览。这些展览，连同你们博物馆的常设展览（曾经被称为"永久"），都是由藏品研究员、登记编目人员及外部临时顾问设计的。在即将到来的预算年度，你被告知，如果博物馆愿意，你可以多雇用一个人，而且其薪水对你所在地区的藏品研究员、登记编目人员、教育人员来说都是有竞争力的。你需要一位展览设计师。你的上司问："为什么？"你如何回应？

3. 你工作的历史博物馆正在组织一个关于某个民族的展览。博物馆雇用了一位该民族的人作为顾问来协助策划这次展览。随着项目的进行，几位同属这个民族的成员对顾问的资格提出了质疑——他们认为她没有权力对这个民族的相关知识发言。在此之前，这位顾问一直在做一份直接决定她这次被聘用的工作，博物馆对此也非常满意。但由于这场争论，她被解雇了，虽然她没有在这场辩论中为自己辩白什么。这种情况反映出哪些管理问题？

4. 你是一家博物馆的新馆长。在逐渐认识员工和董事会时，你了解到有一位员工与一位董事及其配偶的关系非常亲密。由于这个原因，该员工最近获得了大幅度的加薪，远远超过其他员工。显然，这种个人关系会激怒其他员工。你如何处理这个问题？

5. 主管如何才能准确地知晓并评估员工工作的数量与质量？

6. 第二次世界大战期间，一群年轻人在美国军队的一个班学习成为军官。他们中的一位是本书作者的上司，他向作者讲述了一个管理方面的故事。教官描述了一个部队建立营地的场景。其中一项任务是竖起一根装满设备的旗杆。这些人被问到他们将如何做到这一点。他们讨论可以挖一个洞把旗杆扔进去，用绳子把它竖起来，在地基上堆石头把它固定住，以及其他可能的方法。大约20分钟后，老师告诉他们，所有的想法都是错误的。答案是：负责这项任务的军官转身对他的头号士兵说，"中士，竖起旗杆"。从管理的角度来看，这条指令的意义是什么？如何将它应用到博物馆工作中呢？

第六章

观众：一个有关定义的问题

每年大约有 8.5 亿人参观美国的博物馆，超过了所有大型体育联盟赛事和主题公园的参观人数。

—— 美国博物馆协会，2015 年

我们在博物馆展厅里看到的人，有参加社交性活动的人、参加教育项目的人、购物的人，等等，与我们这些"圈内人"有着不同的身份。他们是访客、团队、用户、游客、邻居、客户、群体或其他公众。根据语境的不同，当讨论出于各种原因（社会、教育、职业、智力、娱乐或各类的结合）来到博物馆的人时，这些词分别用于不同场合或互相混用。然而，无论我们以何种方式来定义这个群体，这些人都是我们的观众们。我故意说"们"，是因为博物馆拥有不止一种类型的观众。

对博物馆观众的模糊定义是暂时性的，因为当对于观众类型的浅层分析"深入"到数字中，再加上访问量统计表、理想访客指标、猜测公众偏好等数据，不同的类型描述就会凸显出来。尤其在一个财政年度结束时，这种情况会越发明显，每当这时，管理者和董事都会经常为了观众访问情况焦头烂额。这时候是研究观众类型的最佳时机，博物馆一般会按照收费标准的分类来确定观众类型，收费标准会分为成人、老年人、家庭、儿童、军人、团体、会员、学生等。

博物馆观众的多元化源于多种因素，包括博物馆的主题、规模、位置和相关成就。像邮票博物馆这样高度专门化、只有少数人感兴趣的小众主题的小型博物馆，可能比预算数百万美元的大型百科全书式博物馆拥有更少的观众。这是一个简单的例子，单纯为了证明前面的观点，不过它在很大程度上是正确的。参观人数少是无可非议的。有两家博物馆就提供了极好的例证：纽约市（人口约 870 万）的现代艺术博物馆和宾夕法尼亚州兰开斯特县哥伦比亚小镇（人口约 1 万）的国家钟表博物馆（National Watch and Clock Museum）。

现代艺术博物馆吸引着成群结队的公众。我所说的"公众"，是指那些了解或者不了解现代艺术的人，不论你怎么界定"现代艺术"这个词。他们来博物馆是因为它很有名，这里有他们想看的、应该看的、觉得要看的或被推荐要看的艺术品。举例来说，博物馆优越的地理位置和声誉吸引了成千上万的游客前来参观，这类观众一般只参观一次。参观博物馆很少是一种个人的活动，因此有一些对任何艺术都不感兴趣的博物馆参观者是被其他人带到那里的。还有学校、旅游团和其他的一些团体，前往现代艺术博物馆是因为它被列入了必去景点的名单。现代艺术博物馆的餐馆和商店是最为人头攒动的地方。它的永久藏品很受欢迎，尤其是梵高的《星月夜》。临时展览经常吸引大量的观众。有些人去博物馆只是为了欣赏外面的雕塑花园。公众这个群体的范围太广泛了，因此现代艺术博物馆接待了成千上万的观众，这些人的独特兴趣促使他们来到博物馆。有些人对它的藏品和活动中某些特定方面着迷，比如电影、建筑、雕塑、设计、摄影或印刷品。毫无疑问，这些观众会反复地前来参观。就我个人而言，我喜欢一遍遍地去看立体主义和构成主义的绘画作品。我想说的是，人们去现代艺术博物馆出于很多原因。他们共同组成了博物馆的观众们，的的确确是"们"。

国家钟表博物馆是一家小型博物馆，致力于研究一个相当具体的主题。其地理位置既不处在人口密集的地区，也不容易乘坐公共交通到达。它每年可能不会有成千上万的游客一拥而入。这些事实并未削弱这家博物馆的价值、重要性、使命或运作质量。和现代艺术博物馆相比，它追求不同的使命，因此也拥有不同的观众。

博物馆必须不断定义、观察和评估其观众的本质：哪些人来参观？他们从哪里来？他们为什么来参观？是否有一定的访客模式？（比如热门度假地区的博物馆会经历的季节性客流量波动。）他们如何抵达博物馆？天气对参观量有影响吗？（城市博物馆喜欢雨天；户外的生态博物馆就不太喜欢雨天。）我们需要留意观众的变化。

观众是如何被定义和评估的？方式有很多，但都需要与来访者进行直接接触。单独地面对面与参观者互动，可以知晓与其兴趣、模式和行为有关的信息，从而提升博物馆的参观体验，这具有巨大的价值。可以采取即兴非正式谈话的形式，也可以进行结构化、有组织的访谈，如由员工或合格顾问进行调查。在询问访客信息时，与一线员工交谈总是很有启发性。在问询处工作的人、展厅导览员、保安和讲解员通常对博物馆的观众非常了解。另外，我建议你"隐姓埋名"地待在博物馆的展厅里，和参观者混在一起，看看他们是如何使用博物馆的。"偷听"谈话也是一个好方法。我们这些在博物馆领域工作的人可能认为自己知道博物馆存在的意义，以及观众如何欣赏博物馆，但我们的看法即便不是全部跑偏也可能是不充分、不完整的。在理解观众方面，我的建议是闭嘴、倾听并学习。

我经常鼓励我的同事们（包括我的学生们）设身处地为普通的博物馆参观者着想，看看我们在展览、教育活动、学术、出版物和网上内容等方面提供了什么。这是一项有益的练习，却很少有人这样做。我们这些在博物馆工作的人是如此沉迷于个人追求，被专业术语、专有词汇、期望、参与感、情感、个人兴趣和熟悉事物包围着，以至于很难跳出来以一种全新的、鲜活的、单纯的、无偏见的方式看待事物。

乔·诺布尔在纽约市博物馆担任馆长时，传授给我要扮演普通观众角色的经验，当时我是博物馆中一名羽翼未丰的藏品研究员。每当他谈及一个展览，在我们的谈话接近尾声时，乔都会对我说："当乔治和玛莎离开博物馆时，乔治转向玛莎说：'那么，你认为这个展览怎么样？'你想让玛莎说什么？"第二次世界大战期间，乔在军队里拍过训练影片。后来他进入纪录片制作行业，又加入大都会艺术博物馆担任负责行政管理的副馆长。他的军事和商业经验教会了他如何精炼又全面地诠释一个主题，以便让教育程度最低或经验最丰富的观者（尤其是士兵）都能够理解。这为他以后的职业生涯打下了坚实的基础，也正是这段经历充实了他对我的谆谆教诲。从那时起，我就试着用同样的方法来处理我在博物馆里做的每一件事，无论是展览、教育活动、出版物、演讲还是大型计划，等等。如果我无法用简洁的方式来解释我想做的事情，即现在被称为"电梯演讲"① 的方式，那么我就需要完善并细化我的计划。

在研究博物馆观众的时候，我们需要留心那些自称在这个研究领域有一定建树的人。这些专业人士具有很高的水平并受过与观众研究相关的良好训练，能将研究成果汇编成有用、有启发性的报告。也有一些人根本不知道自己在说什么。最糟糕的是一些声称自己无所不知且来自博物馆领域的人。当你听到这种话，一定要做些调查。根据我的经验，他们往往不是我所说的"目标群体"，因此不能满足我对这个名词的基本需求，那就是博物馆终究要通过藏品来实现其宗旨。表面上看，这似乎无关紧要，但当这些顾问提交报告时，内容的空洞就显而易见了。通篇都是官腔套话、心灵鸡汤和陈词滥调。还好公众知道博物馆是为了什么目标、服务哪些对象。如果他们不知道的话，那为什么每年去博物馆的人比去看体育赛事的人多？

尽管我对那些就博物馆观众问题夸夸其谈的人抱有成见，但他们经常一针见血地指出哪些人是博物馆不应当服务的，这种讨论是很受欢迎的，也是早就应该进行的。考虑到大多数博物馆面临的财政、使命、地理位置等现实情况，它们必须努力确定并满足它们所服务或愿意服务的人群。虽然我相信公众本能地直观了解博物馆是什么，但我们这些为博物馆工作的人依然需要时刻注意自己的管理角色和责任。这种责任要

---

① 又名"30秒电梯理论"，由美国芝加哥大学商学院教授、麦肯锡公司的创始人詹姆斯·麦肯锡提出。他要求公司员工要在最短的时间内把结果表达清楚，每名员工都必须有在30秒的时间内向客户介绍方案的能力。

求我们对所服务的人心存感激。最为睿智的博物馆认识到，游客的重要性和价值不仅意味着收入来源，而且还关乎知识、情感、社会资源的贡献，这对机构的意义极为重要。记住，从长远来看，口碑是影响博物馆参观人数的主要因素。

人们通常会以两个或两个以上的团体形式参观博物馆。这种做法可以由一个家庭、一对夫妇或几个朋友构成，也可以是导游组织起来的团体，常见于学校、俱乐部或旅行社。在试图了解观众时，博物馆需要考虑到这一现实。在监测访客时，最重要的是记住，有些人是自愿来访的，而另一些人则不然，因此调查和其他统计结果可能会有所不同。如果某些游客对博物馆的热情没有其他人高，不要过度焦虑。不断地担心博物馆没有做什么，或者做错了什么，甚至抱怨不去参观的人，可能是弄巧成拙的做法——这会浪费宝贵的资源，而这些资源本可以投入更必要的、回报更明显的机构投资上。

在我看来，对博物馆观众的讨论必须包括对博物馆社区的讨论，更确切地说，是对各类社区的讨论。一家博物馆在社区中的地位以及作为社区的何种部分存在，可以用多种方式来描述，不管怎样，定义一个社区都是必要的。我认为，博物馆可以属于许多社区，无论是地理上的、情感上的、知识上的，或是它们的组合。

纽约市博物馆位于第五大道和103街之间。其地理社区是东哈勒姆区（East Harlem）。然而，博物馆的观众却很少来自这片低收入、在地理上直接相关的社区，这片社区中密集地分布着公共住宅项目和有租金限制的旧公寓。绝大多数观众都是观光客和对这座城市的历史有兴趣的纽约人。考虑到其观众背景，博物馆可以据此将其社区定义为超出当地社区的范畴。当然，纽约市是一个不断变化的地方，这片曾经危险的社区也在随着中产阶级化的生根发芽而发生变化。虽然公共住宅项目仍在继续，但第五大道沿线的公寓也在持续升值，新公寓正在兴建，旧公寓正在翻新，租金也在提高。随着时间的推移，这座博物馆可能真的会成为当地社区的资产，供附近居民享有。还应该补充一点，几年前，一位馆长曾提出要把博物馆搬到几英里[1]以外的市中心，他希望在市政厅后面建一个更吸引人、更引人注目的场所，借此摆脱当地低端社区（或社群）的名声，几近成功了（但在我看来是错误的）。

关于一家博物馆如何能够、可能、应该或者可以定义其所属社区的这些问题，可以在位于曼哈顿中央公园西部的美国自然历史博物馆这种百科全书式的大型机构中找到答案。很显然，博物馆是通过各种项目、活动和事件来吸引当地居民，尤其是家庭，从而为地理社区服务的，但它明显也为更广泛的观众群体服务，无论他们来自美国本土还是国外。除此之外，博物馆还吸引了一些特定学科的爱好群体，比如对天文学、古生物学、鱼类学、人类学或地质学感兴趣的人。因此，哪怕与博物馆相关的社区不是特别多，它也肯定是经由几个社群吸引着它的观众。

规模较小、藏品种类较少的博物馆所服务的社区较为单一。这让我想起纽约鲁宾艺术博物馆（Rubin Museum of Art），它专注于喜马拉雅地区的本土艺术。博物馆位于西 17 街，住在博物馆附近的人自然构成了一个社区，但他们可能不会经常来博物馆参观。这似乎是博物馆面临的一个现实，住得离博物馆最近的人往往参观它的次数最少。

> 如果人们不想来公园，没有人会阻止他们。
>
> —— 贝拉，2001 年

为了强调前面提到的那一点，有时我觉得我们在博物馆里太过于纠结谁没有来参观，而不是谁会来参观。这也正是我们需要对核心观众有一个好的认识的原因之一。坦白地说，有些人对去博物馆一点儿兴趣都没有。同样，我也没有兴趣、欲望、愿望去观看一场职业足球比赛，或

---

[1] 1 英里约为 1.6093 千米。——编者注

者去观看一场业余橄榄球比赛。我相信，我们当地职业橄榄球队的管理层不会焦虑为什么史蒂文·米勒没有踏进球队的体育场、为什么他可能以后也不会来。如果这件事发生在一家博物馆……

当然，我希望每个人都去参观博物馆，但考虑到博物馆资源极其有限，盲目追逐那些肯定选择去别处参观的观众是一种浪费。你应该把资源集中在已知的或合理的潜在观众上，特别是儿童。几年前，我参加了迈克尔·凯泽（Michael Kaiser）的一次演讲，当时他是华盛顿特区肯尼迪表演艺术中心（Kennedy Center for the Performing Arts）的总裁，在他许多予人启迪的观点中，他回答观众提问的那一段显得尤其睿智。有人问他，关于艺术的未来他最担忧的是什么。虽然我期待听到的是资金不足、政治冲突、缺乏专业人员等回答，但他说，他担心四五十年后的艺术领导能力，那时，今天的孩子将是支持和拥护交响乐、博物馆、剧院、舞蹈团等机构的成年人。他解释说，在孩子们刚刚成年的时候，虽然他们会因为背负一些新的责任而难以积极参与到艺术活动中来，尤其是学校的活动，但某些时候，他们会有一些可自由支配的时间去做志愿者，或为各种社会事业做出贡献，其中就包括艺术。他们通常对于在学校乐队演奏、在高中舞台上表演、在大学上舞蹈课或者是小时候去博物馆等经历有着美好的回忆。当这些成年人担任董事会成员、志愿者或在某些方面支持艺术时，这些记忆往往会转化为社会行为。我们现在取消的艺术项目，其实都是在削弱这个国家的艺术未来。这并不是博物馆必须重点服务儿童的唯一原因，但这是一个重要的论点。

通过对观众进行评估和反馈，博物馆必须努力留住观众，而不是放手让他们去别的地方。博物馆也必须关注观众的变化。曾经大获成功的项目可能会变得陈旧无趣。我相信，在坚持或放弃一件新事物之前，至少应该尝试三次。如果某件事的效果在逐渐下降，应该将它从这种痛苦中解脱出来。如果它的效果逐步上升，那它应当被激励。

前文已经警告大家不要一直浪费时间寻求新的观众，还有一点必须指出，那就是我从来不会忽视让更多的人进入博物馆的可能性。富有创造力的领导者总是在寻找提高访问量的机会。传统艺术博物馆就经常借由在世艺术家的作品展览来达到这种目的。除了这类展览适合这些博物馆的主题外，博物馆领导们还认为这种冒险会吸引更年轻的访客。在过去的30年中，我们看到艺术博物馆扩充了非洲或非洲裔美国人艺术的收藏，以迎合其社区人口结构的变化。曾经，这种艺术只能在自然历史博物馆里见到。

1. 你是一家博物馆的馆长，这家博物馆每年12月都设有一个节日——树节。当地公司员工或个人会在这个季节装饰树木，并将其捐赠给博物馆。这个节日正值一年一度的筹款活动时间。博物馆寻求赞助并举办私人招待会，让来宾能先于公众见到当季的树木。招待会的票会提前售出。这些树会在博物馆里展出，也提供售卖。其他季节性装饰在博物馆也能买到，如圣诞花环、花圈、圣诞老人周边产品、驯鹿玩具等。有一年，馆长收到了两封信，分别来自不同的人。一个人说自己是基督徒，并抱怨说树节应该被称为圣诞树节，而不是节日树节。另一个人说自己是犹太人，也说了同样的话。这两位来信者都给出了他们的姓名和联系方式。你觉得需要回应吗？若需要，如何回应？

2. 在一所重要的军事学院中有一家相当大的博物馆，其官方使命是为学校的"学生"服务。博物馆对公众免费开放，但没有活动，展览很少改变，馆藏目录几乎没有纸质版也很难通过信息技术获得，这里没有出版物，也没有正在进行的研究。博物馆拥有专业的工作人员，他们有资格担任藏品研究员、藏品保管员和馆长。你对这家博物馆目前只迎合一类观众的现状有什么看法？你还能想到其他一些同样受众单一的博物馆吗？

3. 如果一家博物馆致力于某个特定的人口学特征，这个特征可以是种族、民族或性别，那么观众有多在乎这家博物馆的馆长是否是这个人口特征群体中的一员呢？例如：一家致力于犹太人遗产的博物馆，其馆长必须是犹太人吗？非洲裔美国人博物馆是否要求聘任非洲裔美国人担任馆长？一家军事博物馆必须由一位老兵来管理吗？女性博物馆的馆长一定要是女性吗？

4. 博物馆如何定义其观众，这重要吗？

5.假设一家博物馆是为了纪念某个城市社区独特的民族身份而建立的。它组织展览，举办教育活动，是特殊节日的中心，逐步形成了一个反映其主题的藏品体系。随着时间的推移，社区的人口特征发生了根本性的变化。在博物馆建成 50 年后，曾经推动博物馆建设的居民无一驻留。博物馆应该做些什么来回应观众的这种巨变？

6.博物馆需要了解人们为何来参观吗？如果需要，了解这件事有什么意义？

第
七
章

筹集资金

现金为王。

在美国，非营利性机构运营的资金是通过多种渠道获得的。它可以是通过提供商品或服务获得的收入，也可以是投资得来的回报。基金会和政府可能会提供拨款，人们也会自愿捐款。博物馆获得的绝大多数资金来自个人。寻求财务资源是一项永无止境的工作。仅有少数博物馆一直拥有经济保障。当然，有些博物馆的财务状况比其他博物馆更为稳健，但即便如此，它们也会伺机寻求更多资金。这些博物馆包括马萨诸塞州威廉斯敦的斯特林和弗朗辛·克拉克艺术博物馆（Sterling and Francine Clark Art Institute, Williamstown）、俄亥俄州克利夫兰艺术博物馆、位于纽约加里森的博斯科贝尔庄园（Boscobel Restoration, Inc. in Garrison）。规模大小并不是衡量收入状况的指标。大型博物馆也可能会陷入困境，而小型博物馆却不太在意资金的问题。

博物馆的运营成本非常昂贵，而且一年贵似一年。这种情况的出现有三个原因：公众对提升服务的期望不断提高，无论是对于展览、餐厅、卫生间、租赁设施，还是礼品店，皆是如此；藏品数量不断增加；在博物馆领域内专业规程、工作步骤和要求的快速改善。

有关筹款（fundraising）的神话可能像宇宙起源的神话一样多。然而，有些缺乏筹款知识的人并不会因为自己的无知而避免谈论这个话题，还有一些人在大肆宣扬筹款神话的同时会忽略掉成功背后的种种努力。

要想得到钱，就必须开口要钱。这项活动应当由正确的人，以正确的方式，在正确的时间，以正确的数量发起。其中需要考虑的因素有很多。筹款的科学包括科学研究与信息收集。它的艺术在于判断这件事是否应当做、何时做以及如何向别人要钱。

直接与别人谈论金钱可能有点尴尬，所以非营利性机构的筹款实践被包装成了一系列委婉的礼貌用语。它们包括发展、机构革新、外部事务、慈善捐赠和捐赠者关系。不管这项工作被称作什么，其相关办公室、负责人或部门可能都是博物馆（或任何非营利性机构）的运作中最不为人所知的部分。很少有人知道这些部门和人员在获得了某种规模的捐赠之前具体做了哪些工作。这也许是慈善界最困难的工作，因为这项工作是无止境的。失败是常态。想要成功的压力持续不断。一位经验丰富、技巧娴熟的筹款人（甚至是一个平庸的筹款人）这辈子几乎都不会为了就业机会而发愁；但同样有保证的，是随这份工作而来的一个又一个不眠之夜。

人们对筹款的误解主要源于这样一种假设：只要给有钱人打个电话、安排一次午餐会、写一封信或提交一份拨款申请，善款就会奇迹一般涌入。我基本没有用夸张的修辞方式。应该要澄清的是，成功筹资往往要经历一个漫长的过程，这需要极大的耐心、方向明确的前期研究、知识积淀、个人悟性、运气、人际交往和对情感的敏锐性，当然还要对潜在捐赠者是否愿意与你的机构建立联系的选择表示理解并坦然面对。在寻求个人捐赠时，前期研究和认识的重要性是很现实的。在筹款工作中做出的努力大部分都应该集中在这个方向。想要获得这种捐赠并没有快速简单的途径。我认为，99%的筹款工作涉及调研、信息收集和传达，对实际和潜在的意见、要求、机会和立场做出回应。这些内容都是对捐赠者的"培养过程"的一部分，或公开或隐蔽，在"提出请求"这最后1%的筹款工作发生前，这些任务必须完成。尽管最好的培养过程不能保证一定会成功，但后台工作做得越完整、诚实、全面，可能得到的结果就越好。

我还要提一下小道消息在寻求大量资金支持中的作用。多年前，一位优秀的筹款顾问向我传授了其中的奥秘。他解释说，人们生活上的变化会对他们的财务状况产生非常显著的影响。离婚、继承财产、死亡、换工作、高攀的婚姻、公司出售等都可能对一个人的净资产产生积极或消极的影响。在培养潜在捐赠者时，必须对这些变化保持警觉，必要时还要做出相应的计划和行动。涉及这些私人问题时，处在"内圈"会让你居于明显的优势地位。随着人们处境变化的逐步公开，时刻留意如何做出反应并尽快执行是明智的做法。如果你得知一个人得到了一笔意外之财，不要立即向他请求一大笔捐款。要含蓄，也要敏感。时机就是一切。

运气、机遇和好运确实在筹款中发挥作用，有时，也会有出人意料的资金流入博物馆。遗嘱捐赠就属于这种情况。有好几次，我被来自律师事务所的通知函吓了一跳，他们告知我一笔捐款正在路上，因为某人刚去世，他（她）的遗嘱中提到要给这座博物馆捐款。有时我认识逝者，但有时我不认识。在筹款工作中，这些都属于例外。有计划的捐赠——这是有礼貌的说法，其本意是让你的机构被写进人们的遗嘱里，这些工作需要被写进每家博物馆的筹款日程中。

个人捐赠的本质像人的本质一样复杂、令人费解。如果说你觉得为博物馆捐款是做好事，只要单纯地自求多福就可以了，这是愚蠢的念头。非营利性机构必须为赚钱拼尽全力。

关于筹款的书并不多，我所见过的每一本都很有价值。然而，无论我们读了多少书，书中都不会有筹款的魔法或捷径。而且，就像生活中其他的积极追求一样，经验是不可替代的。不管你喜欢与否，最终人们必须向他人提出捐赠申请，而在这一过程中董事会必须发挥主导作用。作为博物馆的工作人员，我可以向腰缠万贯的人要钱，但是如果一位董事会成员也向同一个人寻求捐赠的话，我得到的捐赠会比董事少。我寻求捐赠是为了获得薪水。董事则是为了一个有价值的事业而努力，他（她）做这件事并不牵扯经济利益。

在博物馆里，筹款工作是个有时隐晦有时也不那么隐晦的连环游戏。谁应该去筹集资金？这引出了一个令人窒息的三角关系：董事们希望馆长能够筹集到大部分所需的资金，而馆长们也希望董事会这样做，同时这两方都希望致力于机构发展的专业人士能带来现金流。这是一个极为愚蠢的逃避责任游戏，循环往复的指责只能导致每个人都不会认真地参与到筹款工作中。

个人为博物馆捐赠通常有一个原因或多种原因，不论出于哪种考虑，其基本动机都是对博物馆所做的事情感兴趣，对它有良好的印象，或是捐赠者与某个特定机构和社区有长期联系。多年来，美国的非营利性机构发明了各种各样的捐款方式，可供人们选择。在博物馆的实践中，主要是不同层次的捐款选项和成为其会员的机会。特殊活动项目是很受欢迎的选择。博物馆通常会提出指定的项目、部门或活动，捐赠者可根据喜好自行选择援助的对象。不仅如此，总有一些项目正在筹备或考虑中。

博物馆大部分的个人捐赠来自平民大众，主要从门票、年度筹款和特殊活动中得来。这些筹款活动拥有最广泛的参与者，但财务回报并不是最高的。经过缜密的计划、研究和对潜在捐赠者"重大需求"的了解，这种反复的沟通会带来巨额捐款。这样的捐款主要针对捐赠人真正感兴趣、愿意参与其中的项目和目标。我之所以说"真正"，是因为博物馆往往认为某些项目只要能引人注目，有钱人自然会乐意慷慨解囊。没有什么比这种想法更脱离实际的了。

从积极的角度来看，只要博物馆做好功课，培养了有成效的团体，筹款最终会如人们所希望的那样到位。这是一项持续不断的工作，必须充满热情地迎接它，否则就会出现一些不尽如人意的事。此外，有些手握重金的人偶尔会来到博物馆，提出想要捐赠或创设一个特定的项目、计划或行动。这种问询需要谨慎对待。一般来说，大部分提议我们是乐于接受的，尤其是当提议本身可以提供博物馆想要的东西或者达成一直在努力实现的目标的时候。

很多博物馆的好东西都是通过慷慨捐赠得来的。它们大多见于博物馆的新建筑、捐赠藏品、教育计划和职位冠名等方面。多数情况下，这些捐赠都会被优雅地接受，按照捐赠者的意愿执行，其结果会为博物馆带来诸多益处。重大的善意给予需要被管理。美国前副总统沃尔特·蒙代尔（Walter Mondale）的妻子、美国艺术界的重要支持者琼·蒙代尔（Joan Mondale）曾指出："必须小心地对待没有好品位的富人。"（盖茨，2014年）并不是所有人想要付出的东西都值得被接受，明白这一点是很重要的。我曾见过一些博物馆因为捐赠者的强迫赠予而被少量藏品或一些毫无意义的藏品所困。在另外一些案例中，博物馆因富有的捐赠者推动下的新建筑、扩建和机构搬迁而背负了沉重的负担。推辞或挪用赠予时需要沉着和优雅。诚实当然也很重要。

当富人们想捐赠自己的财富时，他们有很多慈善选择。在获取自由支配款项方面存在着巨大的竞争，而从富人那里获得资金更是一场激烈的竞赛。我曾经参加过一个发展研讨会，在会上我了解到，一个人做出的贡献越大，其中基于逻辑的付出就越少，而基于情感的付出就越多。考虑到大多数富人都有保护财富的自我防御机制，有人可能会认为事实恰恰相反，但我发现这条经验法则再正确不过。

在我看来，对于潜在捐赠者的培养应该从他第一次听说博物馆名字的时候就开始。这种开场白可以通过多种方式进行。博物馆在社会地位、公共知名度和客观存在方面都很知名。它们做了很多让自己出现在媒体上的事情，有机会接触到富人，或与富人有交往的人。对于富人而言，这其中的挑战正从博物馆的知名度转变为对博物馆的认识。也许最能证明这一点的力证发生在备受瞩目的特别活动中。这些活动就是那些渴望被关注的人和与他们志同道合者用来填满自己社交日程的盛大晚宴。从得梅因到丹佛，从曼哈顿到明尼阿波里斯，从萨拉托加到旧金山，很少有博物馆能避开这种吸引注意力的方式，也希望因此而吸引到资金。

关于晚宴之类的活动，目前存在两种观点。有些人认为这类活动不值得博物馆付出努力，其他人则不同意这种观点。我倾向于后一种人的意见，但我能理解第一种观点。如果把工作人员的工资考虑到活动费用中，实际的募资净额可能会低得惊人，甚至几乎没有。然而，我认为这些聚会所带来的名声和轰动效应可能是有益的。当然，它们要被管理得很好才可以。

晚宴活动希望通过吸引机构目前的捐赠者或可能成为捐赠者的人来提高或维持博物馆的知名度。如果媒体报道了这些活动，就会让人产生这样一种感觉，即有钱有势的人与某个博物馆有关，因此这家博物馆是有价值的，值得考虑为它拨款。在其他人的邀请下参加这些活动的客人，可能是博物馆的新人，他们可能在以后会发展成支持者。对一些机构来说，盛大活动的筹款是其资金的重要来源，而对另一些机构来说则不那么重要。

博物馆通常通过展览来宣传自己，在大众中树立起机构形象。这种方式目前仍然是最明显、最常规的用于沟通信息的唯一方式。这也是展览成为博物馆公共关系优先事项的原因之一。单调的展览千篇一律，这对藏品研究员和馆长来说是致命的打击。博物馆的董事会更喜欢光彩耀眼的形式，但要明白，博物馆工作必须被伪装成致力于实现最大利益的一个有价值的事业。

博物馆馆长和董事会不必害怕向别人要钱。这可以通过合乎逻辑、易于理解和礼貌矜持的方式来完成。我喜欢筹集资金，但我需要在行动之前做好准备和定位，还需要一个或多个愿意参与前期精心策划的合作伙伴。有些筹款主题的书籍和课程针对如何与潜在的捐赠者面谈提供了练习方案，尤其是对那些你希望能做出重大捐赠的人。这些练习可以由顾问来协助完成。它们值得一试。这些建议中很重要的一部分讲的是如何处理负面反应。在谈到要赠予他人金钱时，人们有很多方式来说"不"。我的经验是，如果一位董事愿意倾听，能提供如何向个人募捐的培训，将大有助益。如果董事不愿意倾听，那就是浪费时间。

募资活动

为博物馆新建、扩建和翻新等项目而募资是令人兴奋的。如果这些活动对机构来说是有意义的，经过热情且负责的领导，并且取得了令人满意的成果，那么其决策的英明之处就会立即显现，其长期的积极影响更能证明机构长期努力的价值。良好的组织结构是振奋人心的，也会带来巨大的回报。反之，就会发生截然不同的事情。我曾亲自为佛蒙特州本宁顿市的本宁顿博物馆和新泽西州莫里斯博物馆操刀设计并协助领导了募资活动。虽然它们发起的原因不同，但结果是相似的。博物馆需要翻新和扩建。而且，每个项目都是为了让博物馆更好地服务公众，增加创收机会，改善藏品保管，解决中长期拖延的破坏性问题。虽然项目的总规模不同，但结局一致，那就是所有目标都实现了。本宁顿项目筹集了约 260 万美元，比目标金额多约 60 万美元。莫里斯博物馆项目获得了1000 万美元。这两个项目的主要区别在于资金来源。本宁顿项目的资金完全来自个人，在工作结束之际完成全部的筹集。莫里斯博物馆项目主要是由董事会出资 1000 万美元。我收到了一份 1400 万美元的现金捐款，随之而来的还有一批藏品，但这笔钱只能用于这批藏品的保管、展览和借展。它不能用于董事会当时决定要做的大量其他建筑更新项目。根据我的经验和其他博物馆用大量借款支付资本项目的故事，我更倾向于从基金会、政府和个人那里筹集资金——尽管有时这可能让人神经紧张，尤其是当建筑合同已经签订，工程正在进行，但并非所有资金都到位的时候。

根据我的经验，募资活动聚焦于博物馆，是各项机构宣传相互交融的集结点。如果募资活动组织得好，参与其中的每个人都会在项目规划和成果实现的过程中感受到激情和参与感。那些对活动本身持保留意见或反对意见的人，往往选择离开或保持沉默。在为数不多的几次活动中，一个单一的目标能激励到每个人，让所有人都走上正轨。在博物馆里，人们通常会根据个人兴趣和需要选择不同的工作日程。随着募资活动的全面展开，这些日程会暂时被搁置一旁。这并不是说工作人员和董事所追求的所有目标都能在活动期间或因为活动本身而得以达成，这只是说募资活动需要完全的专注。

博物馆总想要更大的空间，更好的建筑，更强大的结构材料和机械性能。为实现这些目标而发起一场大规模的筹款活动并非易事。这需要全体董事一致支持这个想法，他们才愿意捐款并为之筹措资金。对于大多数博物馆来说，募集资金纵然是令人兴奋的，但有两点需要特别留意。经营一家翻修后的大型博物馆的成本将高于经营一家功能不太完善的小型博物馆，所以这样预估资本变化是不对的：完工后博物馆的收入将逐步增加，从而能弥补额外的运营成本，或使博物馆处于盈利状态。有句老话说"建造它，他们就会来"，但其实募资活动很少能使博物馆获得长期的经济利益。无论规模大小，这些机构的生存都依赖于慈善捐款，更不用提机构的繁荣了。

在募资活动中少得可怜，或者被列在需求清单的末尾，有时甚至完全没有存在感的基本组成部分是捐赠基金（endowment）。我认为捐赠基金对于一家运营状态良好的博物馆来说是至关重要的，它们必须是募资活动的重要组成部分。多年来，我一直被告知，捐赠基金是第二难拿到的钱（第一难拿到的是运营资金）。我认为难易与否取决于人们以何种途径寻求它，以及如何诠释它的必要性。我觉得，募资活动为充实捐赠基金提供了理想的机会，因为每一笔捐款，如果能经过精心培育，都会包含一些捐赠基金的成分。

经营收益

第二次世界大战结束后，博物馆越来越愿意以一定的价格提供商品和服务，并希望能从中获利。为此，它们极大地提高了自己的商业能力。最初，这些收益主要源于门票收入。博物馆会设立一个小型礼品商店出售明信片、书籍和一些与博物馆有关的小玩意儿。如今，无论博物馆规模大小，其潜在的收入来源都在广泛扩大，盈利的预期通常远远超过了可能性。曾经一些被认为是粗鄙的，从未被纳入考虑范围或是小型的盈利模式，现在可能都被看作诱人的收入机会。

很少有博物馆不经营纪念品商店。为活动提供场地租用服务是很平常的做法。针对特殊展览收取门票费用也是很普遍的。出售藏品的图片复制品对于经营活动来说很有帮助，特别是对于那些拥有大量图片收藏的博物馆。博物馆进行商业活动的能力在很大程度上取决于其资源。博物馆商店尤其容易让人产生误解，人们认为它们会自动赚钱，而且赚了很多钱。没有比这更脱离实际的了。

虽然通过门票、纪念品商店销售、场地租金、活动入场费等获得的收入是一项重要且不断增长的资金来源，但博物馆不是单纯的营利机构，且不能按营利机构模式那样运营。博物馆属于非营利性范畴是有道理的。大多数人都知道并理解这一点，但有一些董事不知道，而且你也无法让他们知道。我希望读这本书的人不会遭受无知的董事会治理带来的痛苦。

拨款

拨款（grants）是所有博物馆财务资源的重要组成部分，或者说应该是这样。可以肯定的是，从总体上来说，通过这种方式获得的收入一般是很少的，即使按年计算也较为贫乏。当然也有例外，比如博物馆通常会向某些州或地方的拨款机构和私人基金会申请年度拨款，并从它们那里获得拨款。一般来说，拨款可以分为两类：一种是在名义上对运营成本或重复项目有一定规律性的预期，另一种是对特殊项目给予的不确定的一次性奖励。当我担任新泽西州莫里斯敦莫里斯博物馆的常务馆长时，我们每年都会申请新泽西州艺术委员会和杰拉尔丁·R.道奇基金会（Geraldine R. Dodge Foundation）的拨款，我们总能拿到这笔拨款。这类拨款的数额可能会波动，但如果我们能尽职尽责、坚守使命，并以适当和及时的方式提交我们的拨款申请，我们总能成功。

为博物馆寻找、申请和接受拨款是一项艰巨且永无止境的任务。在基金会的拨款对象名单上榜上有名与成为一个成功的申请者是两码事，两者可能都很困难。虽然这项工作非常耗时，但研究拨款渠道毕竟不是研究量子物理学。考虑到筹集资金还有其他方法，判断这种努力是否值得是很重要的。是否存在更好的机会让博物馆从个人或基金会那里获得支持？哪种途径更有潜力筹集到资金？最后，资金能否更好地运用到博物馆想要或需要的事物上，而这一因素会影响到博物馆机构发展的速度吗？有各种各样的机构和实体会提供拨款。有些是显而易见的，易于发现和了解，其他的则较为隐秘和隐蔽。

关于获得拨款这个问题存在几个误区。很多非营利性机构会公开说明其收入来源，这些名单往往包括一些提供拨款的地方，因此我们可能会认为这家机构坐拥很多易于得到的资金。这种看法是不正确的。专门为博物馆所需的事物提供拨款的机构是很少的，对这笔钱的竞争自然也是非常激烈的。无论是私人基金会、公共基金会，还是政府机构，都是如此。在某些特定的情况下，每年的拨款只占博物馆预算的很小部分。博物馆不能指望一大堆基金会定期慷慨解囊。而更为棘手的是，拨款很少能用于支付一般业务费用，而这些费用恰恰是任何非营利性机构（尤其是博物馆）最为迫切的需求。

研究、撰写和提交拨款申请需要花费大量的时间。回报并不总能与投入等价，但这个现实不足以让博物馆停止密切关注各种筹款的可能性，甚至不能阻止博物馆为满足基金会的条件和申请截止日期而变更原定计划。我不喜欢偏离博物馆的使命去追逐那些不确定是否即将到来的资金，但在通常情况下，只要稍加调整，现有和计划中的博物馆项目就可以与博物馆的指导方针和立馆宗旨相一致。

成功申请拨款是一项技能。这需要有能力进行基础研究，恪守申请要求，文笔优美，而且还要能吸引到那些可能不太了解你所在机构的收件人。了解基金会的宗旨和方针，并严格遵守它们，这一点必须反复强调。不要提交不遵守拨款机构规定的资金用途申请，这会浪费博物馆和基金会工作人员的时间。有时候，如果某个私人基金会因个人关系而支持某个非营利性机构的话，这种情况也是可以接受的。但是，还是要小心谨慎，要理解什么时候可以这样做，什么时候不能。

有数以万计的基金会、公司、政府机关等机构提供拨款。其中只有很小一部分的机构能为博物馆提供潜在的经济来源。经验丰富的博物馆负责人在寻求拨款时，会知道谁是"潜在捐款人"，但他们也会时刻对新的筹款方式保持敏锐的嗅觉。看看我们竞争对手的宣传材料，这一点就显而易见了。非营利性机构会针对筹款的想法、联系方式、程序、人员等方面做很多分享。有时这种分享是公开的、可供讨论的，有时则是隐蔽、秘密的。选用哪种方式，有什么关系呢？如果是为了我自己的事业，那就都是有价值的，怎样做都是公平的，纵使是挖走捐赠者。无论是个人捐赠者还是基金会，在筹集资金方面，慈善机构向所有人敞开大门。交际手腕是一种宝贵的技能。具有战略隐秘性和保密的能力更是一种财富。

除了来自私人基金会、政府机构和公司的拨款外，有时还可以通过政治渠道从当选官员那里获得资金。这种资金往往以拨款或预算拨款的形式拨出或提供给特定用途。举例来说，纽约大都会艺术博物馆、纽约市博物馆和布鲁克林博物馆每年都要通过文化事务署（Department of Cultural Affairs）从纽约市获得运营资金。还有一些相对少见的案例是针对特殊项目的一次性拨款，特别是针对基建项目的拨款。我所提到的付款方式并不是在西考克斯（Secaucus）路边餐馆里发生的邪恶交易或在桌子底下发生的某种肮脏交易。我提到的这些资金来源是公开的、光明正大的，尽管它们可能隐藏在为其他目的而设计的立法法案中。2005 年以来，特殊目的的拨款在联邦层级的机构中越来越难以获得，因此，与各级政府民选官员发展并保持良好关系仍然是必不可少的。这意味着要确保政客们能出现在你所在机构的普通邮件和电子邮件名单上，要邀请他们参加活动，博物馆的工作人员还要定期访问他们以实时更新机构信息。如果你有合理的理由从别人那里获取资金，千万不要害羞。

投资

博物馆捐赠基金通常以一种或多种投资组合的形式被持有。它们的规模从微小到相当大，从单个到多个，不一而足。我是捐赠基金的拥趸，因为无论是把这些资金作为一般运营成本的一部分，还是作为特殊项目的一部分，捐赠基金都能长期保证博物馆的安全，更重要的是，它有助于缓冲或避免非机构过失造成的灾难（如果是博物馆自身做出灾难性的、自我毁灭的决定，那往往会导致捐赠基金被掏空）。

捐赠基金通常有三种类型：受限制的、暂时受限制的和不受限制的。董事会更偏爱最后一种。而我更喜欢第一种。限制性捐赠基金是为特定用途设立的，其投资和收入结构已有明确规定，或者说这种资金满足这两种规定的其中一种。这类基金通常规定资金如何投资、博物馆可使用的回报率是多少以及如何使用。暂时受限制的捐赠基金通常是在某一特定时间内为某种特定用途预留出的资金，这些资金也可能有投资要求。不受限制的基金就是，博物馆所持有的资金是自由而又透明的，可以在任何时候做任何它想做的事情。这些资金的投资、管理和使用将根据明文规定的博物馆投资政策进行。明智且优秀的博物馆董事会在坚持这些条文的同时，会做出适当的调整，因为他们知道怎样做才能对博物馆的资金安全和效益产生最好的效果。

　　上述的三种捐赠基金我都曾经获得过——受限制的、暂时受限制的和不受限制的，其中受限制的捐赠基金是我最喜欢的一类，因为董事会很难挪用这类基金来做他们想做的事情。从另一方面来说，在投资和使用方面受限制意味着捐赠基金难以分配给一般业务费用，除非捐赠本身是用于这一目的，或者有一项协定允许将收入的一定比例用于这种用途。我为莫里斯博物馆争取到的1400万美元现金捐赠就属于这种情况，这笔钱是2005年前后随同穆塔夫·D.吉尼斯收藏的机械乐器和自动乐器藏品一起得来的。我的处世哲学是，如果馆长、董事会、资金筹集者，或者任何其他人，能够定期地、大规模地、合理地组织这样的捐赠，那么博物馆的年度预算就会更容易维持下去。从另一个角度来说，这种做法也有些许危险，如果博物馆拥有一大批限制基金账户的话，那么这些账户对支付小额账单或员工福利帮助甚微。

　　博物馆董事会有时会动用不受限制的捐赠款项来支付不明智的项目，以弥补损失或分摊过高的运营成本。除非违反法律，否则董事会的这种愚蠢行径很少能被有效的法律限制，也没有监管机构能来防范。这不算是渎职。我指的主要是在利用资金时办事不力和不负责任的行为。如果这种情况发生的话，会在董事的谈话记录和会议记录中将这类特殊的行动记为一次特例，在条件允许的情况下，这些资金会被偿还、归还、充实、增加（这样说不过是为了逃避现实罢了）。基本上，这种行为只是为了免除董事会的责任，将董事个人与机构的财务情况脱钩。

　　在2008年的金融危机中，拥有捐赠基金的博物馆董事会密切关注其资金的投资渠道，原因有二：一是要弄清楚投资组合急剧缩水时，可获得的收入是多少；二是要看看本金能否用于帮助博物馆渡过难关。以我当时管理的博物馆为例，只要有一丝可能性，董事会就会联系那些捐赠过受限制捐赠基金的人，并请求他们解除限制。这些人通常是现任或前任董事，自然都欣然同意了。如今，那笔资金已经消耗殆尽，需要很长时间才能把它补充回来。无论耗尽捐赠基金的原因是什么，要想重新积聚起这些资金是很困难的。对董事会来说，为机构做减法往往比做加法更加容易。

不论博物馆的投资是如何被分配的，它们一般都要被管理，这项工作往往是在专门委员会，或几个专门委员会及外部基金经理的监督之下进行的。董事委员会可能包括执行委员会、财务委员会或专项投资委员会。无论由谁来负责监督博物馆的投资，这个组织都应该包含不止一位董事，而且这些人需要对该领域有一定了解。以我的经验，这样的人并不难找到，他们对博物馆有着极大的价值。

选择一家公司来管理博物馆的捐赠基金并不困难，但该公司需要该领域的专业知识。我曾参与过几次寻找基金经理的工作，其过程和结果都是有益的。虽然我没有金融背景，但我完全了解尽职尽责的合格董事和经理人开会时，讨论投资政策和程序的对话和思考应该是什么样的。这些讨论总是成果颇丰，但我知道有些细节可能会出错。例如，一些董事可能认为他们比被雇来做投资的基金经理更懂投资。有时这种想法是对的，有时却不一定。还有一件需要警惕的事是，博物馆雇用的基金管理公司不能与机构本身存在明显的利益冲突。这种情况曾发生在我工作过的一家博物馆，当时这家博物馆聘用的公司由一位董事拥有和经营。董事会从头到尾都没有发觉这个自相矛盾的安排。这个例子里提到的这位董事是一位慷慨的捐赠者，他在生意上很有信誉，回报也很丰厚，所以这个问题被回避了。

稳健保守的投资政策对捐赠基金的安全至关重要。一味冒险是不明智的，这将不可避免地导致博物馆投资组合的利率下滑。避免这种情况的方法之一是，指定基金经理应当投资什么标的，确定一个合理的回报率（这在回报率较小的前提下是适用的），相应地设定投资比重——然后定期监控。投资的回报会反映在年度预算中。保守的投资能让长期预算规划更为现实，这将有助于确保机构投资组合的生存、健康与成长。

1.博物馆通常每年都有募捐活动,这些活动通常被称为慈善晚会。这种活动的收益应该如何计算?换句话说,为了确定净收入,必须知道哪些直接成本?那么间接成本是否也应考虑进来,间接成本都有哪些呢?

2.设立会员资格项目的好处和坏处分别有哪些?

3.培养潜在的捐助者是筹集资金的重要组成部分。所谓培养都包含哪些内容?

4.当董事会寻找博物馆馆长时,他们会选择聘请一家猎头公司寻找或自行寻找,二者的利弊分别是什么?

5.如果要为董事会成员规定一个年度最低现金捐赠要求,这种做法有何利弊?

6.你是一家博物馆的馆长,该博物馆正在进行耗资1500万美元的翻修和扩建项目。筹款委员会的主席和另一名委员都是博物馆的董事,他们讨论决定要为六位数的捐款培养一位潜在的捐赠者。这位潜在捐赠者是一名前董事的妻子。之前有人找这位前董事索取捐赠时,他总说他的妻子在经济上更有能力做出重大的捐赠。两位董事非常了解这位前董事,他们是牌友,但对他的妻子并不那么熟悉。

博物馆董事将你介绍给了这位前董事和他的妻子。然后你就要靠自己来培养潜在捐赠者了。你与这位女士见过几次面,了解到她有一套家族传家宝,包括高级私人衣物,如珠宝、优雅的晚礼服钱包、香烟盒、帽子别针、袖口链扣、打火机等。这批器物可追溯到1900年至1920年,大约有150件。这位女士想要支持你的募资活动,她提出要捐50万美元,每年5万美元,一共支付10年。然而,她要求她的传家宝也是捐赠的一部分,并且在任何时候都要被完整地陈列在博物馆里。

你已经委婉地向这位女士解释过，按她的意愿展示其收藏品，既难以实现又没必要。你解释说，这些藏品非常适合归入博物馆的服装藏品中，这类藏品虽然数量不多，但都非常出色，大部分藏品都和她的传家宝年代接近。所以说这批器物可以与博物馆现有的服装、外套、鞋子、帽子等藏品一起在临时展览中展出，并以轮换的方式进行展示。捐献人坚持她的捐赠要求，不仅如此，她还和你一同参观了博物馆，并明确指出她的藏品应该被展出的方式和地点。

博物馆董事会筹款委员会越来越渴望获得这 50 万美元的捐赠，但自从你被介绍给这对夫妇之后，还没有一位董事与捐赠者或她的丈夫进行过交谈。这种情况已经持续了六个多月。

你能够或应该做些什么？

第八章 藏品管理

藏品管理（collection management），是当前用于描述博物馆组织和系统处理藏品的规定、职能和程序的术语。通常在这个过程中，藏品的命名会被指定或确认。

在藏品管理范畴下的博物馆职责，始于博物馆取得或借入藏品之时。这项职责在这件器物永久离开博物馆之前都不会停止，它会一直持续到只有些许相关登记记录残存的时候。藏品通常不应存放在无人看管或缺乏监督和记录的博物馆。它们必须拥有纸质证明，已确认其所有权及进出博物馆的具体情况（比如它们被借出的时间）。要生成并保存记录藏品完残情况的文件。还必须以某种方式对藏品进行编目。有计划、按流程对藏品进行在库情况确认是有必要的。此项工作通常由登记编目人员或藏品保管员（collection manager）完成，或在其监督下进行。藏品研究员通常也会参与其中，特别是在需要提供藏品信息的时候。

创建和保存博物馆藏品入藏记录，需要在每件藏品成为永久藏品时为其分配入藏编号。与每个人的社会保障号码类似，这些编号对于每件藏品或整套藏品集合来说都是唯一的。为了保证登记录入和结果的一致性，登记编目人员专门负责这项工作。藏品的借入借出工作同样需要有序记录，它们也具备唯一的编号，不过这类编号的格式与登记号是不同的。多年来，美国的博物馆行业在入藏编目系统上已形成共识，如今的系统简明易懂，并且已经应用了很长时间。一般来说，不论藏品来源是捐赠还是购买，其入馆年份都是确定的，这个数字反映在入藏编号的第一组数字中。第二组数字与第一组数字之间用一个点间隔开来，表示器物入藏的序号。最后的一组数字，同样用点分隔，表示一套藏品共包含几件。因此，如果一家博物馆在 1925 年收到一幅画，它是那一年博物馆入藏的第23件器物，而且这件器物无论其来源是捐赠还是购买都只有一件，那么它的入藏编号将是25.23.1（也可以写作1925.23.1）。对博物馆的编目系统不太熟悉的读者现在可以用上述知识破译这些数字了。这类编号经常出现在展览的说明牌上。但是，有一点要注意，这个编目系统常见于历史博物馆和艺术博物馆，所以该方法并不一定适用于考古或科学博物馆的藏品。后者通常会有自行规定的字母数字标识，具体由特定的学科决定。不管藏品入藏工作如何开展，都是至关重要的。

为了便于描述藏品管理，我会反复提到"登编人员"和"藏品保管员"这两个职位，两者有时是可以互换的。这两种职务是必不可少的，如同博物馆藏品的会计师。他们需要做到挑剔、细致、吹毛求疵、字斟句酌。对这项工作采取"鬼才在乎"的态度是不可取的。在这些职位上的博物馆工作人员需要准确地知道什么样的表格能确保博物馆拥有准确、及时和恰当的文件来证明藏品所有权或追踪物品的流传。他们必须妥善、安全地保存这些记录，并确保易于查用。登记编目人员必须监控藏品的位置，做到任何时候都能定位器物。因此，登编工作的一个重要部分就是跟踪藏品的流动情况。当有藏品被借出或借入时，藏品保管员要建立文档记录该活动，还要合理保存该文档。这些"藏品警察"通常是负责实际转移藏品的人，尽管在有些情况下他们也需要专业人士的帮助。大多数博物馆负担不起全职的藏品保管员，因此登记编目人员也要负责以一般方式监控藏品情况，并在必要且可行的情况下请专业人士予以协助。

大部分博物馆拥有的大部分藏品都是没有任何产权负担、限制或质疑的。漏洞百出的征集行为越来越少。权属文件一般被保存在藏品管理档案中，它们通常会说明藏品入馆的渠道。档案中包括捐赠的收据，由登记编目人员编辑生成，并由合法捐赠者签字，其中还会有捐赠函件以及回复函件的致谢信。此外，档案还可能包括说明藏品出处的其他信息以及关于复制权的说明文件（复制权对在世的艺术家、设计师、家具匠人、作家等人或他们的继承人捐赠的藏品来说尤为重要）。当藏品征集的来源是遗赠时，一定存在相关的合法遗嘱，博物馆要保留相关文件的副本。虽然有时候征集来的藏品可能在使用上受到种种限制，但博物馆往往会尽量避免这种情况。如果这种情况发生了，那么说明具体限制内容的文件会被保存在藏品管理办公室的档案中。

博物馆藏品的外借（loans）需要填写特定的表格和书面协议。这些文件也由登记编目人员生成和保存。每件藏品会被分配一个借入编号。这个编号不会被永久地固定在物体上，因为博物馆并不拥有这件藏品。同样，一件藏品或一套藏品拥有的编号必须是唯一的。标记了这些编号的文件要在借入完成后加以保存，因为它是藏品信息的一部分，当然也反映了博物馆的历史。有时我们会听到"永久借展"这样的说法。这听起来似乎有些矛盾，但它描述的是一种经常发生的情况，即某个机构将某件东西存放在博物馆中，而该机构没有法律地位或权力进行器物所有权的彻底转移。一些政府所有但出于安全考虑而放在博物馆里的藏品就是很好的例子。然而，有些藏品被归入永久外借的范畴，其初衷是希望有朝一日这些器物会被捐赠给博物馆。这也许会发生，也可能不会。

博物馆绝大部分的借入藏品都用于临时展览。有时候，某个人（一般情况下）本着双方互惠互利的原则，会将器物作为长期借入藏品放到博物馆保存，这类器物主要用于展览目的。这样安置藏品的动机是因人而异的，我对此有些焦虑。我的恐惧源于担心借用藏品的博物馆出于让这些器物日后能入藏的希望而做了这件事，而出借方有可能据此利用博物馆，这样他（她）的器物就可以享受免费的存储、保险、身份认定甚至是价格升值。

有不少博物馆长期借用的藏品最终被捐赠给别馆或被所有者出售的例子。大都会艺术博物馆保管的爱德华·C.阿诺德（Edward C. Arnold）的收藏就是一个很好的例子。他的藏品中有很多描绘纽约市的版画和绘画，多年来一直被租借给纽约市博物馆。博物馆还专门为阿诺德设立了两个展厅，轮流展出他的藏品。所有人都认为他死后会将这些藏品遗赠给博物馆。然而，有一天，阿诺德先生正在参观"他的"展厅，一群过分张扬的学生从他身边飞驰而过。老先生被这吵闹声弄得心烦意乱，当场尿湿了裤子。尴尬和愤怒驱使他重写了遗嘱，把藏品捐给了大都会艺术博物馆。直到他去世，这两家博物馆都不知道遗赠已经变更了。两家博物馆都认为这些藏品更适合被纽约市博物馆收藏，而且大部分藏品都留在了那里，只不过名义上是从大都会艺术博物馆借展的。不久后，藏品中的绘画被移交到所有者的手中。版画和素描又继续被借出了许多年。直到 20 世纪 70 年代，大都会艺术博物馆前馆长托马斯·P.F.霍文决定收回这些画。纽约市博物馆前馆长乔·诺布尔非常愤怒，试图阻止这一完全合法的行动。此前，在霍文还是大都会艺术博物馆的藏品研究员以及后来升任馆长的头几年，诺布尔还曾担任该博物馆的首席行政官。他和霍文合不来，这也是后来诺布尔选择担任纽约市博物馆馆长的原因之一。同时，这也是霍文最终决定将阿诺德的藏品全部收回的原因。如果相关博物馆的工作人员早点警觉起来的话，我相信早在霍文和诺布尔不和之前，大都会艺术博物馆就会把这些藏品交给纽约市博物馆了。

对于博物馆的借入藏品来讲，除非有具有法律约束力的协议，否则无法保证它们会成为永久藏品的一部分。在这件事上，个性、家庭兴趣、环境和许多其他考虑因素都可能是决定性因素，不管它们看起来是在情理之中或意料之外。

对博物馆来说，以逻辑、准确、一致、包容和专业的方式记录馆藏是非常重要的。在某种程度上，未编目的藏品就是丢失的藏品。员工可能对藏品有一定的了解，但随着人员变化、藏品移动、新的研究发现不断展开和信息的更新演变，从员工处获取藏品身份信息的方法就略显自由散漫了。这么说并不是要否认员工对藏品的熟悉程度在认识藏品中所起的不可思议的作用，但建立基础性的档案的确值得提倡。

我们不可能随时随地接触到藏品，所以我们将藏品与图片和文字关联在一起。这种更为简洁的非接触式的访问方式，可以让藏品触达世界各地的使用者。当然，博物馆必须对这种工作理念持开放态度，好在越来越多的博物馆对此都表示欢迎。我希望博物馆的这种透明度能进一步提高。毫无疑问，它需要人力资源来完成工作，需要有值得推广的藏品，以及完成这项工作所需的技术。但在此之前，它首先需要博物馆领导愿意承认这种民主分享的价值。

为藏品登记编目的重要性似乎显而易见，但有时博物馆自身对它的了解却微乎其微。不直接负责藏品的员工可能认为所有东西都已被编目，而且被编目得很好。或者，他们可能并不在乎这项工作。绝大多数人都不熟悉这项任务的性质或影响。这是一项需要耐心、毅力和注意力的工作，要小心地确认每一件藏品（或相关的类别）是否得到应有的关注。除了上述的入藏编号之外，还需建立起一套结构完善的信息数据库。在登记编目时，也需要为入藏器物拍照。另外，要创建数字档案或纸质文件（后者是最基础的要求）。最后，这些藏品必须被恰当地放置在博物馆的存储区域或展览区域。所有这些步骤都需要时间，需要训练有素的专家。志愿者、实习生和非藏品相关的博物馆工作人员，除非他们在藏品编目方面有实际经验或有资格接受持续的监督，否则不得参与藏品管理。自力更生、跟着直觉行事的业余登记编目人员是不称职的。

编目工作并不能取代对博物馆藏品所包含的信息汇总，理解这一点绝对是有必要的。由藏品保管员和登记编目人员建立的文件系统其实是一个简单的信息矩阵。而更为深入的信息记录其实存在于档案中和互联网上，这部分内容通常属于藏品研究员、学者和其他某个领域的专家之职责。我曾遇到过一些博物馆馆长，他们认为这些基础的藏品目录足以为公众提供充分的信息，因此，每件藏品的所有相关信息实际上都是已知的。这些人还觉得，只要博物馆的藏品由藏品保管员编目妥当，藏品研究员来回流动是没有问题的。

在数字化时代之前，我就开始了我的职业生涯，因此我必须为这些年来博物馆取得的技术进步欢呼喝彩。将藏品登记入编的工作既简单易行又费用低廉，我们没有理由不把这些信息放在网上供人查看。不这样做的借口也有很多，这种借口就类似于将账目信息写在黏土碑、石碑上，用钢笔墨水写在小册子里或者用电动打字机时的情形一样。为了达到编目的最高（或者最基本）水准，博物馆需要训练有素的工作人员、相关的信息、适当的技术、合理的工作空间和时间。

博物馆领导层必须保持警觉，不能让藏品登编工作有所保留甚至彻底失败。许多人不理解这项任务，甚至那些应当去做这项工作的人有时候也会糊涂。我曾经在一家博物馆工作过，那里负责藏品登编工作的人竟然避之唯恐不及。后来，这个人被调到博物馆的另一个部门，新员工完成了这个任务。调任带来的变化妙不可言。"由于博物馆馆长和副馆长完全清楚登记编目工作是如何进行的、需要多长时间，以及这项工作需要做些什么，所以我们没有被那些藏品登编工作提出的蹩脚、无聊甚至有些可笑的借口所左右。"（里瓦德、米勒，1991 年）

登记编目是一项需要仔细和勤奋的工作，它往往进度缓慢，因此可能会有大量未完成的工作积压。博物馆会入藏很多器物，如果这些器物在来馆之际没有附上相关的证明文件，那么一段时间后，衍生出的工作就会无穷无尽、难以应付。随着博物馆逐步改变登记系统和流程，编目工作的积压情况才得以改善。曾几何时，博物馆内部决定要使用一个这样或那样的计算机程序来对其藏品进行编目，而在所有藏品都快登记好了的时候又换了其他系统和品牌？又有多少位负责登记编目的员工离职，导致博物馆失去了其知识和专业技能？如果博物馆的登编工作由能力不足的工作人员来做，又会发生什么呢？除非博物馆领导能重视、理解并关注编目工作，否则上述情况发生的频率会比我们想象的要高。

首先，我们必须在博物馆语境下定义编目。我把它定义为建立一个基础信息库的过程，这个信息库一旦建立起来，就可以作为一个共享的平台来承载更多的研究和发现。博物馆藏品目录包含的信息必须由具备一定资格的工作人员提供。所谓资格，指的是那些知道被编目的藏品准确信息的人，或能够获得这些信息的人。不准确的信息或信息缺失会降低藏品目录条目的价值。

除了藏品管理部门要完善上述提到的各种文件和记录外，负责这项工作的员工通常还承担安全移动博物馆所拥有的、借出或借入的藏品的职能。这些人员负责藏品的实际运输或监督这项工作的进行。他们必须知道如何正确地操作和运输博物馆展厅及库房中令人难以置信的各种器物。从易碎的小陶片到笨重的青铜雕像、精致的织物、一辆汽车或一个鸟类标本，登记编目人员需要懂得运输艺术品、文物和标本的各种人工和机械方式。他们可能会得到藏品保管员、藏品研究员、展览制作人员、维修人员等的帮助，但通常，真正繁重的运输都是由他们自己完成的，这也属于其基础职能的一部分。

随着临时展览接二连三地不断展出，向博物馆提出借用藏品的要求也越来越多。批准这类申请之前，首先需要评估提借申请理由的重要性和价值。只要能确定申请是有价值的，接下来就要着手对即将借出或借入的藏品相关事项加以关注，对于提借手续、保存状态（包括提借藏品本身和目的地情况）、藏品研究员的知情权、成本费用以及其他相关的专业细节都需要双方达成一致。在敲定这些内容之后，实际的包装和运输工作才能开始。藏品管理人员可能会得到运维人员、展览工作人员或馆外助手的帮助。

无论运输距离是远是近，包装博物馆藏品以供运输都不是一件简单的事情。装载藏品的容器最好能保护它们，而且必须坚固，即使其体量过大以至于需要叉车、起重机、轮式推车或手推车，也要易于移动。容器不能容易散架。最重要的是，制作容器的材料不能对容器内的藏品构成威胁，例如包裹藏品的材料有可能会释放有害气体，这种情况应极力避免。

工作空间的必要性经常被博物馆工作人员忽视。他们在乎的重点不是藏品本身，而是实际处理藏品进出和储存包装材料所需的区域。博物馆自己保管和借用的小件器物占用很少的空间就足以处理，但对于较大的藏品来说就不是这样了，不管它们是如何被包装运输的。我曾处理过几件需要大量空间来存放的借展物品，它们被放在大型木箱里。虽然借展协议明确规定藏品的保管环境需要满足好几类要求，但幸运的是，这些规定没有包括必须将其放置于能控制温度与湿度的设施内。

一位在博物馆工作多年的藏品保管员通常比其他任何工作人员更了解该机构的全部藏品。藏品研究员倾向于专攻特定类型或领域的收藏，但登记编目人员几乎能接触到博物馆拥有或借来的所有器物。这些员工对所有藏品可能没有深入的学术知识，但他们可以说出这些藏品在哪里，它们在博物馆的原因，它们的现状，而且他们能够及时且经常地告诉你这些东西对博物馆意味着什么以及为什么。

1. 一位已故的著名陶艺家住在你所在的博物馆附近，他将自己收藏的陶器借给了你工作的博物馆。这批藏品大约有 400 件，归陶艺家的遗孀所有。整套藏品都被精心陈列于专属的储藏室内，每件藏品都有一个登记号。这些登记号是博物馆按照永久藏品所使用的编目方式登记的。这批陶器藏品的所有权属于那位遗孀。目前并没有说明此情况的借展合同或其他证明，但博物馆和遗孀关系很好。请问这种藏品管理情况合理吗？

2. 多年来，你工作的博物馆每次接受艺术家捐赠的艺术品时，都会鼓励艺术家本人保留全部版权，并承诺在没有艺术家书面许可的情况下绝不以任何形式复制。因此，如今当博物馆想要复制一件艺术品（纸质或数字复制品）时，找不到艺术家也拿不到授权许可，这种情况与日俱增。如何解决这一问题？

3. 两只中等大小的木条箱被送到你工作的博物馆里让你处理。你本来觉得里面可能什么也没有，不过你和其他工作人员一起打开了它们。在箱子里找到七幅画（完好无损），全部出自一位著名艺术家之手，而你工作的博物馆又收藏了这位艺术家的作品。在其中一只箱子中，有一张神秘的、令人费解的纸条。唯一的回信地址是宾夕法尼亚州一个小城市里的一家邮政公司。你们的登记编目人员对这些画有模糊的记忆，并迅速查看了之前的记录。显然，这些画作本应在 14 年前就来到博物馆，它们都是一位宾夕法尼亚州的女士遗赠的。当时，遗产执行人还没来得及把画作运到博物馆，画作就从逝者的家中被偷走了。博物馆应该怎么做？

4. 在一家拥有标准登记编目系统的博物馆中，这样一串字母数字组成的藏品登记号应该如何释读：29.100.14 a–h？

5. 一家博物馆将其保存的 3×5（英寸①）大小的藏品索引卡片上的信息全部录入电脑系统中。藏品索引卡片上既有打印的信息也有铅笔写的笔记。博物馆应该保留这些卡片吗？如果要保留，为什么？如果不需要，又是为什么呢？

6. 博物馆中哪些人拥有查看藏品目录的权限？哪些人有更改这些目录的权限？

---

① 1英寸约为2.54厘米。——编者注

第
九
章

博物馆教育

博物馆作为教育场所的地位既显著又模糊。所谓显著，在于这种机构存在的事实。通过博物馆推出的正式教育项目、活动和事件，博物馆可以传播基于藏品的信息，这便是教育。所谓模糊，在于个人层面上的博物馆学习，因为人们通过收藏、研究和展览实践吸收沉淀博物馆所做的事情。无论是公开的、可量化的、不可估测的，还是神秘的，博物馆核心职能的教学性影响与人的参与和联系都是密不可分的。

博物馆的教育是交流思想、信息、意义、观点和博物馆认为有价值的学科知识的行为、措施和活动。教育主要通过展览这一媒介来实现。以学校作为类比：对于博物馆来说，教室就是展厅，教具就是藏品，教师就是工作人员。这三部分形成了一种独特的三角形教学方式，可用于正式和非正式的学习。博物馆就是致力于展示与讲述的行业。

要想让博物馆在教育方面有所成就，取决于许多因素，但所有因素都与机构的宗旨息息相关。不管博物馆如何做到这一点，要想成为称职的教育者，博物馆需要清晰而又连续地诠释自己。作为信息渠道，博物馆所做的一切都必须包含教育信息。博物馆教育质量的高低取决于馆藏的水平、解说内容的质量及员工的素质。这种理念其实源自老式的课堂教学方法，但经过调整后，可以反映出博物馆在地方、地区、国家和国际层面共享的学习环境中所占据的与日俱增甚至过高的地位。

"教育"这个词普遍存在于博物馆日常工作和档案文书中。在治理层面，它经常出现在官方使命声明和创始文件中。然而，博物馆教育的地位不能只是简单的规定，它必须得到承认并被由衷地接受，这样可以减少毫无用处的被动态度和观众淡漠尴尬的反应。在美国，尤其是在21世纪，随意地将藏品放在展览上、默认观众知道他们看到的是什么的这种做法是应当被唾弃的，这简直是在侮辱别人。所有展品必须被精心挑选，还要用展品说明牌或其他解释材料加以阐释。

如何在博物馆中开展实质性的教育取决于博物馆的类型、宗旨、名义上做出的承诺和工作人员。自然博物馆在这方面似乎一直处于领先地位，一直以来这里都是公众学习的场所。它们的展厅充满着教学的喧嚣。小发明、小教具和示意图比比皆是，都是为了传达教学内容而设计的。一些博物馆业内人士认为，游客与这些"玩具"互动只是为了娱乐。我觉得这种批评是没有道理的。科学博物馆关注的内容大多都是自然科学理论，而这些理论往往很难通过单独的藏品来解释，因此对认知有辅助作用的教学方法是可行的。艺术博物馆则不然，它们会尽量避免展陈设计让人分心，或者避免对教育具有极大辅助作用的设计带来的干扰。自助音频游览是个例外，虽说其使用有时被完全允许，有时存在分歧，有时被彻底禁止。历史博物馆在展览中展示教育材料，它介于艺术和科学类博物馆之间。当然，所有的博物馆都乐于通过讲座、参观、视频、在线展示等教育形式进行教学。

要想知道一家博物馆是不是真正的教育性机构，最简单的方法就是看一看员工的头衔和职责。在各种规模的博物馆中都设有一个以"教育"一词冠名的部门。很多职位也包含这个词。我们有教育研究员、教育协调人和教育主管。教育的同义词包括学习、参与、拓展和教学。显而易见，教育也发生在博物馆的其他地方，还发生在那些没有以教育冠名的地方。藏品研究员与教育活动脱不开干系，这件工作既涉及他们自己，当然也离不开其他人的努力。与展览相关的员工和教育有关，因为大多数博物馆观众的学习过程发生在博物馆展厅。宣传和筹款工作人员都是教育人员，因为他们在筹集资金和宣传自家博物馆所做的事情时，都会提出有说服力的论点。馆长作为博物馆中最为显赫的阐述者，其工作显然也是有教育倾向的。

作为一名研究博物馆的教授，我认可这样一个事实：老师知道的东西往往比学生多，课堂之上尤其如此。对于博物馆工作人员来说，这句话可能有些道理，也可能是无稽之谈。他们倾向于把教育看作将信息从已知者传递给未知者的过程。这种居高临下的态度可能会让博物馆以外的人认为博物馆是一座象牙塔。从前，博物馆会把只负责教学的工作人员和不负责教学的工作人员明确隔离开来，这会使上述情况更加严重。被指派进行教育的工作者往往首先会把教学重点放在小学生身上。成人活动只是偶尔以讲座的形式出现。藏品研究员、展览人员、筹集资金人员、安保人员和其他人员都没有被要求或期望以任何教学方式直接与公众打交道。

20世纪70年代初，我在纽约市博物馆开始我的职业生涯。当时，博物馆教育部门和其他部门之间的区隔非常明显。这与员工的喜好无关，只是一种做事方式罢了。该博物馆因其面向学校的教育活动而享有盛誉，每年有数万名小学生参观其常设展览。我和其他藏品研究员组织的临时展览却不被包括在教育部门的常规参观中。从本质上说，这是两个平行的信息世界，从来没有过交集。

这种双轨教学安排在美国博物馆界存在了几十年，如今已在一定程度上减少了，这种改变是存在充分理由的。博物馆领导逐渐认识到，教育，无论在博物馆的语境下被如何定义，都必须是一项综合性的责任。我认为，这一变化的真正原因，来自20世纪60年代的美国文化动荡，再加上博物馆教育者作为一类群体的巨大影响力，以及潜在的资金支持。

博物馆未能幸免于20世纪60年代的美国社会动荡。许多攻击都是针对它们的，通常围绕着"利益相关"一词展开。批评人士称，博物馆只为富人服务，只为一小群享有特权的鉴赏家服务，或只为极少数对艺术、历史或科学感兴趣的业余爱好者服务。博物馆的董事会都是由与大型企业有关的人主导的，至少对大型博物馆来说是这样，他们要么是因为工作，要么是因为婚姻，要么是因为遗产，因此，博物馆被指责是军工复合体（military-industrial complex）①的典型代表，是当时社会活动家内心深处的恐惧所在。博物馆界对外界批评的回应缓慢，采取的相应措施往往是愚蠢或无效的，可能只有一个方面是例外，那就是教育。博物馆的新领导们越来越多地来自"自由主义"政治派别，他们认为，机构中的教育项目可以被当作机构运营重点来做，这样能以相对轻松的方式对人们认为博物馆中存在精英主义和利益相关性做出回应。除了加强博物馆作为公众学习场所的作用，尤其是针对儿童和那些"未被服务的观众"，博物馆负责人还意识到这样的做法具备一定的经济利益。例如，为学校活动募捐比为研究筹款更容易获得拨款。

对于非营利性机构来说，筹集资金总是一个挑战，博物馆、医院、大学、动物收容所、基督教青年会等皆是如此。但是，如果要在博物馆的各项业务活动中选出最有趣、最能吸引平民大众参与的一项，那就是教育——特别是如果它的重点是儿童的话。教育可以使博物馆变得有意义，有助于吸引更多的资金，这种认知对博物馆教育人员来说并不陌生。20世纪70年代，他们因为没有受到与藏品研究员同等的尊重或工作待遇而表示不满（以委婉的态度），这也不足为奇。正是在这个内外对峙的时期，"教育研究员"一词开始流行起来。

真正的博物馆最终变成了这样的地方：它们试图指导人们，但同时也承认，大脑的参与是以无数不受控制的形式发生的。最近，对于人们为什么在博物馆学习以及如何在博物馆学习的研究已经成为一个独立的研究领域。这是一个可喜的进展。在美国这样一个喜欢把行动建立在逻辑基础上、重视实用性（更不用说问责制）的国家，解读做事的原因是有一定影响力的。长期以来，博物馆领域的教育从业者通过认知、直觉和经验知晓教学领域正在发生的一切，他们为自己的工作陈述和辩护，

---

① 军工复合体，是由军队、军工企业和部分国会议员组成的庞大利益集团。20世纪50年代，当时的美国总统艾森豪威尔在其著名的告别演说中创造了这一词汇，告诫美国民众警惕"军工复合体"带来的危害。

但由于这些声明未被量化，他们的观点一直都因不可被验证而缺乏可信度。就像这个国家提出的许多其他争论一样，无法用数据估测的事情通常意味着无效、无意义，或者是浪费时间。所幸，越来越多的研究涌现出来，这些研究的结果都是可测量的，它们证明了教育可以通过藏品来进行。对于我们这些凭直觉理解并狂热地相信博物馆是充满意义的学习圣地的人来说，这是个好消息。

如果我们承认博物馆可以而且应该成为教育场所，那么我们如何评价教育的效果呢？工作中我们有一系列的习惯性做法。其中最常见的是观众调查、述评和评论。如果工作安排合理、实施到位、研究深入、响应及时，这些做法就都是有价值的。但是，哪怕做到最好的参观后调查，也无法测量或了解博物馆活动为观众带来的长期后续影响。

衡量博物馆教育工作执行情况的一种方法是计算相关项目、活动等教学工作的参与者数量（此处我排除了宴会、大多数场地租用活动、会议和某些没意义的合作项目）。不过，数字并不总能传达出确切的含义。博物馆中有些教育类项目的参与人数可能很少，但该项目的实质内容却可能非常棒。相反，一个不那么好的教育活动也许有着高出席率，这反倒说明出席率与访客的学习效果无关。所以千万不要被观众访问量这个单一的评价标准挟持。

我建议，博物馆要想优化其教育价值，就必须把重点放在立馆之基上。如果一家博物馆的存在有合乎逻辑的理由，而且通过藏品以执着不懈、显而易见、诚实热情和有意义的努力来实现其核心使命，那么它就能长期有效地进行教学。反之，如果博物馆的存在是因为一种无知且无聊的追求，那么它的生命会很短暂，任何持续教育的希望终将失败，因为其不会长期运营下去。

我相信，博物馆不仅仅是单纯地为了结果而存在、为了教育而存在，它们存在的意义远不止于此。博物馆可以是个人反思、直觉发现、打发时间、兴趣投入、娱乐消遣的地方，你可以同时体验其中的一个或多个。人们总会遇到令人惊讶、让人安心、使人反感或遭人厌烦的事情。博物馆为这些情感的探索提供了空间、时间和机会，因此博物馆存在的理由不胜枚举。

有人把我们现在所处的时代称作"知识时代"。我不知道这是不是自我夸大的社会学家们做出的自命不凡的判断。不管怎样，博物馆能够而且确实在探索知识方面发挥着关键作用。我怀疑，"知识时代"的概念是在博物馆的帮助下建立起来的，博物馆为其发展作出了贡献。当然，这个概念的兴起也是其他因素共同作用的结果，这些因素为如今的知识探索增添了多一分的可能。这一发展源于民主和公共教育的兴起，源于新技术的发明使得实时的精神交流变得稀松平常，源于世俗化减少对单一信条的盲目忠诚，源于暴力、贫困和健康问题等阻碍并削弱了寻求、获得或享受知识权利的问题得到缓解。

在参观博物馆的过程中，大多数人都是自学者。即使在被安排妥当的参观游览中，观众也会跟随个人想法和兴趣进行有选择的吸收。当然，由于很少有人会独自去参观博物馆，所以总有一些团体影响着人们选择的路径、花费的时间，以及关注的对象。不过最终，人们在参观过程中所接触、所闻、所见、所吸收的内容才是真正的博物馆教育。

1.某博物馆的教育部门有着悠久的历史，为学校提供了很多非常成功的项目。当地学校依靠博物馆来辅助课堂教学。该项目与博物馆藏品研究员和展览毫不相干，使用的是教育部门的教室、教具和教学内容。馆内常设展览和临时展览均未被纳入教育部门的工作范围。学校也从来没有要求参观这些展览。每次活动的流程基本都是：学生们到达博物馆，穿过展厅来到教室，参加教学活动，离开这间展厅或其他展厅，没有讨论环节。除此之外，学校团体从来不会出现在展厅里。这种做法可以被接受吗？如果可以，为什么？如果不能，为什么？又该如何改变呢？

2.博物馆的教育人员感到他的工作没有得到应有的尊重。他指出，一些出版物将教育项目（通常是针对学校团体的）与策展项目（通常是针对普通公众或某个学术领域专家的）隔离开来，甚至连标题都不一样。一个是教育项目，另一个是公众项目。这种做法有问题吗？

3.请就下列用语在博物馆教育中的应用进行评论：美洲印第安人、红皮肤①、原始民族、美洲部落、印第安人、异教徒、土著居民、野蛮人。

4.谁应该对展览说明牌上的文字享有最终的决定权？

5.在展览策划的过程中，教育人员的角色是什么？

6.如何评估教育活动？

---

① 红皮肤，原文为 redskin，对印第安人的蔑称。

第十章 统计数据

并不是所有重要的事物都能被衡量。并不是所有可以被衡量的事物都有价值。

——雷诺·利维，2015 年

博物馆事业和大多数人类事业没有什么不同，可以用数字来定义其内涵及运作方式。统计数据可以揭示出藏品数量、员工规模、志愿者人数、建筑面积、房产面积、参观人数、预算规模和捐赠数额，等等。对有些人来说，最重要的经营信息来自会计办公室。对于其他人而言，经营信息应该还包括关于展览、教育活动、观众和藏品的统计。实际上，与博物馆经营最为相关的数据涉及个人，这类数据可以从筹款文件中找到，说明了谁正在支持或曾经支持过这家博物馆，其支持的规模、时间及缘由。

当然，仅凭数字不足以解读博物馆方方面面的业务，它们需要被说明清楚。参观人数也许能告诉我们有多少人来过博物馆，他们是什么时候来的，但我们更想知道他们为什么而来。有时这是很容易知晓的，因为观众数量因季节变化、展览选择、日程安排以及特殊节目的影响而出现波动。

我们的社会流行用数字来证明、解释、衡量和确定一切事物的价值，所以说数据在博物馆领域扮演着越来越重要的角色。在我看来，这一事态的发展带来的影响更多是负面的。我不相信单凭数字就能衡量一家博物馆的价值。如果说一家博物馆拥有大量来参观的观众、大量的藏品，或是拥有一个资金周转正常的银行账户，单凭这些数据不能决定博物馆的价值。拥有大量有趣的藏品且资金充裕的大型博物馆的确值得一看，不过那些数以千计的藏品单一、资金匮乏的小型博物馆同样具有相当大的价值，它们能给个人、学科和社区带来相当大的影响，而这种价值不应该仅仅通过数字来判断。

虽说我希望能避免单凭数字指标来评价博物馆的做法，但实际工作中的数据是很重要的，它不能被忽略或回避。数据在博物馆工作中的作用由其准确性、来源和统计时机决定。其意义取决于数据存在的原因，谁来呈现这些数据、如何呈现、何时呈现，谁接收这些信息，以及是在什么语境下接收的。例如，决定博物馆藏品数量的通常是登记编目人员和藏品保管员。这类数据并不容易计算。一套陶瓷茶具是一件还是多件？一盒曾被当地著名艺术家使用过的艺术材料是否构成了一组独立作品？一列旧火车是由一个组件还是多个部件构成的？多年来，博物馆领域的共识是以各种可接受的方式来量化一个机构所拥有的东西的。如果一家博物馆的全部或至少大部分藏品都被正确地登记编目，它所拥有的藏品的合理数量就可以被计算说明。但是，考虑到藏品不是一成不变的，比如我上面提到的例子，在说明藏品数目的时候要使用某些对应的词语。我们可能经常听说这些说法：该博物馆拥有多少件"已登记藏品"，或藏品的"规模"为何，又或是该博物馆拥有多少件"在库藏品"。

想必博物馆在量化统计藏品数量时并没有含糊其辞，它们应该是用心计算并尽量让自己和公众都知道博物馆拥有多少藏品。我有一个想法，尽管大多数博物馆努力计算出一个真实的藏品数量，但这始终是一个理想化的估计，是为了满足人们对数据说明的渴望而做出的一种相对方便的适应性调整。毕竟，如果一家博物馆不知道自己有多少藏品，那它的能力能有多大呢？对于博物馆来说，不管它是如何得出藏品数量的，除非这些信息明显有误，否则就没有人会质疑它。

参观人数是人们在讨论博物馆价值时所有受争议的统计证据中被误解最多、最无关紧要，甚至最具破坏性的一组数据。首先，我从来不会完全相信这些统计数据。我曾看过太多的案例，参观人数数据要么因为政治或经济原因而被夸大（要么是出于工作保障的考虑，我所认识的一位馆长就是出于这个原因），要么是数据汇编得很糟糕。产生不准确的数据的原因有很多，有时是计数程序不合理，有时是将一些来博物馆是为了其他目的的游客包括在内，他们到此可能是为了一些与博物馆的核心职能无关的事情，比如参加场地租赁的活动。我把这些人归为博物馆的用户。

不论参观人数是否准确，这些数据在证明博物馆存在的合理性方面是最严苛的。对我来说，用这个数据来衡量整个机构的成功或失败是错误的做法。我知道我的观点不甚现实。但问题是，关于参观人数的话题席卷了博物馆董事会、社区领袖、政治家、商人（以我的经验来看，商界女性在这方面一般不那么愚蠢），以及越来越多的拨款机构，更不用说那些自诩专业、实则不着边际的公司，它们声称要通过任何可以编造的衡量标准来判断非营利性机构的价值。参观人数太容易被当作衡量持续效果或失败的单一性指标。它是懒惰无知的人用来评判博物馆价值的方式。参观人数其实很难决定一家博物馆的存在理由对其业务成果的影响。唉，不管你喜欢与否，最近博物馆的门票销售额数据在众多数据中独占鳌头。让更多的人进入博物馆参观的要求接连不断，这给博物馆馆长、机构预算、人员任免和优先事项带来了巨大的、不切实际的压力。

在我的职业生涯中，我从未学过会计或簿记，但这对博物馆的顺利运作绝对至关重要。无论何种规模的博物馆都是如此。从简单的速达财务软件（Quickbooks）到复杂的会计业务，及时、准确、完整地处理所有财务信息和需求是博物馆工作必不可少的一部分。博物馆的领导如果不知道钱在哪里，不知道钱不在哪里，就不能做出决策或执行决定。我自己其实在这方面缺乏训练，这意味着我需要依赖优秀的会计师、簿记员、财务人员或三者兼而有之。虽然如此，我自己也必须能够理解并解读资产负债表、试算表、月度报告、年终报告、年度预算、投资报告、审计等文件的出处和意义。经过多年的磨砺，我非常擅长于此，我能理解它们，也知道它们所反映出的博物馆实际情况。当然，一位能解释详细数据的向导会很有帮助，对于那些含混不清、离奇古怪、高度复杂的报告，或者对于那些你对其日常事务不甚熟悉但可能以某种身份参与其中的机构尤其如此——这包括美国博物馆协会在认证考察中的博物馆，或者某个人以董事的身份服务其中的博物馆，或者某个人想要去工作的博物馆。众多数字的背后是更多的潜在因素，有些数据虽然表面上看起来很好，但深入挖掘，就能发现其中含糊不清甚至是异常的现象，当然还有种种问题。

有很多和会计主题相关的书，不过我更推荐那些专注于非营利性机构的会计类书籍。在职培训对于获得坚实的金融知识基础是至关重要的。这种方法对我产生了奇效。我还喜欢在博物馆的财务人员的指导下翻阅财政报告（尽管上面的数据可能不太好）。另外，我曾和董事们一起，在董事会上增长财务知识。他们通常拥有会计师、基金经理、投资顾问等财务背景，似乎他们最喜欢的事就是看着资产负债表反复思考。

预算

熟悉会计知识的最好方法之一就是负责管理年度预算——从制定预算到执行预算。预算管理是博物馆日常运营中最重要的财务活动之一。

制定年度预算有多种方法。从根本上说，其复杂性和规模大小取决于博物馆的规模和类型。博物馆规模越大，预算过程就越正式和复杂，参与的工作人员也就越多。博物馆越小，预算就越简单，涉及的工作人员也越少。

简单地说，年度预算显示了一个财政年度的预期收入和支出。财政年度可以是日历年，也可以不是，通常是 12 个月。制定预算的过程与结果同样重要。如果有合适的人参与其中，制定预算时付出的努力会是值得的，未来的一年将以合乎逻辑的财务方式展开。人们努力实现预算收支平衡，但有时这是不可能的，比如当一个博物馆正在巨额债务中苦苦挣扎或遭受意外灾难打击而面对昂贵代价的时候。

预算是博物馆未来一年的路线图。如果预算制定得精细而又现实，博物馆就可以负责任地遵循它；如果处理不当，一条错乱无序的轨道必定会将机构引入混乱之中。这并不是说预测总能做到非常准确。变量会一直存在。通常情况下，实际收入会低于预期而支出则会高于预期，有时这二者会同时出现。但有时也会发生相反的情况，支出低于预期或收入高于预期。还会有一些不可预见的积极或消极的情况，如意外的巨额遗赠或 2008 年的金融危机，都是令人震惊的特殊事件。博物馆馆长和董事会必须对任何一种情况做出迅速的反应。

我有幸与优秀的会计人员和明智的、懂得财务的董事们一起共事，因此我从来没面对过预算赤字的问题。我坚信要尽可能准确地计算支出和收入。在做预算规划时，必须避免有人故意错误地预测低收入或高支出的情况，他们这样做的原因是，在年底的时候，资产负债表上出现的真实数字会让他们的业绩看起来不错。要提防董事会不现实地（不诚实地？）设定更高的收入预测，以避免字面上出现预算赤字。（请注意，有些人也想通过这种荒谬的做法来减少预算中的"董事捐赠"额度。）幸运的是，根据我的经验，这些明显的操纵行为要么没有发生，要么在预算制订和批准时就已经得到纠正。无论怎样，在编制预算时，馆长需要保持警惕。这并不是说馆长们需要经常采取措施来遏制不良行为，而是说预算是一个信号，意味着馆长有可能需要另谋高就了。

博物馆的大部分开支都用于支付工资，而工资的数额可以通过各种方式加以控制。可惜最简单的方法是减少开放工作职位，保持低工资，限制福利。这就是非营利性机构的本质（营利性机构就更不用提了），这也是为什么大多数博物馆机构的员工太少，而现有员工又大多能力不足。奇怪的是，董事们却不受此限制，他们的薪酬往往比博物馆里的其他人高得多。

一般来说，博物馆每年都会留有一段时间供员工和董事会考虑如何编制年度预算。在做出最终决定（由董事会投票）前的三个月都被用于制定预算是很正常的情况。从某种意义上来说，人们总是在考虑明年的预算。我也会经常做笔记，记录以后制定预算时需要讨论的细节。

预算编制过程应该很简单，馆长会向工作人员询问他们对收入和支出的预测。一些办公室或部门，比如负责筹款的部门，其收入数字会高于支出数字。其他办公室，如藏品管理部门则是相反的。在预算编制的最初阶段，每个人都会提出他或她所希望的要求，这是很正常的。随着这个过程逐渐展开，一些愿望通常会被拒绝或大大减少。例外情况也会存在，主要是那些提前很长时间（通常是几年前）就已经达成协议并且已经到了融资时间的项目、计划和资本支出。还有一种例外，即有影响力的董事可能会批准他自己中意的计划。

随着博物馆工作人员对其提出的要求和预算事项逐渐明确，越来越多的董事会成员将参与到这一过程中来。他们通常来自执行委员会、财务委员会及投资委员会。有时博物馆还会设立一个特别预算委员会。我发现董事会在分析预算提案时是严格且被动的，他们想要的或者说应该要的是一个平衡的预算。我在预算决策方面的经历都是积极的，不论是董事会还是工作人员都不曾为难我。从这个角度来看，我是幸运的。我最不希望看到的是董事仅凭他们自己的喜好去责令工作人员在博物馆开设某些项目，或者说因为他们想进行的项目可能比其他项目赚得更多而去做这些事。同时，我也不希望董事们插手人事工作，他们不应该坚持要求给予某些员工加薪和其他福利，或者临时取消、增设职位。在我的从业经历中，这种事已经发生过两次了，结果可想而知，全都经历了一场恶战。

预算编制过程通常会有固定的时间安排，工作人员和董事会将对预算草案进行正式的讨论、辩护、批准或否决，并对草案进行修改。工作人员给出数据，董事会做出回应，这往往是一来一回的过程。最终的预算被董事会正式批准后，这个过程就结束了。一旦预算批准到位，执行的过程就开始了。有时候，董事会制定预算的时间比一般情况要长，博物馆会在该年度预算未获批准的情况下就开始这个财政年度的运营。造成这种现象的原因有很多，大多数都与需要董事参加的会议安排有关。董事们都是大忙人。如果这种情况发生了，博物馆往往会延续上一年的做法，同时避免重大开支或项目变更。新的预算一经批准即具有可追溯效力。

预算平衡对于信息透明和有利于实际操作来说是非常关键的。有些时候，博物馆会被要求以某种形式向社会公众公开其预算。它们需要向赞助方、政府机构或个人捐助者提供资金流动的情况，其简略版本会出现在年度报告中。公众，更确切地说是那些捐款给博物馆的人，应当知晓这些机构的财务状况。博物馆诚实并充分地展示财务报告对于告知机构运营情况和使命执行情况来说，是一种令人满意的方式。如果财务透明能成为一种趋势，那就再理想不过了。要是有一天，所有的博物馆都能按照州或联邦政府等的规定，每天24小时公示预算情况，包括工资情况，那该多好啊。

预算赤字的情况是要极力避免的，但一般来说，这很难做到。最常见的原因是，突发的重大事件压倒了博物馆维持或改善财政现状的能力。比如说洪水、飓风、地震和博物馆火灾等灾害会给财政预算带来巨大负担。自大萧条以来，美国博物馆遭受的最严重的经济灾难是2008年的金融危机。这场金融海啸的后续影响仍在继续。美国的博物馆要想在财政上恢复到以前的水平，还需要数年时间。

金融危机来袭时，我正在新泽西莫里斯敦莫里斯博物馆担任馆长。当时，博物馆需要采取雷厉风行的措施。我立即将420万美元的年度预算削减掉100万美元。为了节省基础设施运营成本，博物馆每周关闭两天，员工实行四周无薪休假制度，并且从公司高层做起，以博物馆收入为基础采取全面分级的减薪措施。我自愿减薪20%（约合4万美元）。其他节省开支的措施还包括减少活动项目、停止偿还债务，以及减少依赖永久藏品而非外借展品的展览项目。唯一无法控制的事情是博物馆要为董事会所欠的一笔债务偿还贷款。我单方面采取了快速反应措施，与一位才华横溢的首席财务官密切合作。董事会很乐意让我承担财政压力。让我最引以为傲的结果是，尽管降低了工资和福利，我仍能让所有员工都得到有薪酬的聘用。那真是一段让人心力交瘁的时期。博物馆一直对公众开放，我们的业务活动继续受到好评，外界根本看不出我们博物馆有什么异样。

本书多处提到了债务问题，这一问题也必须在预算的框架下加以讨论。我不喜欢博物馆发生负债累累的情况。慈善机构承担这样的财政负担曾一度令人不齿，但自20世纪90年代末以来，这种现象变得易于接受，即使有时这样做的结局注定是失败的。债务通常用于扩建博物馆，有时也用于购买藏品或帮助机构度过收入减少的周期性阶段，过渡性贷款是惯常的做法。很多时候，对于特殊的大额贷款，其还款计划的推测是基于对博物馆收入和捐款会增长的乐观假设。可以预见的是，每当这些假设被证明是不现实的，博物馆就不得不以戏剧性的方式纠正过往的错误。关闭博物馆的情况并不多见，但有着贷款负担的博物馆每月都会面临还款的压力，这会让博物馆减少运营资金，还削弱了其健康发展和繁荣兴旺的能力。令人恼火的是，让博物馆陷入不合理债务的董事并不会对他们的行为承担法律责任，而且哪怕事态恶化，他们也永远不会被追究责任。

博物馆的预算一旦得到董事会的批准，就必须付诸实施。这是馆长、会计人员、部门主管和其他参与预算管理的员工的职责。每月或每季度的财务报告应该让每个人都知晓资金方面的进展。这些预算表通常包括与前一年数字的比较，以提供一定的参考。你需要明白一点，严格地按月份统计预算计划并不总能让预算执行情况符合预期。变化是一定会存在的。这些数据应该结合与之相关的语境加以理解。如果几个月后，实际数据似乎真的和预算有所不同，想必其负责人能够给出合理的解释。例如，异常多雨的天气可能会对户外活动产生不利影响，因此这部分预算的实际收入将低于预期。相反，一个成功的年度筹款活动将会提高相关预算的实际收入。有时候，发现批准后的预算明显存在偏差时，可以进行中期调整。这种情况很少发生，通常只在特殊情况下才会发生。同样，这也必须得到董事会的正式批准。

捐赠基金的发放、管理、维持和增长不一定是博物馆预算的一部分，但这会对预算有明显的影响。我特别偏好捐赠基金，我希望有更多的博物馆能拥有健全的捐赠基金，并专注于扩大基金规模。这笔钱需要被妥善保管，因为它可以缓冲博物馆日常运营的压力，在经济危机时保护机构，而且，它还有望吸引来更多的捐款。

正如第七章中已经深入讨论的那样，捐赠基金可分为几种类型：受限制的、暂时受限制的和不受限制的。限制性捐赠基金是为特定用途设立的，大多数情况下只能用于这些用途。这种捐赠是由博物馆或捐赠者创建的，致力于支持某种特殊事业或领域。其投资和收入结构在合同中有明确规定，包括资金如何投资、应被用于何种目的，甚至其投资回报中有多少比例是可以用的都有明确规定。限制性捐赠的好处是，它可以帮助博物馆确保某些项目或业务的运作。我个人很喜欢这类资金，因为它们通常是受到保护的，不会因为博物馆馆长或董事会成员拆东墙补西墙而造成不负责任的损失。这并不是说受限制的捐款不能被解除限制或被废除。这种情况确实有可能发生，不过哪怕博物馆陷入困境的时候也会避免采取这种做法。博物馆在使用不受限制的捐款时会更为自由，董事会更喜欢这样的资金。暂时受限制的捐赠基金通常是在某一特定时间内为某种特定用途预留出的资金，这些资金也可能有投资要求。拥有了这三种捐赠基金，博物馆有责任制定明确负责的投资政策，并严格遵守这些政策。

收入

如第七章所述，博物馆的收入可被定义为通过提供服务和商品而获得的资金。简单地说，就是追求利润的收入。它不包括投资收入或通过捐赠、拨款、遗赠或类似方式获得的慈善资金。收入来源包括门票和活动入场费，租赁场地和资源用于特殊活动或长期使用得来的租金，藏品、仿制品的生产和销售，出售不符合入藏标准的藏品得来的资金，还有博物馆商店的销售收入。除了门票销售，博物馆最可观的资金收入来自纪念品商店。现在各种大小、规模和主题的博物馆里都有这类商店的身影。从小型的全志愿者运营的地方历史协会到大型的艺术博物馆，直至庞大的科学中心，所有机构都会提供一些商品以供观众购买。销售的商品并不限于几张明信片或几本书，在这里你可以买到各种各样的精美物品。

在过去的几十年里，博物馆的创收活动增长显著。这一点在纪念品商店中就很明显。过去，一个小区域足以向游客出售反映某个特定展览、藏品或主题的商品。如今，人们的期望更高了，因此在博物馆可以买到更多的东西。随着博物馆逐渐成为流行的社交场所，管理者养成了销售经营的商业习惯，这种习惯现在已被观众和经营博物馆的人广为接受。零售业务再次为我们提供了最好的例证。博物馆开展这项业务有三个原因：为人们提供证明其参观博物馆是有价值的物品；赚钱；人们认为博物馆应该有这项业务。博物馆还可以通过租用场地举办特殊活动、会议或其他用途来实现盈利。有时，出售藏品的图片或仿制品也能赚到钱。

然而，通过博物馆的收入潜力来估计实际或期望利润的做法，已经改变了人们对这些机构是什么、它们如何生存以及繁荣的看法。杰西·艾辛格（Jesse Eisinger）曾指出："正如行话所说，慈善界沉迷于'各项指标'。凡事都要衡量。原因之一是，当今的超级富豪越来越多地来自投资领域，而不是像过去那样来自工业领域，前者将衡量标准置于成就之上。"（艾辛格，2014 年）

"博物馆是一门生意，所以就应该按照生意那样经营。""博物馆的商业模式需要改变。""给我看看指标。""投资的回报是多少？"类似的无知言论反反复复出现，我经常能从某些董事或博物馆界之外的人口中听到这种话。要是你试着和这类人打交道，在你试图解释博物馆的本质时，他们会断然拒绝，他们会把你说成是梦想家、书呆子，是脱离现实商业世界、对企业思维一无所知的人。对我来说，这些指控不假。我确实是一个梦想家、书呆子，是没有商业思维又不熟悉企业领域的外行。那又怎样？从大多数博物馆存在的时长和企业存在的时长来看，我很高兴能避开主流资本家那种目光短浅的愚钝。

博物馆被归为非营利性机构是有原因的。它们不赚钱，也不能套用现有的商业模式。但是，这是因为博物馆的运作方式并不是商业模式，它们是以慈善的模式运作的。如果说博物馆能像今日定义的那般，可以通过每年提供的服务和商品获得利润，那么将有很多利润丰厚的博物馆出现。有时候，有人会认为这可以做到。但不需太长时间，这种冒险就会以失败告终并草草收场。私人拥有并经营的汽车博物馆是常见的例子。博物馆之所以不能实现盈利，或者说不能长久实现盈利，是因为博物馆在收藏、储存、保管、研究和展览方面都没有利润可言。

1.博物馆经营的纪念品商店需要纳税吗?

2.博物馆每年必须进行会计审计吗?

3.谁有资格签发博物馆的支票,是只要有一个人的签字就能生效,还是需要附加其他的签字?

4.博物馆在统计每年的参观人数时,需要将那些来馆参加婚礼、商业会议、毕业舞会等租赁活动的人数包含在内吗?

5.博物馆商店一定要实现盈利吗?

6.在制定预算时,奖金和加薪哪个条目更合适,为什么?

7.在了解一家博物馆的规模时,需要哪些统计数据?

第十一章 文物保护：保存之要务 ①

① 本章标题原文为"Conservation：The Preservation Imperative"，"conservation"一词原意为保护，其对象并不限于文物，但在博物馆的语境中，保护的对象多为藏品，故作者所谓的"conservation"可视作狭义的、对于博物馆藏品的保护。虽然西方博物馆没有"文物"概念，但在我国博物馆实际工作中，"文物保护"已成为固定用于指代保护藏品相关行为的专有名词。为便于国内读者理解，本章将"conservation"译为"文物保护"。

艺术品的保护就如同艺术本身一样，是包罗万象的。保护艺术品必须了解并尊重其充满活力的复杂性，而任何干预——无论是预防性的还是抢救性的——都需要见多识广的头脑、富有同情心以及万无一失的眼睛，还有最为杰出的手艺。

——安托万·威尔默林（Antoine Wilmering，盖蒂基金会高级项目官员）致作者史蒂文·米勒的电子邮件，2015 年

如今，我们经常能听到"保护"（conservation）这个词，大多和自然环境的保护相关。对于博物馆来说，这个词的意思大抵相同，但它的内涵更多的是保护藏品。任何博物馆存在的基本目的都是要保持艺术品、手工制品和科学标本处于良好的状态。为了公众利益而照看有价值的文化资料，这就意味着要担负起让这些资料延续下去的责任，这不仅是为了当今社会，更是为了子孙后代。这需要通过博物馆文物保护的专业实践来实现。博物馆文物保护是一门独立的学科，不久前才刚刚被确定下来，作为一种学术追求和专业来说，它是相当新兴的存在。

博物馆文物保护工作的第一步也是最根本的一步，是获取和保管物件。归根结底，物件一般只会有两种命运：找到愿意保管它们的人并受到细心呵护；或者，随着时间的推移而永远消失。博物馆的功能是永久地收藏和保存物件，因此，物件一旦被收藏，各种协议和保护措施就会生效，或者说应当生效。在藏品存放、保养和提用方面，相关的限制越来越多。保障措施是系统性的，并以不断发展的专业研究和学科应用为基础。

当今博物馆文物保护领域的实践始于 20 世纪下半叶的蓬勃发展，当时它从手工艺作业或简单的修复实践转变为基于特定科学技能和研究

的领域。在第二次世界大战中，"保护"一词的使用还不像现在在博物馆领域中那样频繁，使用的方式也不一样。在当时，修理、复原、清洁和固定是更常见的语言，用于物体本身需要护理的情况。当然，这些词汇如今还在沿用，但它们所描述的行为被包含在文物保护范畴之内，而非简单的保养。

提到博物馆的文物保护，普罗大众脑海中浮现的可能是穿着实验室白大褂的理科书呆子，他们拿着精致的工具，熟练地把弄古老的绘画、破损的雕塑、皱褶的纸张、损坏的花瓶，还有干瘪的木乃伊。对于那些熟悉博物馆的人来说，看到的则是实验室的常客们使用科学仪器、一系列闪闪发光的手持工具和化学药剂来研究这些珍贵的器物，他们检查、取样并保养这些藏品，为了让它们能在若干年后依旧能保持良好的状态以供欣赏展示。

虽说许多关于文物保护的刻板印象有一定的真实性，但遗憾的是，总的来讲，这些印象并不完整。博物馆的文物保护是知识和经验的美妙结合，需要将哲学、手工艺、科学、艺术史、历史和工作室艺术性实践按不同比例相互调和。文物保护工作一般在闲人免进的区域进行，所以说这项工作看起来就像是一群炼金术士在秘密的私人领地之中妙手回春、让古物焕发新生。实际上，他们所做的是试图缓和并减缓文物本身不可避免的老化过程。

在我看来，如今所谓的文物保护是指以某种官方身份对文物进行物理保护，以帮助它们长期保存，并同时努力确保其原始记录、美学、科学及相关价值的过程。目前的这种做法揭示出博物馆认为自己会不断存续的傲慢态度。如果把文物保护看作一种专业追求，其蕴含的知识和实际的工作现状说明了文物将会被永久地保存下去。对此，文物保护工作者自己的理解则略有不同。未来是不确定的，然而文物保护工作也许能为博物馆藏品找寻到不老之泉！

博物馆文物保护工作至少会从四个方面影响到藏品：藏品本身、藏品存放环境、训练有素的工作人员和特定的工作流程。绝大多数的保护工作实际上会上手器物进行操作。对我来说,这是令人兴奋、使人着迷的,每次观摩文物保护工作现场都让人受益良多。不过,在接触一件文物之前,我们必须先做几个哲学上的决定:应该保留哪些部分?为什么要这样做?在那之后,"怎样做"才能开始进行?"怎样做"包括要对文物进行何种处理?具体的决策结果基于对文物组成材料和状态的深入研究,同时还要结合材料特性以及它如何与其他材料相互作用等相关信息进行综合考虑。

物质处于不停运动的状态,有时它的状态会与人们期望的方向背道而驰,进而产生矛盾。这就是为什么文物保护人员在实际工作前要进行调查,首先要对一系列问题做出解答:器物是由什么材料制成的?材料的耐久性如何?如果它是由多种材料组成的,材料之间有着怎样的相互作用?存放器物的环境会对它产生什么样的影响?器物在流传过程中都经历过哪些环境?如果在这个过程中发生过一些事,那么发生的是什么事,为什么会发生,是怎样发生的?对这类相关问题的解答直接影响到后续对器物采取或避免采取的措施。

器物的物理构成对它的存续时长来说至关重要,博物馆的文物保护工作是建立在材料科学之上的。然而,材料科学并不仅仅局限于物体本身,还延伸到与物体接触和毗邻的其他事物。目前已有大量的研究深入探究材料的性质,但文物保护工作涉及很多博物馆的细节,因此还需要更多的相关研究。

文物保护的一个关注点是了解藏品的物理特征并采取相应的措施,而另一个重点是建立起安全的保存环境。这包括微观环境和宏观环境。微观环境指的是存放文物的外包装,比如囊匣、柜架、抽屉、箱子、文件夹等。关于如何保护器物免受存储不当的负面影响,我们已经具备了很多的认识。曾经用于存放印刷品、图纸、照片的高酸性纸板,如今被博物馆尽量规避。木质抽屉、箱子、囊匣和类似的容器,由于可能释放有害气体而被杜绝使用。以前在博物馆办公室无处不在的工业产品和方便的压感胶带，现在不会与藏品有任何的直接接触。

随着保护措施的进步，有可能损坏文物的材料被弃用，新的材料被选择、开发或发现，人们可以建立起延缓文物老化的环境，以确保文物被存放在安全的空间中。目前我们还需要做很多工作来纠正过去藏品保管工作中的失误，但从长远来看，为博物馆藏品营造中性的保存环境是有希望的。

宏观环境是指文物所在的更大的空间，如房间、建筑和地理区位。了解这些情况并在其中保护藏品是文物保护的基本目标。宏观环境的关注点往往集中在博物馆选址、建造和使用等问题上。建于洪泛区的博物馆一定有其缺点。博物馆建筑施工的粗制滥造会造成日常运营出现问题。展厅的中间一定不能建一个维修厂房。宏观环境对于已经成立的博物馆带来了若干挑战是可以理解的，但每次创建新的博物馆时，这些最基本的警告竟然最容易被忽视。

由于大多数博物馆规模较小，资金也很少，所以通常不可能雇用专业文物保护人员。然而，为了完成这项工作，博物馆没有理由不让对文物保护感兴趣的雇员成为保护文物的不二人选。当我在学习成为一名藏品研究员时，我发现自己就处在这样的境地。在我工作过的博物馆里，没有人受过文物保护方面的培训，而且大多数人对此一无所知。这在藏品研究方面尤其令人担忧。幸运的是，服装类藏品的藏品研究员敏锐地意识到这一点，但其他人，包括我自己，都没有意识到这一点。后来我试图通过参加与我所负责的藏品相关的管理课程来改变这种现状。如果你不打算成为一名专业的文物保护人员的话，很难深入了解文物保护的知识。我曾试着旁听相关课程，参加为文物保护工作者举办的讲座或工作坊，但我的申请都被拒绝了。你要么直接进入这个行业，要么就只能当行外人。后来，我有幸到罗马参加了由国际文化财产保护与修复研究中心（ICCROM）主办的为期 5 个月的保存修复项目。这为我打开了文物保护领域的大门，从那以后，我就喜欢上了文物保护，当然是不牵涉实际操作的那种文物保护。我还参加了一些由位于华盛顿特区的史密森学会和位于纽约库珀斯敦的纽约历史协会（New York Historical Association）举办的工作坊，这些机会在当时是很罕见的。

如果有人想学习文物保护知识，但又不是一名职业文物保护工作者，建议加入美国文物保护协会（American Institute for the Conservation of Historic and Artistic Works, 简称 AIC）。阅读它的出版物，参加会议，你就能逐步熟悉你感兴趣的这个领域。提高工作中的保护意识将对博物馆藏品大有裨益——前提是你的领导们愿意接受改进建议！同时，也要警惕一知半解的风险。那些声称自己了解文物保护的人尤其可能会给藏品带来意想不到的伤害。这些人自诩懂得藏品保护，但真正需要专业建议的时候，千万不能咨询他们。

美国文物保护协会的网站以文物保护为主题，是个极为出色的新手入门网站，名为"如何选用文物保护人员"的页面对入门者特别有帮助。它列出了五个主题：关于文物保护你需要知道哪些内容；需要做什么；应考虑的事项；会发生的情况；寻找文物保护人员。"应考虑的事项"这个主题为最缺乏文物保护知识和经验的人总结了该项工作的要点（2016 年）：

①保护修复的过程通常费时费钱。所以要小心那些建议你进行快速而又廉价的修复工作的人，这些人一般不愿意详细讨论保护材料和方法，或者不允许你观摩进行中的工作。假如你的项目耗时或者你想要进行藏品调研，建议在美国文物保护协会新闻网站上刊登招聘短期合同制文物保护人员的公告。

②许多文物保护人员愿意旅行。所以按照地理范围限制招聘范围可能不太合适，尤其是在藏品出现特殊问题的时候。

③可以试用文物保护人员。如果有大量的藏品需要处理，最好能在签订最终合同之前让候选人对其中一件藏品进行处理。

④有些保护方案可能存在风险。寻找合适的专业人员所花费的时间和支出，与处理不当后可能导致的损失与未来成本相比，微不足道。

⑤文物保护人员对于保护方案的意见并不总是一致的。要想评价一项保护工作，最精准的方法需要同时基于保护技术、修复结构及文物外观；另请一位文物保护专业人士对评估工作也是有帮助的。在做决定之前，一定要多和其他文物保护工作者谈一谈。

妥善制定的保护协议在保养藏品的过程中是极为重要的。大多数协议都需要在进行实际的保护操作之前确定好，但更重要的是明文规定并严格遵守。这类条款通常会规定藏品如何存储、移动、操作、展示，以及保存藏品的环境条件。鉴于目前关于藏品保养工作已经有大量可获取的知识信息，我们没有理由不参照执行。在某种特殊环境下用一种独特的方式处理一些特别的藏品时，资金和知识的匮乏可能会成为开脱的借口。除此之外，无知不是福，而是祸。记住，笨手笨脚的人很可能带来毁灭性的灾难。

在大多数情况下，有文物保护专业知识的博物馆都希望能在其预算范围内为藏品打造一个高水平、具有内部控制的保管环境。从宏观层面来看，这需要博物馆的建筑结构能够容纳并保持稳定的环境，这种环境需要独立于博物馆建筑所处的那种室外环境。在博物馆内部，第一道防线是建立起相对一致的且温和的温湿度水平。温度和湿度的快速波动可能会对藏品产生有害的影响。长期以来，温度比湿度更容易被控制和感受。我经常听到缺乏经验的人说，他们的某些场所配备了湿度控制设备，因为天气炎热的时候可以开空调。这种说法在某些温度条件下是正确的，但并不能解决天气变冷时发生的情况，如果仅仅是提升温度，就会降低相对湿度，导致极端干燥的内部环境。值得庆幸的是，只在工作日的工作时间开 8 小时空调以控制藏品库房和展厅温湿度的做法有所减少。这种做法会导致明显的湿度波动，其危害就像在展厅和其他地方打开窗户获得"新鲜空气"一样。如果一家博物馆从未进行过湿度控制的改造，那么做到这一点是一项挑战。实际上，即使是在设计有湿度控制系统的博物馆里，这也很难做到。

在保护博物馆藏品时，控制光线也同样重要。这方面主要存在两个问题：器物应该暴露在怎样的照度下？哪种光线更合适？需要记住一点，所有的光线都是有害的。我会这样说是因为我们经常信奉很多无知的假说：如果紫外线光谱被屏蔽，博物馆的藏品就可以免受光损害。这种说法简直是不切实际。紫外线固然需要被加以控制，那是因为紫外线是常见光谱中最具破坏性的一部分，其实所有的光照都会对光敏材料产生不利影响。光照还会产生热量。尽管在防范这一问题上博物馆已经做出了巨大的改进，但这一点还是需要时刻注意的。很少有博物馆能负担得起聘请专业文物保护人员来为照明提供建议，但这笔钱会花得物超所值，在寻找商业照明专家等专业人士之前听一听来自博物馆内部的声音是很好的。

为藏品建立起中性环境对于预算和实际应用来说都是挑战。至少，博物馆的预算肯定会很紧张。操作、存放和展示藏品会带来保存风险。最好能让员工提高警惕，对他们进行保护操作相关的培训，但这很难实现。博物馆应该寻求改建或翻新，并要考虑到日常运营中室内环境需要达到的标准。要想实现这一目标的确是不小的挑战。由于许多博物馆建立的初衷没有考虑到保存文物的功能，而且很多博物馆在建立的时候有关环境管控的理念还没有像如今这样普遍而易于理解，因此现今博物馆的很多方面都需要迎头赶上。

博物馆创建的历史环境不能一直被当作文物保护工作不力的借口，尤其是其不力表现在简单的室内管理方面时。我的意思是，博物馆完全有能力防止害虫，防止有害的灰尘进入，只要控制光线，避免使用对藏品有负面影响的材料，即使那些博物馆无法控制的情况也是可以得到缓解的。室外空气污染可以被拒于博物馆之外，交通带来的振动和噪音等影响可以被改善，人们在展厅中的行为可以被规范。腐败的政府或其他一些受到官方庇护的不良影响的确不可能在博物馆内部得到改变，不过在时局动荡的时期有不少勇敢的博物馆工作人员试图冒着生命危险去拯救他们认为自己有责任去保护的文化材料。

从逻辑上来说，作为职业的文物保护可以依据器物材质来进行分类。有专门研究纸张、绘画、木材（干燥或浸水）、金属、陶瓷、石器、考古发掘品、纺织品、皮革和电子媒介等新技术的文物保护人员。如果文物质地包括上述材质，它们往往会被交给对应的"材质保护人员"，而这些人也会经常求助于相关的材料专家，咨询他们的意见并将反馈信息用于文物保护工作中。

要成为一名文物保护工作者需要多年的训练。学术方面的要求包括艺术史、科学（主要是化学）和工作室艺术。实践要求最好是能在博物馆、文物保护中心或是跟随独立文物保护工作者进行一系列实习训练。

文物保护专业人员不可能一直是博物馆的全职员工。事实上，如果算上现存的成千上万的历史建筑和其他小博物馆的话，很少有博物馆能持续地拥有文物保护方面的援助。大多数博物馆都必须自己处理文物保护问题。我们只能希望至少每个机构能有一到两名员工对文物保护流程、目标和期望有一点了解。

在决定文物保护负责人时，博物馆必须审慎处理。当器物要求细腻的文物保护方式时，不能采用听天由命的做法。不合格的董事，缺乏培训的馆长、藏品研究员或是库房管理员都不应该被指派或自愿承担保护博物馆藏品器物完整性的全部责任，无论他们的意图有多好。考虑到博物馆领域逐渐作为一种职业被普及和被人们认可，又考虑到联系到文物保护从业者和相关资源的方式不再困难，博物馆领导们没有理由对保存藏品的首选方式一无所知。

藏品的保护可不仅仅是简单的保管，认识到这一点是很重要的。可以确定的是，文物保护人员是为公众利益而保管器物的人，他们需要以特定的工作方式对待这些器物，还应建立相应的规章制度和工作流程，这才是最佳保护实践的起点。对于博物馆人员来说，要学会如何以一种保护性的方式照料藏品，避免无知和不合格的人直接接触藏品，如今做到这些比过去要容易多了。

当人们决定保存一件博物馆藏品时，通常会有四个选择：不去管它；以影响最小的方式稳定它；对它稍作调整；对它大肆处理。使用这些方法一般会导致两种结果：保护措施的痕迹会很明显；或者，痕迹会被一般观众忽略。根据具体情况的不同，工作成果可以经由下述各种因素的组合和变化来呈现，比如说一件器物的物理性质、做相关工作可用的资金、保护信息的质量和性质、专业知识、工作日程，以及博物馆希望进行的保护计划。在最好的情况下，前期准备经过充分讨论，工作过程有详尽的文件记录，工作结果自然会很理想。在最坏的情况下，相反的事情也会发生。

无论决定采用何种方法来保存博物馆的文物，大多数合格的专业文物保护人员工作时都会考虑到两个方面。一个是当下的事实，另一个是未来的期望。从事实的角度考虑，器物可能拥有所谓的"内在缺陷"（这可能类似于人的原罪？）。这意味着组成它们的这种材料（或这些材料）会自然地发生变化，继而会改变器物的原始外观或结构，从而损害或威胁到物体的物理属性或作为物质资料的完整性。最好的案例就是20世纪早期的硝酸纤维素胶片底片或胶片卷轴。它们不仅在时间上有恶化的趋势，而且在某些大气条件下也可能会自我毁灭。要想保护它们，首先应将它们隔离在寒冷、干燥的环境中，这往往会减缓有害分子的活动，或者至少能让它们进入休眠状态。在博物馆藏品的众多质地中，很少有材料能静止不变。木材、油漆、纺织品、塑料、玻璃、金属等都会随着时间的推移而变化。虽然"内在缺陷"可能不会立即显现出来，但它的存在是非常自然和正常的。

大多数名声在外的文物保护者都努力使他们的工作具有可逆性。这意味着文物保护人员对器物所做的任何事情都应该能够被撤销，并且不会对器物本身造成不利影响。如果给一幅画上了一层新的罩光漆，那么这种罩光漆应该可以被去除掉。同样，要是在保护一幅画时填色画上了油彩，那么不再需要这层油彩的时候，油彩应该很容易被去掉。可逆性理论为文物保护人员设定了一个非常高的目标，而在某些情况下这一目标是无法实现的。孕育一片树林，让树木能保持原有的细胞结构，想到这片树林的时候就能想到最开始孕育它们时所用材料的原始形状。

很少有快速又简单的方法来确保在博物馆收藏的大量器物能长期保存。文物保护要考虑的因素是广泛的、多变的、复杂的。为藏品创造合适的环境是具有挑战性的，因为有些材料在某些气候下能保存得很好，而有些材料在不同的气候下能保存得更好。在博物馆里保持恒定的温度和湿度通常是一个如何妥协的问题，因为博物馆存在着由多种材料组成的大量藏品，它们会以不同的方式对人们为它们设置的保管环境产生反应。除了营造有利于藏品的环境条件外，我们还必须考虑人这个变量，不仅要考虑他们对博物馆的氛围作何反应，还要考虑他们对内部气候有何影响。最明显的是当一个受欢迎的展览的展厅湿度上升时，这表明很多观众都在同一个空间里呼吸。

作为一种实践工作的文物保护，乍一看可能显得微不足道、脱离现实，甚至有点荒谬可笑。以除尘为例，一般人会认为除尘不过是家务中最常规的做法，而且很容易实施。不要这么快下结论。灰尘可能是个复杂的问题。尘埃是否嵌在物体内部，它对物体是否会形成重大危险？能否在不损害藏品的前提下移除它，比如灰尘是否在某些油漆或其他装饰表面沉淀并可能已经粘在上面？是如何定义灰尘的？什么样的除尘工具和方法对藏品不会造成损害？需要采取怎样的预防措施来确保从事除尘工作的人或附近人的安全？灰尘被清除后会发生什么？这类讨论经常在文物保护领域出现。

由于文物保护工作随着时间推移而越发复杂，我认为在博物馆界，其他专业与文物保护专业之间的鸿沟将会扩大。这是有原因的，主要与以科学为基础的职业和以人文为基础的职业的分离倾向有关。从我个人的经验来看，绝大多数进入博物馆工作的人都不喜欢科学，事实上，如果把科学作为一项学术研究来看，我们可能对科学有强烈的反感。这是不幸的，我希望它会改变。缩小这一差距是有可能的，我鼓励博物馆员工这样做——可以用尊重专业性、培训和工作规程的方式推进。非文物保护工作者要多花时间听取文物保护工作者的意见，尽量熟悉文物保护工作。

对于善于思考的人来说，修复工作提出了许多令人难以回答的问题：谁应该承担这项工作？谁应该承担最终的责任？应该使用什么材料和程序？应该做到什么程度？谁是公正的评判员？对修复原则的批评并不是一个新兴的现象。学者、历史学家、艺术家、收藏家和其他对这一话题感兴趣的群体总是有很多想法想要表达。从16世纪开始，批判性的评价标准和专家意见就盛行起来了。然而，随着19世纪公共博物馆的出现，更广泛的观众参与进来。如今，由于现代通信技术快速且广泛地发展，有些修复项目还没有完成甚至还没有开始的时候，人们就会立即对其进行分析。当一项修复被指责为不负责任，甚至破坏了一件艺术品时，公众几乎没有知情并讨论的时间。外行们只会听到"是的，这很糟糕；不，这很好"，这让他们无法评估复杂的问题，比如西斯廷教堂（Sistine Chapel）的清洁问题。一群虚伪又含沙射影的人会把一场有意义的对话搅黄。

……艺术史学家对历史材料和技术有了更充分的了解，他们清楚时间、材料、技术缺陷或修复不当会造成怎样的破坏和变化，这能对修复过程中涉及的严重而又复杂的问题作出意义深远的贡献。菲利普·亨迪（Philip Hendy）曾任伦敦国家美术馆（National Gallery）的馆长，在1946年至1947年讨论对馆藏进行第三次清洗期间，他认为"在这些问题上，人们已沉默了太久"。如今，这种情况依然存在。误解导致两极分化和尖酸刻薄的争论。正如所有正经从事保护工作的人士所想，哪怕这种情况有所改善，肯定还会有一批人认为修复工作是件坏事。正如 1695 年乔瓦尼·彼得罗·贝洛里（Giovanni Pietro Bellori）所观察到的那样，有些"迷信"的人"宁愿眼睁睁看着一幅优秀的画作走向毁灭，也不愿让另一个人的手去触摸它，不管他的技艺有多么纯熟和优秀；人们普遍错误地认为，除了设法尽可能地保存古代遗迹和稀奇的古董之外，什么也做不了"。与此同时，文物保护人员最好多注意交流技巧。知道自己是对的是一回事，以令人信服的方式证明自己的观点是另一回事。不情愿说话会加剧误解。虽说如此，我们也必须承认，有些人永远不会被说服，无论证据多么有说服力。

—— 小曼斯菲尔德·柯比·塔利（Mansfield Kirby Talley Jr.），

2005 年

提起博物馆藏品收藏，证据就是它们的全部，这个趋势愈发明显。而今，文物保护可以为肯定或否定博物馆所藏器物的价值提供证据，并在这方面起着关键作用。了解一件器物的物理特征、历史和变化，与了解它的文献信息和它在当时所处的语境位置一样重要。发现一种丙烯酸颜料，并不是发明一种新的事物，而是提供了新的信息。用科学工具在现存的一幅画下检测出其覆盖的另一幅画，同样是很有价值的。分析一件家具的木质，可以让我们了解这件家具的材质，而简单的视觉观察可能无法做到这一点。这就是为什么莫瑞泰斯皇家美术馆（Royal Picture Gallery of the Mauritshuis）馆长埃米尔·戈登克（Emile Gordenker）会说："修复是艺术史的前沿。"

——《纽约时报》，11-9-14，

《从数百块碎片中再现亚当坠落后的样子》，第 23 页如前所述，博物馆文物保护的研究和学科建设自第二次世界大战以来已经取得了长足的进展。这仅仅是开始。在接下来的几十年里，随着有关我们物质世界本质及其存续方式的新信息和新技术不断发展，这个领域会取得巨大的飞跃。文物保护，这项曾经被认为不过是恢复、修复或维护的工作，现在已成为公认的科学研究领域，它需要大量的培训、一定的审批流程、同行评审和重复实验、专属的语言、可衡量的结果预期，或许最重要的还有博物馆领域的认可。在这项工作迭代更新的过程中，沟通也是极为必要的，只有及时沟通，才能让受公众委托管理的藏品得到负责任的保护。

1. 你工作的博物馆位于纽约市以北大约 100 英里，靠近哈德逊河。它拥有一个面积约 1800 平方英尺的展厅，用于每年举办一次临时展览。该展览通常在 8 月初开幕，11 月底闭幕。展厅内部空间的温度和湿度均由气候控制系统管控（使用供暖、通风和空调系统，简称 HVAC 系统）。在 19 世纪早期手绘版画展开幕的前几周，暖通空调突然坏了。博物馆有一名兼职藏品研究员、几名全职维护人员，以及一位对文物保护管理较为熟悉的全职馆长。不过博物馆没有专职或能随叫随到的文物保护人员。这次展览中所有的艺术品都是借来的，并且被装在包装箱里送到了展厅，这些包装箱已被打开等待布展。展览日期已公布，开幕仪式全部安排妥当，展览图录已印刷。为了保证借展艺术品的安全，博物馆和外单位达成一致，确保展厅能保持一定的温度和湿度。这种情况下，你会怎么做？

2. 你是一家地区历史博物馆中大型印刷类藏品的藏品研究员。这些藏品被储存在木质柜架中，其中大部分藏品都是由高酸性材料包装的。你已经调研过合适的新型储物柜，对更换现有柜架已经有了初步估计。一位印刷收藏家来到你的博物馆，想为印刷藏品做出一些经济方面的贡献。他提供的钱将用于支付新柜架的费用。你会用这笔钱来做这件事，还是用来购买这位收藏家特别感兴趣的藏品？

3. 你所在的博物馆有一个当代家具临时展览。一天，一位观众不小心把椅子角上的一块木头碰掉了。木材完好无损地脱落下来，其实它原来是制造者用胶水粘在上面的。你打电话给制造者，她说："哦，你把它粘回去吧。"你会怎样做？

4. 你刚刚入职了一家大型城市历史博物馆，成了一位藏品研究员助理。在入职之后，你逐渐了解到这家博物馆没有文物保护人员，在职的工作人员中也没有人熟悉这门学科。你对文物保护有着浓厚的兴趣。虽然你一直在学习这个领域的知识，但你并不想成为一位文物保护人员。有一天，高级藏品研究员决定清理一幅画，于是他联系了与博物馆有多年合作的画作保护人员。这位文保人员来了，并把画运到了自己的画室。当时你就发现，整个流程没有办理文物出馆手续，没有保护修复方案，没有进展报告，也没有任何你之前学过的保护协议和程序。一个月后，这幅画被送回博物馆，看上去焕然一新。唯一的文件是"清洁肖像……"的发票和费用收据。与此同时，你去查了一下这位文物保护人员是否是美国文物保护协会的成员。他的确被协会列为高素质人才。后来你才知道，他进入成员名单的时间很晚，因为在协会创建时，他还在经商。博物馆应该继续聘用这位文保人员吗？如果要，为什么？如果不要，为什么？

5. 博物馆中哪些质地的藏品对光照极为敏感？它们对哪些光线更为敏感，敏感的程度是怎样的？

6. 博物馆中哪些质地的藏品不会受到光照的影响？

第十二章

展览：展示与讲述

展览是博物馆最显著的公共理性（public reason）[1]。在博物馆的所有业务中，建造新建筑、进行研究、收集藏品、举办讲座、经营礼品店、举办宴会等，没有一项活动能像展览一样，成为博物馆存在意义的核心。更多的人来博物馆是为了看展览，这比来博物馆参加其他活动的总人数都要多。

鉴于展览对于博物馆的重要作用，这项机构业务不能在没有经过预先考虑的前提下就鲁莽、任性地进行。展览是博物馆的基本传播媒介，其作用必须得到充分的重视和尊重。当展览高于一切时，公共利益自然能得到保障。如果没能这样做，公众将蒙受损失。

那么，什么是博物馆展览呢？简单地说，展览就是在一个自称为博物馆的地方或类似的区域，将一个或多个器物展示出来，让人们可以看到。展览的方式可以很简单，比如在墙上钉个钉子，挂一幅画；也可以很复杂，比如在温湿度可控的环境中建造一个展示空间，容纳各种各样的展品、昂贵的辅助展品以及展示装置，从而为人们提供获取信息的机会和有意义的视觉体验。

我最喜欢的单词是"爸爸"，紧接着就是"为什么"。在筹备博物馆展览时，"为什么"这个词是必须考虑的。做一个特定的展示需要有正当的理由，这些理由必须被展览策划者认可并为公众所理解。展览应该被看作一项任务，应该反映博物馆的主题和藏品特色。还要注意一点，展览对观众来说应当具有一定的吸引力，而不是仅仅局限在一群行家之间

---

[1] "公共理性"一词源自西方，指享有平等自由权利的公民的理性，公共推理、公共辩谈的理性，以及指向公共利益的理性。

的深奥对话。

回答"为什么"做展览这个问题，可以分别从及时性和相关性两方面作答。博物馆作为进行展览实践的场所，需要问问自己是否有可能举办展览。在"为什么"这个问题上，要谨防似是而非的答案，比如有些答案明显是用来搪塞的借口，希望能掩盖住博物馆做展览是为了某个极具影响力的捐赠者或者某些和博物馆有利害关系的人，在博物馆展出某个董事拥有的藏品就可能属于这种情况。迫于吸引游客的压力，博物馆举办展览的初衷可能仅仅是因为它会很受欢迎，这就动摇了博物馆为什么要这样做的根本。博物馆在过于活跃的展览日程面前必然会感到压力，举办那么多展览自然是一件很麻烦的事，所以要回答"为什么"这个问题实在令人筋疲力尽。

一旦"为什么"做展览的问题被解决，随之而来的就是"谁"来做展览的问题。这里的"谁"具体包括一些个人和团体。首先最重要的是由"谁"来决定博物馆将举办什么展览。在这方面，有些博物馆有严格的工作流程和方法，有些博物馆则比较灵活。所有博物馆似乎都需要馆长最后签字同意。我有点守旧，倾向于让藏品研究员提出大多数的展览创意，或者至少让他们作为这些创意背后的主要力量。这种做法的前提是每家博物馆都有藏品研究员，即使只有一个。我曾作为一个藏品研究员经历过训练和实践，在这之后，我很享受作为馆长在展览方面的决策权。一些博物馆设有展览委员会，其成员通常包括工作人员、董事，也许还有不为博物馆雇用和管辖的个人。展览委员会的作用包括从提出和批准展览创意以及对展览进行简单的审查和支持。决定"谁"来负责展览时，必须考虑到个人能力的因素。总的来说，每个被委以展览策划相关任务的人都应当有能力完成任务，而且我们希望他们能做好这项工作。

在确定了"谁"将成为展览策划者之后，接下来需要考虑由"谁"来使展览创意变为现实。谁将亲自参与展览？由谁来选择展陈内容？谁来写展览文案？谁来宣传展览？谁来筹集资金支付展览费用？谁来总揽全局？大多数博物馆在展览的策划和实施方面都设有分级制度。虽然在某种程度上馆长是可以决定一切业务的最终权威，但他（她）通常很少参与展览筹备的日常事务，当然这也取决于博物馆的规模。不过，批准、监督和审查的过程是重要的，任何馆长都不应忽视或逃避这些责任。我一直都很享受展览从开始到结束的进展过程，在展览最终被呈现在展厅之后，我会花很多时间来衡量其表现和效果。董事会不应该参与展览的筹备过程，除非董事们有相关的专长或能够提供帮助。不过，他们应该具有知情权，这样他们就能欣慰地感受到员工们努力工作的成绩，反过来也可以激励他们自己。

展览是博物馆通过展品进行交流的方式。多年来，有许多呈现展览的方式被人们设想过或实施过，最终，它们演变成一种核心模式：将反映博物馆使命的藏品实物以（通常是）静态的方式排列，供人们观看；解释性材料可能会也可能不会摆放在物体附近。这种模式在最初开始使用的时候，相关文字材料是手写的——它们被称为展品说明，版面设计得整整齐齐。根据博物馆的理念和预算，说明文字和图片是展览中不变的常量，不过可以通过增强感知的视听和信息技术，加入一定的变量。被称为展览设计的职业已经发展起来，其使命是努力使展品在视觉上更加赏心悦目，更有影响力。

在过去的几十年里，特别是在美国，人们开始对博物馆展览的内容、意义、外观抱有越来越复杂的期望，并希望展览易于访问。这是因为博物馆，尤其是美国的博物馆，不断提高了自己举办展览的能力。至少对于主流博物馆来说是这样的，它们有充足的预算和专业意愿来通过某些方式以达到理想的结果，从而实现展览作为一种教育、表现主义和信息渠道的价值。博物馆的观众如今希望展览能在内容、规模和意图上合乎逻辑。他们已经习惯于随时都能观赏到恰当、可理解和完整的信息。参观博物馆展览的人们希望展览能做到清晰、明了、易于浏览。观众更喜欢一目了然的高质量藏品。这种情况的存在，其实是我们这些在博物馆领域工作的人，尤其是那些有影响力的博物馆工作人员所致，是我们提高了观众对博物馆参观的期望。在 50 年前甚至 10 年前一些完全可以被接受的事情，现在却令人感到失望。有些展览环境脏乱、光线昏暗，令人困惑，充斥着与主题不相关或匪夷所思的藏品和内容，这样的展览被我们的观众认为是不完善的。

博物馆展览基本包括七个要素：主题、藏品、人员、时间、金钱、空间和知识。

易于理解的博物馆展览是主题分明的。这些主题通常能够反映机构的使命，但并非总是如此。作为一种独特的交流工具，展览可以也应该成为智力和情感相互连接和共同发现的地方。这些新颖的视觉手段能通过有形来解释无形。所以说，展览是建立在我们物质世界的原始直觉上的。

优秀的博物馆会花很多心思来研究它们展示给人们看的东西，以便人们经由视觉消化吸收这些知识。这其中既包括短期展品也包括长期展品。博物馆中会有所谓的常设展览以及经常更换的临时展览，其主题根据博物馆的类型而不同。经常更换的展览会使用永久藏品或者借来一些特殊的展品，这两者也可以组合出现。持续时间较长（通常是几年）的展览往往由博物馆拥有的藏品组成。现在，越来越多的博物馆会定期改变或调整它们的常设展览。这样做的目的是为了让展厅看起来不那么静止和停滞，还可以用新入藏的藏品或标新立异的信息让展厅焕然一新。头脑简单的人会认为，这种做法有望吸引新的观众或回头客。但经验丰富的博物馆专业人士知道，除非推陈出新的效果真的很明显，否则仅凭这些变化是无法做到这一点的。

不管博物馆是怎样的，展览主题的选项似乎都无边无际，这使得选择主题的决定具有挑战性。负责做决定的人一定承受着巨大的压力，因为他们既需要达到机构的期望，又要满足观众的要求。博物馆决定展览主题的难易程度取决于博物馆的性质和规模、藏品的深邃或浅薄、假定或已知的公众利益，以及诸如预算、人员和空间等实际问题。

选择一个展览主题通常要先决定博物馆想要诠释的是晦涩难懂的内容还是简明易懂的内容。博物馆应该展示给观众它们熟悉的东西，还是不熟悉的东西？这个问题的答案没有对或错，建议博物馆要在两者之间保持平衡。博物馆完全有能力向人们展示一些它们非常熟悉的东西，而且博物馆相当擅长这一点，同时它们也在钻研新的、晦涩的甚至令人困惑的主题。关于展览策划的讨论一般围绕着博物馆是应该含蓄内敛还是张扬外露而进行。

大多数博物馆都很保守，尤其在展览方面。激进、具革命性、令人不安或其他有破坏性的展览，即使在声称自己激进、具革命性、令人不安或有破坏性的博物馆中也很少见。博物馆董事会回避在自己管理的博物馆展厅中有意识地鼓励激辩。展览领域是个敏感的领域，人们会密切关注在策划讨论中的想法，看它们是否有可能引发争议。以某个族群为主题的博物馆会避免举办有关该族群著名罪犯的展览，即使这样的展览与博物馆主题相关且抓人眼球。自然历史博物馆会避免举办有关气候变化的展览。艺术博物馆会避免举办宗教人物肖像展。当然，博物馆中的一些展览在逻辑上可能会被认为是有争议的，但这其实是例外。针对展览的投诉确实存在，它们主要来自"少数受害者"，他们与大多数支持者意见相左，这其实说明大部分支持者对于博物馆来说有价值且非常重要。

一般来说，若干博物馆展览主题都能完好无误地反映特定机构的使命。这并不令人惊讶，不过这必须归功于那些理解、提倡并严格管控展览构思过程的博物馆专业人士。如果博物馆想在其展览策划过程中做到称职、有教益、与主题相关和及时，这个过程必须非常慎重。

博物馆常常承受着增加参观人数的巨大压力，因此，如果仅仅为了吸引观众而举办展览，就很可能使选择展览主题的过程偏离正轨。要是发生了这种情况，那么关于展览意义和内容等关键问题的讨论就会在混乱中消亡。此时，唯一重要的问题就变成了：这场"演出"会吸引多少人？如果董事会坚持遵循这种误导性的参观指标，那么员工就很难反驳选择某些展览的糟糕理由。而且，奇怪的是，通常还会有一到两位董事倡导仅凭预期的参观人数增长数量来确定展览主题。我认为想要提升参观人数的方法其实很简单：无论博物馆的使命如何，如果你想要更多的游客，只要展示木乃伊、恐龙、印象派艺术或者裸体就够了。当代表演艺术家的作品在这方面颇有奇效，比如玛丽娜·阿布拉莫维奇（Marina Abramović）2010 年在现代艺术博物馆（MoMA）举办的展览"艺术家在现场"（*The Artist Is Present*）。

博物馆展览的主题可以宽泛或狭窄、简单或复杂、熟悉或陌生。当展览主题被精炼成最浅显易懂的共同特征，或者被简化为一个具有逻辑性且有头部、中部和尾部的清晰故事情节时，这个主题就得到了增强，并且易于把握。博物馆是"展示与讲述"的行业。展品本身就是故事。展览的叙事方式，无论是展品自带的还是博物馆有意提供给我们的，都是我们在艺术、科学或历史博物馆中理解展厅和展览的途径。

过去我曾认为，正如导师教给我的那样，有些学科并不适合在博物馆展出。我现在对这个观点持反对态度。金融史就是一个很好的例子，它是一个很难展示的展览主题。的确，钱币、股票凭证、著名金融家的照片，以及关于股票和抵押品的解释说明都可作为展品展出，但这些都是过去那个数字世界的纪念品。如今，在网络世界里，人们用图表记录盈亏，几乎没有什么实物证据能够解释金融的运作方式和原因。现在，我们拥有了一系列新兴技术，展览有更多的展示方式，关于展览有效性的认识也更为深入，因此我认为几乎任何事情都可以在博物馆的展厅中得到阐释。不过，藏品原件的作用、数量和性质会和以前有所不同。

博物馆藏品绝对是展品中最独一无二的部分，而且它们往往非常显眼，但许多插入式方法和展示手段一样可以达到提供信息的目的。科学博物馆不是一直都在这么做吗？如果不这样做的话，它们到底是如何解释那些基础理论的呢，比如说万有引力、浩瀚宇宙，还有 E = mc²？科学博物馆也许不像艺术博物馆那样可以给我们提供关于塞尚（Cézanne）的原始物证，也不像历史博物馆可以告诉我们关于富兰克林·罗斯福的生平，但是它们的展览人员可以利用手头现有的材料，把展览做得相当令人羡慕。这种做法偏离了我对博物馆的严格定义，定义对博物馆在展览中使用原始物证的数量做出了规定，在过去这方面是很受重视的。展览其实不必大批量地呈现相关的藏品原件。随着时间的推移，我们可以看到，很多辅助展品都逐渐变成了独创的人工制品。费城富兰克林研究所（Franklin Institute in Philadelphia）展出的大型心脏模型就是这样。当我还是个孩子的时候，我就清楚地记得它，现在它仍然是博物馆里最受瞩目的展品之一。

在富兰克林研究所，观众可以穿行于一颗巨大的跳动心脏中。除了这类辅助体验，博物馆藏品仍然是展览策划的核心。正是它们相互联结的价值赋予了展览意义。博物馆是一种媒介，为器物、主题和人提供了智力、情感和物质的试金石。毕竟，博物馆是古代圣物的继承者（见彩插图 5），它们保存着真正的十字架碎片、圣人的骨头、殉道者的遗骸。这也是为什么引人注目的展览会有夺人眼球的藏品。（请记住，鉴于博物馆的社会地位，展览上的任何东西都将被观众认为是重要的，即使他们并不知道个中原委。）博物馆会把核心关注点放在藏品的真实性上，而这些藏品所传达的客观真相赋予博物馆惊人的公信度。因此，在我们通过有形实物来解释无形事物的时候，我们这些业内人士有义务去理解、接受和尊重，以确保这一现象的合理性。

可以肯定的是，在展览语境中使用藏品本体时，存在着一些变式，虽然展览的语境实际上不应存在误导观众的可能，但其结果却会让人误信一些虚假的事实。就像本书其他地方讨论过的那样，这里说的藏品是一种道具而不是证据。在一些历史建筑中，留存下来的原始家具陈设很少，这种现象就变得尤其普遍。这些老房子的房间中无一例外充满了"那个时代的古董"，反映的是博物馆工作人员眼中每个空间应该有的样子。这些展示空间相当于舞台布景，因此我使用"道具"这个词形容其中的展品。房间中的家具暗示出这个房间曾真实存在过的事实，但这其实不是这个房间在过去存在过的具体证据。奇怪的是，随着时间的推移，这些陈设如果一直固定不变的话，其作为证据和道具的角色会在观众的脑海中融合在一起，人们会把舞台布景当作历史事实来接受。

沿着纽约哈德逊河一路走下去，你会在位于海德公园（Hyde Park）的富兰克林·德拉诺·罗斯福故居（Franklin Delano Roosevelt Home）和加里森水坝下游的博斯科贝尔故居和花园（Boscobel House and Gardens）中找到博物馆藏品作为证据和道具的不同案例。两个地点都是以博物馆的身份向公众开放。两者的展览内容都是经过登记编目的永久藏品。然而，前者展示的是完全原始的物证，后者则几乎完全没有原始器物。在这两种情况下，博物馆均说明了内容的真实性或非真实性，展品中没有任何一件东西隐藏了其真实性，也没有任何一件展品冒充为其他的什么东西。观众是明白这一点的。

要想评估潜在的展览构思，我推荐一个有用且简单的方法——给展览确定一个标题，并起草一份媒体新闻稿。如果事实证明这样做很困难，那么也许展览本身也会如此。要是我能简明扼要地向自己和他人，尤其是不熟悉展览主题的人解释我要组织什么展览，那我就能确信这次展览是值得做的，这个展览主题具有展览的可行性。

上文中所谓由"谁"来做展览，这个"谁"不只是博物馆的工作人员。在帮助博物馆策划并实施展览的过程中，顾问、承包商甚至志愿者都会参与其中，这是很常见的。不过，你要小心如下一些方面——这些额外的助手都有谁？他们的资历如何？而且最重要的是，谁负责管理他们？在我的职业生涯中，我曾负责过几十个展览，所以我非常尊重和钦佩那些亲手操办展览的人，不管他们是不是博物馆员工。幸好我从来没有遇到过这些临时助手造成的问题，不过我可以想象可能出现怎样的混乱。

我总是想确保每个人在工作中都能与他人默契协作。我曾经受聘担任一家博物馆的馆长，我发现这家博物馆的藏品研究员是一个可笑又骄傲自大的人。这个人把其他员工都逼疯了，在策划一个大型临时展览时让人尤其抓狂。他拒绝接受对图录进行哪怕是一丁点儿的编辑，更不用说修改展览方案或展品说明内容了。我知道大事不妙。展览开幕后，那个人离开了，整个机构都松了一口气。我讲述这个故事，是因为它提出了一个筹备展览过程中与博物馆各项业务工作都息息相关的问题：谁能负责保障"博物馆的声音"？这里我指的是整个博物馆的使命宗旨，它应该贯穿于机构所做的一切事务，无论是展览还是教育、社会活动、研究、收藏，等等。

做展览是需要时间的，即便是小型展览也是一样。人们总是无法理解时间的真相，博物馆尤其应该对此负责。当你在策划和实施展览时，博物馆时间的特性就会很快地显现出来。对一个展览从构思到完成需要多长时间有明确的想法是很重要的。展览的策划和实现都相当复杂，因此一定要如实计算预计要花费多少时间来选择展品、进行运输、写展品说明和其他辅助文字材料、布置展厅、摆放展品并安装布景、应对媒体并举办相关活动，当然还有创建各种教育内容。有丰富策展经验的人通常很擅长为展览制订计划。藏品研究员在这方面一般会有些松懈，而经验丰富的展览设计师往往能拿捏得恰到好处。如果一项展览预算不足、笼统或不准确，举办一场展览所需要的时间就会偏离预期，因为所需的资金要么不够，要么迟到，要么比预期的少（很少有超出预期的情况）。

很久以前我就知道，展览计划越现实、越注重细节、越有远见，策划展览的人就越能及时统筹安排并得到最终的成果。我讨厌最后关头的压力或者不必要的紧张。有些人似乎很喜欢这种感觉，但我可不是，特别是当这种情况发生在筹备制作博物馆展览的时候。在我看来，如果充分考虑了展厅的展示方式，就不会造成延误或大问题。这种事确实会发生，但我希望这是由外部因素造成的，而不是由于我本应掌控的事情没有做到位。

一场展览能否成功不仅取决于成功的展览所需的各项要素，还离不开外围影响。这包括博物馆除了举办展览之外所做的一切工作。很少有博物馆会把所有的注意力和资源全都集中在举办展览上，这样做只会牺牲掉其他业务，比如特殊活动、教育项目、建筑翻新、藏品管理或学术研究。此外，工作人员能否到位取决于机构的整体工作计划，以及公共假期和个人假期的具体情况，这些方面的时间安排可能导致员工没有时间参与展览工作。

一个展览的概念化是有趣的，因为凡事皆有可能。人们可以幻想并思索通过藏品可以说明哪些事，或者如何说明一件事。我曾听过很多令人信服的类似演讲，我自己也做过一些。不过，愿望最终还是要通过一些有形的形式来变成现实。为此需要选择展品，保证它们既可用于讲述相关的故事，又具备一定的条件在展厅中被安全展示（展品和观众的安全都需要考虑在内）。撰写文字也是必不可少的，展品说明、辅助说明、媒体新闻稿、正式场合的演讲稿，还有用于录制音频的相关材料，无一不需要文字。辅助展品，如展柜、底座、展台、支架、障碍物、人体模型、墙壁等，需要被确定、设计或制作。墙壁需要粉刷。图像等视觉设计会在展厅中频繁出现并成为展览的焦点之一，这也需要妥善地做好。而且，所有这些元素最终都需要融入展览。由谁来决定这些事情，它们需要多长时间才能实现，是展览时间安排的重要组成部分。

展览需要花钱。这一点是显而易见的，但其花费的资金规模和范围却很难被博物馆业内人士、众多外部人士，包括董事会理解。人们常常认为，在墙上钉一颗钉子，挂一幅画，就构成了一个还不错的展览，因此做展览只是博物馆运营中一个不太昂贵的业务，任何人都可以信手拈来。如果还需要粉刷展出油画后面的墙壁，并在展品附近贴上说明的话，满足这些要求同样便宜。说明牌的制作很简单，它们可以在电脑上打印出来，不需要做任何研究，因为相关的描述已经足够多了，可以从某个地方抄过来。而且展出的画作也可能不需要新的画框，或者博物馆保存有一批品相尚可的类似画框，可以随时取用。照明通常很简单，使用现成的就可以。每个参与者做这些事情的成本都包含在年度预算中了，对吧？难道工资和电费不是博物馆总成本的一部分吗？

我所描述的是一般人对于展览成本的认识，这样讲主要是想指出展览预算的重要性，特别是其在年度预算中的位置。在我看来，为某个展览设定并遵守预算对于博物馆管理来说是一种必要的手段。博物馆员工对展览的实际成本了解得越多，博物馆就越能顺畅地规划和推进展览工作。虽然在展厅的墙上挂一幅画作确实也是展览，但展览很少这么简单。通常，一次展览会展出几幅或多幅画作。这样做是有成本的。如果展品中还包括独立的器物或不能简单悬挂的器物，那么费用还会上升。在展览策划和制作过程中的每一件事都标好了对应的价格，即使这是间接的或默认被包含在年度预算中了。

博物馆展览的资金有三种来源：内部预算，特别筹款，或两者的结合。每年会定期举办展览的博物馆在制定年度预算时，往往很清楚它们在形成年度预算计划时可以从一般运营资金中分配到多少数额。这些博物馆还了解公众对展览的反应，从而可以计算出对应的收入。如果一家博物馆擅长筹款的话，它会对某个展览需要筹集多少额外的资金有清晰的认知。筹款的结果总是不可预测的，但只要筹款的理由充分合理，那么就经常会有基金会予以支持。尽管政府削减了这方面的预算，但国家艺术委员会、社区基金会以及某些成熟健全的私人和家族基金会可能都与博物馆保持着长期的友好关系。请记住一点，外部投资者希望申请资金的博物馆能提供清晰、诚实的预算计划。因此，只要拨款或捐赠事项得到确认，后续报告就需要准确地反映预算执行情况。回旋的余地总是有的，但必须是在合理的范围内。

长期展览规划的一个基本要素是对某些展览估算费用并寻求资金支

持，这一点虽是不言而喻的，但有必要再强调一次。博物馆用于调查和接洽潜在资源的时间越长，就越有充足的时间去核算展览收入的可能性并在此基础上细化展览预算。有时候，一个相当优秀的展览创意也可能会被扼杀在摇篮里，那主要是因为没有人愿意承担它的费用。

在制定展览预算时，有一件事一定要避免，那就是默认举办的展览一定会物有所值，甚至实现盈利。如果这不是博物馆中最大的谬论，那也一定是其中之一了。这种愚蠢的想法源于几个因素。其中一个是博物馆自己创造的、如今常说的"轰动性展览"。这类昂贵的展览一般会在大型博物馆里上演，能够吸引成千上万的观众。难怪博物馆内外的人都把它们看作赚钱的工具。不幸的是，这种不正确的想法会不时地由董事会提出，董事们总是无法理解为什么博物馆不能通过举办更受欢迎的展览来平衡预算。

博物馆的展览需要空间。这又是一个显而易见的、无须赘言的陈述。我经常看到有些对展览知之甚少的人完全不知道一个展览到底需要多少空间。即使在最理想的情况下，博物馆的工作人员也经常被有限的或完全不合适的展览区域困住。请记住，规划展览空间不仅仅是说要把展品放在哪里展示，还包括要把观众放在哪里这一层考虑。对于未经训练的人来说，展览空间只和展厅相关。这确实是空间规划中最大的部分，但其他空间的规划也是必需的。

与展厅规划类似，展览也需要观众进出展览的空间、藏品进出展览的空间、为展览准备藏品和装置的工作空间，以及为运送至博物馆的器物准备板条箱和其他包装材料的存储区域。此外，还需要一个与展览相关的接待活动所需的社交空间，这些活动经常会提供食物和饮料，所以很少在展览场地中举行。在制作布置展览时还会关闭展厅，这时也需要一些考虑。

博物馆展览空间的闪转腾挪与进退有度仿佛一套复杂精妙的舞蹈，由熟悉这座建筑的人用心编排，他们熟知如何在新旧空间中安放合适的公共项目和工作要求。这项工作是个挑战，对于那些既有翻新结构又有重新规划用途的博物馆建筑来说尤为严峻，这类建筑的平面布局一般十分独特，长期以来建筑的用途与最初的规划基本上背道而驰。

除了要考虑展览空间的布局和大小之外，还要考虑该空间是否适合展示。展厅中有怎样的温湿度控制设备，或者能否配备这种装置？展厅顶部有哪些设备需要担心？天窗成问题吗？窗户呢？是数量太多了，还是不够？如果有必要的话，窗户是否过滤掉了有害光线？墙呢？它们能否适用于固定展览装置和道具，特别是展出的藏品？地板是否平坦、安全、不湿滑，也没有凹凸不平？天花板是否足够高，还是太高？是否维修良好、外观悦目？展厅是否受天气影响，或毗邻有潜在危害的活动空间，如厨房、机械室或木工房？该空间便于安防管理吗？它有没有潜在的振动问题？噪声水平如何？市区或主要公路和铁路附近的博物馆可能会受到振动，陈列在展柜上的小件展品可能慢慢地、不知不觉地从架子上"走"下来。随着时间的推移，博物馆建筑本身也会受到振动的影响，展厅外的噪声还会分散观众的注意力。

最后，要考虑展览空间中是否有必要的设施，特别是电力负荷能否达到预期。随着展览中视听内容的增加，展厅必须配备大量相关的技术设施加以应对。如今，无线局域网几乎成了博物馆的必备条件。不过几乎没什么电力方面的要求比展览照明所需的电流更紧迫。许多人不太了解照明这件事。照亮展厅中展出的器物是一种艺术，这会对人们如何更好地理解展览产生一种微妙却又没那么微妙的影响。展览的照明设备需要安装、维护，偶尔改善升级，因而需要持续的关注。这种努力既机械重复又具有创造性。

博物馆中有一些工作人员可以负责管理展厅照明。不过我更愿意让这份工作落在负责展览的人手中。如果他们有资格做这件事的话，设计人员、安装人员、藏品研究员、藏品保管员以及维护人员都可以做这件事。我所见过的大多数展品的照明都很好，至少是足够亮的，但也有几次我看到灯泡烧坏了，灯光的方向错了，照明有亮斑（眩光）。这都是对观众的冒犯。

关于展品的保护，对于博物馆来说最大的挑战在于如何在展示展品的同时保护其不受光的损坏。这个问题取决于不同器物的特性，但这绝不是一桩小事。业内人士很清楚，如果长期暴露在强烈光线下，创作在纸张和织物上的艺术品会受到严重破坏。但我经常怀疑其他质地的展品会不会也面临这种情况，包括油画和混合媒介艺术。博物馆领域有一项不成文的共识，即我们将努力保护馆藏中最脆弱的藏品，同时也要接受光线会给展品带来一些几乎察觉不到的改变。这种认识是基于这样的想法：对一些人来说，博物馆存在的唯一原因就是展示其所拥有的藏品。当然，将藏品保存在一个有温湿度控制的黑匣子中肯定是不现实的。博物馆很难将藏品保存的现状解释清楚。对观众封锁所有的藏品真的会让我们的机构变成古怪的时间胶囊。

关于照明，有一些告诫需要明示。其中之一是藏品研究员需要知道如何去做这件事。但实际情况并非总是如此。展览设计师可能会声称自己是照明专家，但他们在这方面的专业知识仅限于如何把效果做得戏剧化和炫目。维修人员也许可以更换灯泡，但他们知道使用哪种灯泡是正确的吗？藏品保管员实际上更有资格对照明提出建议，但是，以他们的工作经验大概率会调暗光线而不是调到合适的亮度。无论如何，如果可能的话，我希望这些人能密切参与到展览照明的规划中来。

很多博物馆建筑的原有结构都不是为博物馆设计的，所以公共空间的照明面临着特殊的挑战（见彩插图 6）。我们在欧洲的城堡、豪宅、宗教场所、堡垒、宫殿等地方都能看到这种情况。在罗马圣安杰洛城堡（Castle St. Angelo in Rome）探过险的人都经历过各种各样的照明环境，有些亮度充足，有些则不太好。

幸好，新技术的出现为博物馆提供了绝佳的照明选择。与博物馆领域的其他事情类似，照明的问题通常是缺乏资金。优秀的照明在设计、购买、安装和实施上都很昂贵。大多数博物馆已经在照明方面取得了循序渐进的成功，而且还在不断努力地追赶。在任何展览中，照明通常是最后一件要做的事，因为它在一切就绪之前是不可能完成的。我所说的"一切"，不仅指藏品，还指展览设施、图像设计、装饰元素，等等。

博物馆专业人员做展览时的原始错误会让我抓狂，虽说有时候我和他们都会犯一样的错。在一个展览布置好之后，我们似乎就会离开它，开始着手下一个展览。这种情况正在改善，但我们仍然能看到展览说明错误、照明装置损坏或展厅老化等问题没有得到解决。事后跟进是一种常见的待客礼仪，简单的清扫维护就更不用说了。

在展览中，能用一个词来概括的时候千万别用一段话去描述。我们经常能看到一堵展墙上密密麻麻挤满了文字，有些人把这种现象称为墙上之书，这种现象是不是很常见？艺术博物馆在这方面犯的错没有部分科学博物馆和许多历史博物馆那样明显。这样文字堆叠的形式并不具备吸引力。历史博物馆在展示出版物、旧广告招牌和其他写满文字的物证时，本质上就是在犯这种错误。我们可以认为我们写的文字说明短小精悍、切中要害，但如果它们淹没在其他大量的文字中，观众并不会觉得简明扼要的说明牌有何不同。阅读就是阅读。

"阐释"（interpretation）这个词经常被用来指博物馆在展览中所做的事情。作为用物件解释主题的场所，博物馆确实是阐释者。有很多方法都可以用来阐释艺术品、科学标本或手工艺品。这是博物馆为自己布置的任务，它们通过出版物、教育项目和展览来实现这一点。如何在展览中为尽可能多的人以一种有意义的方式来实现最理想的阐释目标是巨大的挑战。艺术博物馆想要做到这一点是最容易的，因为原创艺术就是其阐释的重点。科学博物馆在很久以前就学会了依靠一组辅助展品来帮助观众进行抽象概念的学习。历史博物馆希望在展品旁加上说明和一些音频伴奏从而起到类似的作用。最终，博物馆的展品和博物馆的观众会形成一对一的关系，参观体验会因观众、展品和语境的不同而异。

毫无疑问，我所见过的历史博物馆展览中最具成效的展示技术就是所谓的"实物剧场"（object theatre），这是一种老式的、几乎是基础教育级别的"展示与讲述"。纽约市博物馆前任馆长乔·诺布尔在两场极为成功的临时展览中率先采用了这种方法。两场展览利用博物馆的大量藏品快速地介绍了纽约市的历史。

展厅是以传统的方式设置的。展品被陈列在架子上、墙上和展柜里。在展厅中央有大约50把椅子供观众使用。每隔一个小时，博物馆都会通知观众在这个空间中即将进行一场"演出"。人们被邀请入座。他们确实会这样做。巨大的电影屏幕从展厅一侧的天花板缓缓落下，一排幻灯机开始放映动画，这场表演大约持续20分钟。声光配合不断在屏幕上闪现图像。所有的展品都是博物馆的藏品，共同讲述了纽约市的历史。每隔一段时间，展厅里的某件展品会被聚光灯照亮并辅以解释，从而表达展览的某个观点。例如，当谈到19世纪50年代至70年代这座城市惊人的文化发展时，展厅中陈列的新大都会歌剧院（New Metropolitan Opera）的一个真正的歌剧包厢被点亮了。这个场景展示了穿着那个时代正式服装的模特，这些服装同样来自馆藏。展示结束后，屏幕消失在天花板里，展厅像往常一样亮起灯光，人们可以以惯常的参观方式继续观看这些内容，但他们通过表演已经吸收了足够多的背景知识。我还从未看到哪个博物馆的藏品被如此贴切地诠释过。

1.一位艺术家的摄影作品被你工作的博物馆收藏,她最近得知她的一幅作品正在一个临时展览中展出。她随即参观了博物馆,想看看这幅作品是如何被展示的,然而她对这种展示方式感到愤怒不已。博物馆收藏的这些作品大约源于8年前,当时博物馆聘请她为一个纪实摄影项目和展览进行创作。该项目有一条叙事主线,为此还聘请了一位作家进行协作,他的文字后来也被展示出来了。摄影师很失望,因为她希望她为这个项目拍摄的所有照片都能以一定的逻辑顺序一起展示,而不是单独展出。此外,她还想让这个项目的文字与她的照片一起出现。博物馆没有按照摄影师当时的回忆或要求安排相关的书面信息。摄影师要求博物馆立即将她的照片从展览中撤下。博物馆对此应该如何回应?

2.你所在的博物馆刚刚开幕了一个临时展览,展出的是当地一位已故艺术家的作品。这次展览用到的展品是从另一个州的博物馆借来的,正式的借展协议由该机构拟定。这个展览由你所在博物馆附近的一位艺术家担当客座藏品研究员操刀制作。当你签署借展协议时,预计有44幅画会来馆展出,博物馆藏品研究员为此预留出两个展厅,这样画作就有了充足的展示空间。在借展画作到达后,你打开包装箱,发现里面有63幅画。这些画都被清清楚楚地写在装箱单上。藏品研究员立即将这一情况上报馆长。借展协议并没有要求必须展出多少幅画,而且也没有人就这一情况联系出借展品的博物馆。馆长允许藏品研究员在指定的展厅展出她认为是最好的一批作品。于是,15幅画被搁置不展。借出展品的博物馆被通知了这个安排,不过没有表示不满。在展览开幕几天后的一个清晨,客座藏品研究员来到了你的博物馆。他来之前并没有联系博物馆或任何工作人员。他带着锤子、电钻、卷尺、画钩、水平仪等各种工具进入展厅,开始拆除展览。他想要重新布置展厅。博物馆工作人员应如何应对?

3. 博物馆能通过哪些方面得知一个展览举办得是否成功?如何界定成功?

4. 当博物馆雇用客座藏品研究员来策划展览时,谁对展览内容有最终的决定权,包括实物(藏品、展示技术、艺术设计和复制品)和文字(书面文字、录音或导览文字)?谁来制定和控制预算,以及要怎么做?

5. 你是一家博物馆的馆长,这家博物馆有一栋翼楼,那里展示有大量的汽车。有一年,你想举办一个展览以庆祝一款著名跑车上市40周年。你们馆基本拥有每年生产的这种汽车,其他的也都能借到。有些车正在汽车展厅展出,还有一些被放在博物馆的入口处。当展览即将布置妥当的时候,又有一辆车进馆了。这辆车其实不需要出现。它为一位董事所有,这位董事是一位知名的汽车收藏家。他让他的员工把这辆车送到博物馆,放在展厅中,然后离开。对此,你应该做些什么?

6. 你是一家博物馆的馆长,博物馆目前正在展出一位19世纪美国画家的作品,他属于哈德逊河艺术流派。该展览的展品全部从其他博物馆和个人藏家处借得。其中一位出借人的丈夫是这位艺术家的后代,他退休后把雕塑当作业余爱好。他为这次展览所纪念的艺术家制作了一座肖像。平心而论,这座雕塑是一座工艺拙劣的等身像。他和他的妻子想让你在展览中突出展示这个雕塑。你不愿意。请问你应该如何处理这个问题?

第十三章 维护与安保

小洞不补，大洞吃苦。

维护（maintenance）和安保（security）工作与令人印象深刻的藏品、广受欢迎的展览、发人深省的研究以及博物馆这个文物宝库所散发出的崇高威望相比，可能看起来有些平平无奇，甚至还有些无聊。公众之所以会忽视维护与安保的问题，除了由于博物馆声名在外之外，我怀疑另一个原因是：当我们参观时，博物馆给人一种整洁甚至安全的感觉，至少从表面上来看如此。观众可能还认为维护与安保问题对博物馆来说非常重要，所以这些工作责任都在掌控之中。有很多因素导致了这种认知和现实。

虽说博物馆的规模各不相同，但维护与安保的业务通常会集中到一个部门中来统一管理。像大都会艺术博物馆这样的大型博物馆可能会将这两种职责划分开来，但那些规模不那么宏大的博物馆则会将它们置于一个部门、办公室或个人的监管之下。虽然这两种业务在实际操作上可能很类似，但其职责是不同的。

维护

博物馆的维护，即安全和正确地维修和运行博物馆中的物理结构、机械和信息系统以及日常运营。博物馆安保部门负责藏品、工作人员、公共场所和非藏品类财产的安全，如建筑物、机器、设备、车辆、设施和土地。维护一家博物馆似乎是一件难以应付的事情。博物馆可以被看作一个结构体，需要其内部和外部的业务工作相互配合、共同为整体服务。虽然有些人可能更加关注藏品、登编、筹款、治理问题、营收所得或研究，但所有这些业务一定发生在一个实际的地方。那个地方应该结构稳固，为特定的博物馆宗旨进行适当的设计，并能维持良好的秩序。虽说现实情况并非一直如此，但这的确是一个值得努力的目标。

维护主要包括四个关注点：部件、流程、人员和计划。部件包括机器、设备、工具、建筑物和土地。流程包括如何管理和养护，还包括内部维修工作。人员主要负责协调各方，无论是博物馆雇员还是项目承包商。计划是一项非常重要但经常被忽视的任务，它需要被预先考虑并为近期或未来的维护需求做准备。

博物馆中需要维护的部件并不是这类机构所独有的。在其他地方，如大学、办公楼、工厂、礼拜堂和住房中也能找到它们。其共同点在于建筑物结构和材料、建造方式、场地和景观。因此，博物馆中负责维护的工作人员至少应该对砖石、木材、钢、铁、石头、玻璃和其他建筑材料以及它们在建筑当中的相互联系有一定的了解。景观方面，除了像地形、车道、墙、篱笆、水景、植物这些有共性的元素之外，还包括博物馆周围所有的实物。

将博物馆的维护要求与其他地方所面临的维护问题区分开来的是博物馆对于保存的迫切需要，当博物馆对保护其原始的建筑结构、景观、室内装潢、建筑材料和环境的需求逐渐累积时，保存需求就随之而来。在新英格兰的一个小镇上，我们可以看到博物馆和预科学校分别用两种不同的方式来应对这一挑战。这两个机构都有自己的历史建筑，但在维护它们的方式上区别较大。博物馆为保护历史建筑制定了严格的准则，以确保建筑实体的真实完整。学校则对此不感兴趣。这两种不同应对方式的结果，放眼望去是显而易见的，这种差异有时令人震惊。

某些博物馆所拥有的最大"藏品"是一栋建筑，这种情况并不罕见。对于将馆址设在地标性建筑中的地方性历史协会来说，这一点尤为明显，在一些为特殊目的而建造的大型艺术博物馆中也很明显，这些博物馆都希望以某种方式保存其原始建筑。波士顿美术馆、纽约市的惠特尼美国艺术博物馆和费城艺术博物馆都属于这种情况。

有一些建筑材料的制作方式极为特殊，如果博物馆对这种材料有特殊的维护要求，那么了解如何保养、修理和替换这些材料显然是很重要的。石板瓦屋顶就是一个很好的例子。很少有屋顶维护公司能达到按照传统工艺维修这种屋顶的水平。这种屋顶是无可替代的。董事会可能会坚持使用较为便宜的材料（通常会以"看起来一样美观"为理由），但这种做法会严重损害材料的外观和使用寿命。而且，博物馆注重的是真实性，使用替代品实际上会严重损害博物馆的质量。

当一家材质结构特殊的博物馆建成时，从事此类建筑维护工程的公司可能很常见，但这类行业很可能日趋没落。在20世纪早期，为建筑制作石膏装饰的公司还非常多。而到了20世纪70年代初，当时国际上盛行的建筑风格强调要避免在建筑上附加任何装饰，这导致石膏装饰这种工艺近乎消失。我在完成大学学业和从事博物馆事业之间的间隙，到宾夕法尼亚的一家石膏制品商店工作过一段时间（见彩插图7）。这家公司的老板从20世纪20年代就开始从事这项业务了。他手下的员工从几十人减少到仅有五人，当时屈居在一个只能停四辆车那么大的车库里工作。随着人们对历史文物保护的兴趣日益高涨，尤其是对住宅装饰的兴趣增加，这个行业得以更新换代，现在从事建筑石膏装饰的公司又逐渐多了起来。这种情况在很多行业中都很常见，博物馆也需要意识到这一点。

许多博物馆建筑是由混凝土、石头、砖或这几类材料组合而成，所以在维护时需要了解建筑的建造方式。对于漆砖墙这种构造，如果用压力清洁的方式恢复其"原始"的红锈色，其结果可能是灾难性的，因为这种做法可能会破坏每块砖的釉面，导致建筑表面会随着时间的推移被深入侵蚀。更换受损的石料更需要专业知识。冬季用于清除冰雪的盐会严重损坏混凝土路面。另外，石头和砖结构的建筑往往是用某种灰浆连接在一起的，这也需要多加注意。这种黏合剂的损失会导致墙体坍塌。

玻璃需要特殊的保养，尤其是玻璃天窗。玻璃最具破坏性的特征是它会碎，这一点显而易见。不过，窗户周围还会发生泄漏，这也亟须注意。一位建筑师曾经告诉我，所有的天窗都漏水，我想他是对的。还好，经过多年的努力，建筑规范和相关常识明确规定了玻璃门、玻璃墙和大型玻璃隔断分别应当使用何种安全玻璃类型。如果是在老建筑中进行维护工作，那么最重要的工作要点是分辨出老建筑所用的玻璃属于哪一种。之前我在缅因州立博物馆担任副馆长的时候，曾经目睹一个木匠撞到一堵非安全玻璃墙的血腥场面。幸运的是，受害者伤势不重，但这确实是一个教训。玻璃材料还容易散热，这会增加供暖成本，同时博物馆还需要为其配备昂贵的屏蔽装置以减少过多的光线入馆。此外，保持玻璃清洁也是个问题。新的博物馆建筑会运用高大的玻璃构件将外观装饰得熠熠生辉，但其中的维护成本远远超出了初始的材料费用和安装费用。

木制建筑需要持续的关注，这一现实在以历史建筑为馆址的博物馆中体现得淋漓尽致。此类博物馆以保持其建筑真实性为使命，这种使命激励着博物馆持续做一些有意义的工作以维护其建筑的原始状态和外观，但是，腐烂、虫害、火灾、故意破坏、管理不善、工作疏忽、突发事故等诸如此类的状况会逐步累积并侵蚀掉博物馆建造者的初心。

上面我列出了一系列在博物馆建筑中常见的建筑材料和构件，简明地指出理解博物馆建筑构成并确保其安全和寿命的重要性，并总结了这项工作需要注意的一些方面。可以说，我们对建筑材料已经有足够多的认知。负责博物馆维护的工作人员必须熟悉他们所服务的机构当前最准确的相关信息。这些工作人员不必是专家 —— 所谓专家应是合规顾问和建筑承包商，但他们最好懂得在各种情况下应当运用哪些适当的工作方式以避免错误，特别是会导致灾难后果的错误，这对博物馆来说才是有所助益的维护工作。

设备、机器等可以用来进行维护工作的工具需要在其专业领域内发挥自己的职能，这些职能基本上是可预见的。车辆、减震器、剪草机、采暖通风和空调系统（HVAC）、径向臂锯、真空吸尘器、信息技术设备、各种高度的梯子、拖把、扫帚、油漆喷雾以及各种各样的手持工具都是工具清单上的一部分。明确指出哪项工作应当由哪位工作人员来负责固然重要，更重要的是，要确定这些工作人员能够正确地使用这些东西。

大多数博物馆都做了大量的工作以保证维护用具管理得当。我敢肯定，这其中会有一些东西"消失"、被无故损坏或使用不当，但这通常是个别情况。其实，我怀疑许多博物馆在保管维护用具等方面做得过犹不及了。当我在新泽西州莫里斯博物馆担任常任馆长时，航运巨头马士基公司（Maersk）曾送给我馆一辆翻新过的叉车。这批工具很贵。我们特别需要它，因为旧的那辆叉车已经快不行了，或者说它只有车轮还运行良好。新叉车到位之后，我以为旧叉车已经被拉走。我错了。不到两个月后，我看到这两辆叉车以一种新颖但配合默契的方式一起工作。很明显，旧叉车被保留下来、隐藏起来了，正是为了有朝一日能应付这种意想不到的情况。

指派人员负责维护设备是为了确保设备的安全保管与正确使用。当然，前提是被赋予此项责任的人必须有能力承担这项工作，他们还要接受并理解这份责任。让一个笨手笨脚的人来负责操作叉车肯定是不明智的。同样，你必须意识到，有些人对交付他们管理的设备和工具会有一种拥有其所有权的错觉。我就亲身经历过一次这方面的教训。我曾聘请过一位展览设计师，他是我当时管理的协会所聘用的第一个展览设计师。他很优秀，知道如何使用工具来制作展览所需的展柜、底座、画框和其他固定装置。在我的设想中，他会和维护部门依据博物馆项目时间表进行商讨，在达成共识后以融洽和合作的方式共享木工车间和相关设备——我的想法简直天真得可怕。维护部门的负责人对此表示尤其强烈的反对，而面对这种情况，我的谈判技巧变得徒劳无功，除非我解雇二者中的一个人，否则就不存在任何分享资源的可能。这两位员工都很优秀，我不能失去他们，所以为了维护和平并提高生产率，我选择让这位设计师建立起自己的工作室。由于空间资源有限，他无法完全复制原有的木工车间，最终，他有时会被"允许"使用那个车间，只不过在进入车间之前需要费好大一番工夫。

博物馆的环境对藏品的保存来说意义重大，它会直接影响到工作人员的舒适度，因此，有一套运转良好和校准精确的暖通空调对博物馆来说是极其重要的。其本质就是机械，因此通常会有专门的维护人员负责监督管理。有时，文物保护人员也会参与其中，这是值得鼓励的现象。

说到博物馆的内部环境，温度是最容易被注意到的方面。我们知道什么时候天气寒冷，什么时候不冷，什么时候不热也不冷。现代社会的大多数建筑物都能做到控制室内温度。我们可以升温，也可以降温。在这方面博物馆面临的挑战是，对于升温和降温，既要考虑到藏品又需要顾及人员。一般人们在平日朝九晚五的工作时段会需要适宜的环境。藏品则需要昼夜稳定的气候条件，尤其是温度和湿度。不仅如此，有时候对某些藏品来说比较适宜的温湿度条件，对人们来说却未必可取。要想解决这一问题，可以建立满足藏品保管温度需要的特定区域，不过这种方案能否施行往往取决于各个博物馆的资金和预算。

博物馆所面临的与暖通空调有关的真正挑战主要与湿度控制有关。众所周知，空调可以保持较低的湿度，但是如果寒冷干燥的冬季到来、空气变得异常干燥、湿度持续下降，在这种情况下博物馆要怎么做呢？必须加湿。加湿器一般只有预算充足的博物馆才能负担得起，而且配备这种设备还需要懂得使用目的和方法的专业维护人员和供货商。此外，博物馆建筑必须维持一个特定的湿度水平，还不能因此而损害自身。为此，我们必须了解什么湿度范围是最适宜藏品保存的。

设定博物馆的温度和湿度的过程通常是一场妥协，尤其是在湿度方面。湿度最好不要太大，否则会导致金属物体生锈；也不要太小，不然会让木材干燥而断裂。温度的变化会对湿度产生不利影响，温度剧烈波动尤甚，因此，全年保持一定的温度和湿度是相当重要的。这些看似简单却非常重要的指示需要由合格的维护人员持续监控并严格执行，为此博物馆必须配备符合要求的设备。

博物馆中还有其他一些重要的设备系统，包括电气、管道和信息技术。博物馆可能是电力的消费大户，这源于24小时不断运行的暖通空调和展览需求。试图减少这些电力负荷比较困难，但有一些措施卓有成效。其中效果较为显著的有：使用耗电较少的新型灯具为展览提供照明，以及建造比人工维护更能自然地维持特定室内环境的博物馆。许多博物馆建筑正在老化，还有一些博物馆被安置在非博物馆用途的老建筑中，因此，博物馆在电气系统方面不断追赶着。旧的电线总需要更换和升级。旧的电力系统除了带来明显的安全隐患外，还无力满足当前的使用需求。

维护人员必须对他们负责监管的电气系统有所了解，熟悉其特性和性能。更重要的是，他们要了解当地的建筑规范，并避免违反这些规范。有时候，这些规范写得不够明确，但是工作人员依然要对它们背后的基本原理加以理解并遵照执行，遵守规范是有必要的，这样做才能确保安全。维护人员必须谨防员工对电气设备做傻事，比如不假思索地使用暖气、电动工具、未经授权的空调、个人冰箱、咖啡机以及私自延长的电线。经常变化的博物馆建筑空间意味着其电力系统也应当随之调整。新的翼楼建成后，其配备的电力系统功率可能远高于博物馆所需的电力。而在博物馆中年代较为久远的区域，面临的情况却是电力供应不足的窘境。这就是为什么翻修、扩建和升级建筑通常会为博物馆带来比预期中多得多的好处。

管道的问题可以是简单的，也可能相当复杂，这取决于建筑物的性质和用途。当管道、阀门、配件、泵、水龙头、消防栓、排水管等功能正常时，一切都运转有序。但如果机械故障了，结果可能相当混乱——尤其是卫生间故障或供水管道损坏的时候。有太多的管道被布设在墙中、地板里和地下等人们看不见的区域，因此诊断和纠正问题是一件非常困难的事。

博物馆供水的来源和性质也是需要知晓的，因为这可能会对管道设备的寿命造成影响。含有大量矿物质的水会腐蚀管道。安装过滤系统可能会解决这一问题，但与所有类似的设备一样，设备维护是必不可少的。被堵塞或被腐蚀的过滤器会削弱其原本的效能。

为预防可能发生的管道事故，在进行藏品保管工作时要时刻保持警惕。最重要的一点是，让藏品远离潜在的管道事故威胁，为此，决定藏品在何处存放或展出的人，有必要注意高处的水管、屋顶排水沟、空气调节装置、水箱以及容易泄漏（甚至是倒塌）的破旧屋顶。识别潜在的灾难并不像看起来那么容易。很多博物馆的藏品库房似乎都被安排在地下室和阁楼里，历史建筑中的博物馆尤其容易这样做，虽然这种做法正在减少。这些地方其实特别容易发生事故，需要特别注意。从地面蒸腾而上的湿气会渗入墙壁和地板，这对博物馆地基来说可能是一个潜在的问题。通常情况下，博物馆可以通过除湿器或空气调节系统来解决这个问题，但要确定此类机器是否适合某个建筑的结构，不会影响到结构长期的完整性。同样，这类机器和所有的机械和系统一样，需要被持续关注，以确保正常运转。小型便携式除湿机必须定期清空或排干，大型的除湿机有内置的排水装置，但一定要确保这个机器不会把水排到对建筑造成威胁的周边区域。

在博物馆的语境中谈及管道和水管的时候，灭火喷淋系统一定是个不可回避的话题。针对这个系统，目前存在着争论。大多数博物馆没有配备喷淋装置。这既是出于资金方面的考虑，也是出于对装置本身的恐惧心理。自动喷淋灭火系统的安装成本很高，而且需要实时监控，这和博物馆建筑中的其他系统是一个道理。我个人是青睐喷淋装置的，但是否适合安装取决于特定博物馆的建筑特征、藏品和展览以及其工作人员的能力。喷淋灭火系统有好几种类别。有些水管里一直储水；有些则是在需要喷淋时把水引入管道；有些系统的管道中充满气体或是有存在气体的可能性。不论安装的是何种喷淋装置，有两个误区需要事先澄清。一是，有人说它们会无缘无故地跑水；二是，如果一个喷淋头打开，水喷涌而出的时候，喷淋系统的其他喷头会自动打开。其实，这些担忧基本上都是没有根据的。洒水喷头可能会意外打开，但这通常是人为失误的结果，比如有的人可能不小心把梯子撞到了喷头上。另外，每个喷头最初都被设计为独立于其他喷头工作的模式，所以它们很少会在没有正当理由的情况下同时启动。

排水管看起来是一个需要特别注意的管道类别。博物馆是不是经常因为这些管道堵塞而遭殃呢？我怀疑是这样的。据我所知，我所在的博物馆室外排水沟至少已经堵过三次了，它们被松树的松针堵住而无法排水，每一次都造成雨水淤积，而且还造成了一些损害。幸运的是，藏品或展览没有受到牵连（不过有一次我的办公室就遭殃了！）。很明显，下水道需要时刻保持畅通无阻，不管它是在屋顶上、车道旁、地下室还是在浴室中。

害虫防治对博物馆来说至关重要。它们对藏品、建筑物和设施的破坏以及对人的威胁都可能是毁灭性的。博物馆必须实施定期的害虫监测计划，保证能对负面情况做出立即且安全的反应。害虫防治需要关注的范围很广，这因气候、博物馆建筑的材料特性、地理位置、博物馆的工作内容和计划以及运营性质的不同而异。昆虫当然是最需要提防的生物。不过，鼠类也需要被严格禁止入内，浣熊和松鼠会造成大破坏，鸟类又脏又具有破坏性（比如，啄木鸟会攻击历史悠久的木质建筑），蛇就更没人喜欢了。另外，鹿会毁坏植物，冲撞车辆。

针对有害生物制定控制和消灭计划是必要的，但千万要小心，在防止有害生物进入博物馆或消除它们的时候，先要保证人员和藏品没有受到威胁。负责任的害虫防治公司会认为他们的灭虫措施是安全的，符合地方、州或国家的规定，他们的员工也受过培训，知道在灭虫时使用需要使用的化学品，但我想确定最终被消灭的生物不是博物馆工作人员或公众。

需要定期监测和检查根除有害生物的措施，以避免在错误的时间、错误的地点以错误的方式进行有害生物的防治工作。不要让负责这类项目的承包商在一些马上有学校团体通过的区域喷洒药剂。可以用底面带粘板的盒子诱捕小虫子，这个方法很管用，但每隔一段时间就要更新。如果一定要在博物馆的公共区域使用这些装置，请把它们放在公众的视线之外。当然，害虫和其他入侵性昆虫可能是环境恶劣的结果，这再一次强调了气候控制和密切监测的重要性。地下室和地下二层尤其吸引昆虫。据我所知，曼哈顿有两家大型博物馆都把藏品放在这些区域，偶尔会遇到蟑螂、蜈蚣或恐怖的大蜘蛛也就不稀奇了。

影响博物馆正常维护需求的主要是其运行时间表。博物馆是季节性开放的吗？如果是，在闭馆期间是否需要特别的警戒？博物馆在夜晚或节假日关闭期间会发生什么？谁来监控各种情况？负责这些的人知道他们要监控什么吗？由于许多博物馆年代久远、预算不足、建筑独特、布局怪异，再加上它们的地理位置和藏品情况，防治有害生物是场持久战。在我的博物馆生涯中，我侥幸没有与有害生物打交道的经历。这要么是良好的虫害防治制度的结果，要么是我对这些问题一无所知。但愿不是后者。

在博物馆里被称为保洁或清洁服务的这部分工作通常是由维护人员负责的。这方面的工作在博物馆运营中的重要性再明显不过了。也许，对于博物馆来说，整洁程度是被奉为圭臬的。观众前来参观时，喜欢博物馆的整洁和一尘不染的外表。在这些方面，管理层必须格外关注，坚持把这项工作放在首要位置，经常检视这些优先事项，并选用合适的员工来执行，还要根据实际需要进行管理。尽管我非常重视博物馆空间的整洁，但真要做到这一点，必须有实际的指导原则并付诸实施。在参观高峰时段关闭所有的卫生间进行清理会造成混乱，例行清洁原本可以在其他时间进行。把地板抛光机放在展厅里是不雅观的，这样做还存在潜在的危险，需要格外注意。塞满垃圾的垃圾桶会给人不好的印象。在我列出的这份公共场所不恰当行为清单中，还有一件事需要特别指出，那就是在每次特别活动之前或之后，总能看到有一些桌子和椅子堆放在角落、走廊和阳台上，这是不太美观的。

在各个博物馆中，维护人员的任职资格、权力和责任是各不相同的。上述的每项工作都会被分派给一批人专门负责。然而，招聘时的职位描述很少具体到要求某个人要做的每件事、与谁合作或如何做这项工作。大多数职位描述都会较为具体地解释某个职位的主要内容，同时也给予员工足够的自由度让他们以自己认为最好的方式去做事。这些职位文件需要定期检查和更新，还要对照着这个职位上员工的表现进行检查和更新。

我坚信，博物馆应该尽一切可能留住有价值的员工，尤其是在维护员工这方面。这些员工留在博物馆的时间越长，他们就越能深入了解博物馆的实际情况和建筑特性。同样，这一条也适用于被雇用来完成特定任务的外部机构和人员。找到值得信赖的公司和个人并不容易，完成特定任务少不了他们的帮助。出于能力和安全的考虑，未享受博物馆工资待遇的工作人员需要额外的监督和指导。

当然，博物馆默认自己能长久存续的观念会引发懒散的工作态度，或者是开展一些适得其反的工作从而导致机构停滞不前。管理者有责任避免这种情况，这需要警惕和定期监控。还应补充一点，在做出某些机构决策时，维护人员可能不会参与其中，特别是那些在文物保护、展览设计、建筑改造、空间利用、流程规范和公众可及方面需要专业人员的情况下。记得有一次，我在一家博物馆负责一个大型的建筑翻新项目，负责维护的工作人员建议在翻修过的具有历史意义的入口大厅安装一个悬挂式的降噪吸音天花板。我婉转地拒绝了这个建议。

在我工作过的每一家博物馆里，我需要依靠每一位负责维护工作的员工，并与他们建立起良好且富有成效的关系。这些人承担起了繁重的工作，真的是很繁重的体力工作，因为他们最大限度地运用自己的能力和经验，博物馆才能在建筑结构和机械设备方面运转自如。在博物馆的各类项目、活动和一些需要在展厅、藏品库房、公共空间、博物馆室外举办的活动中，征求维护人员的意见是必须的。在工作中，我没有一天不与维护人员接触，只有这样才能脚踏实地地做事。

有时，维护人员会受到其他博物馆雇员或董事会成员的不友好对待，他们会把维护人员当作仆人，使唤他们。这简直是人身攻击，结果只能适得其反。维护人员不是谁的私人侍从，不是在你需要时就随时听命于你的人。我总是告诫我的学生："要善待打扫厕所的人。"不管跟谁打交道，都要通情达理、懂得感恩，更何况清洁工作对博物馆的社会声誉而言是最重要的工作之一。臭气熏天的卫生间，杂乱的入口区域，肮脏的走廊，不符合卫生条件的饮食场所，垃圾遍地的活动场地，诸如此类的环境都不能传达出一种博物馆专业能力很强或者体贴观众的外在形象。一家博物馆可以收藏到世界上所有的伦勃朗作品，但如果它脏乱不堪，那观众只能记住博物馆的缺点，因为那些表示他们受到了博物馆的侮辱。

考虑到如今的建筑结构大多是多种多样的，我总是喜欢雇用能够处理建筑材料和机械系统的维护人员。有时，一个人要在同一个地方待上几年，才能熟悉其建筑的物理和机械性质。拥有真正能做管道、电气和木工工作的员工是很有帮助的。在纽约市博物馆工作的时候，我清楚地记得那里有两个木匠约翰和亨利：可能除了像柱顶这样繁复的装饰元素之外，他们有能力修复建筑中任何木制的东西。他们可以拆除和替换墙壁，同时能让新建的墙壁保持建筑内部原始的乔治亚设计，并且还能把展览的陈设装配得更合适。很快我就明白了，在没有与他俩讨论过建筑细节之前，绝不要考虑对现有建筑进行改建或新建。

不管博物馆的员工拥有什么技能，我们所有人都可以从持续的培训中受益，在这一点上，维护人员亦然。我可能会去参加美国博物馆协会年会以紧随行业发展，而藏品研究员可能会参加他感兴趣的某个主题研讨会，电工同样可以通过培训等手段跟上行业发展的步伐，特别是在获得许可证和学习新的监管要求方面。

通常，博物馆会设立一个董事委员会专门负责监督和统筹维护事宜，它可以被称为建筑和场地委员会。与其他类似的组织一样，这些组织对博物馆的贡献可以非常有帮助，也可能无功无过，或者非常有害。说实在话，我觉得它们很有帮助，但这主要取决于它们的组成人员，以及它们处理问题的方式。最终，大多数决策、想法、建议和指令都要仰仗资金的可用性，在建筑方面，这个情况尤为明显，因此，我逐渐学会了以时间和金钱成本允许的承诺来回应那些不太有建设性的建议。正如我预期的一样，当这些信息被传递到位之后，混淆、延迟、暂缓和遗忘就开始了。如果你认为有的想法和建议有价值，不要忽视它们的来源。我总是乐于赞扬那些提出建议的人，即使这不是他们自己的主意。

考虑到一些博物馆内部机构的分化已经相当细致，观察曾经被称为蓝领和白领员工之间的关系是很有趣的。二者的区别有时是惊人的。他们确实存在一种"楼上楼下"的心态。通常，这种差异体现在教育、收入、种族、民族、社会背景、政治信仰、文化期望和心理预期等方面。无论博物馆的地理位置、机构规模或办馆目的如何，在城市、小城镇和乡村博物馆中都可以看到这个现象。在所谓的假日聚会上，员工（有时还有董事会成员）会聚在一起分享面包、庆祝他们的友情，这时分歧就显而易见了。看看谁和谁坐在一起。或者，看一看员工和董事会成员驾驶的汽车都是什么牌子。差异真实地存在着。我们可能想去相信我们生活在一个平等的社会，但我们并没有如此。社会规范是后天习得的，这样我们才能尽可能顺利地度过一天，但事实上，社会阶级之间是有很大差异的，这在博物馆里表现得非常明显。在美国，社会地位并非是静止不动的，但这种区别确实存在着。

在过去的博物馆旧时光中，有很多来自"富有阶层"的白领员工都是在拥有仆人们的环境中长大的。他们拥有一种奇怪的能力，能与维护员工很好地合作，而这些维护员工也能理解这些含着金汤匙出生的人在工作中的行为。这种关系实际上是建立在尊重和礼貌之上的。

工作流程

与了解博物馆的组成部分一样重要的是确定维持各部分顺利运转的工作流程。就比如说，意识到保证排水系统正常运转的必要性并不能代替实际操作的流程。博物馆中应该存在大量的维护程序、协议和系统，特别是那些会经历季节变化的博物馆。必须定期检查流程清单并保持更新到最新的状态。流程清单不仅应该包括上述的排水监测，还应该包括所有的机械、可能会定期恶化的材料、电力、信息技术和管道系统、景观（需要定期关注树木）和水域特征（如池塘、小溪、喷泉等）。关于建筑维护的文章已经有很多，我就不再谈细节了。你可以查询一下，实际情况就像那些文章所说的那样。重要的是要记住博物馆肩负着一项特殊的责任，那就是负责保护现在和将来能代表公众的内核（藏品）及其外壳（建筑物）。正如蒂莫西·安布罗斯（Timothy Ambrose）和克里斯平·佩因（Crispin Paine）所说："维护不仅是识别问题和防止问题升级的必要手段，也是为工作人员和访客维持舒适安全环境的重要手段。"（安布罗斯、佩因，2006 年）

决定由谁来制定、监控和更新流程与流程本身一样重要。最好能选用在这个领域有经验的人来负责这件事。对于员工来说，最明智的人选是那些接受主管监督、负责维护和安全的人。董事会可以在这方面提供协助，而且指定人选应该要成为董事会的一员。了解维护和安全工作流程的最新进展是很重要的，必要时可以寻求外部援助，地方应急响应服务部门能够定期提供这类信息。无论采取什么样的工作流程，重要的是指导员工知晓这些程序，及时对新入职员工进行培训。处理紧急情况的流程经常被张贴在最显眼的位置，但它不也经常被遗忘吗？

安保

观众在进入纽约大都会艺术博物馆后，首先遇到的是安保人员，穿着制服的警卫很显眼，大包小包都会被粗略地检查一番。随后，你要把背包和箱子交给存包处的服务员。在展厅里有更多的警卫，你还会看到监视摄像机、运动检测器、烟雾和火灾报警器以及保障藏品、建筑物和确保人员安全的其他装置。

安全保障是博物馆的首要任务，而且必须永远被置于首位。对公众而言，这是个显而易见的责任。毕竟，如果我们接受这样一个前提，即博物馆为现在和将来的人所保管的东西是有价值的，那么我们就必须尽一切可能保护它们不被盗窃、免受自然或人为的灾难、不被人故意破坏以及避免藏品潜在的内在老化趋势。

博物馆的安保工作是为了保护财产和人员而存在的。除了藏品，财产还包括建筑物、设备、材料、设施和土地。具体人员包括工作人员、志愿者、观众、承包商、研究者；简而言之，包括任何在博物馆内的人或可以进入博物馆的人。确保他们安全的方法有的明确，有的模糊，取决于博物馆的能力和意向。一家拥有大量散布于数英亩土地上的自然类财产的博物馆可能不会像一个只拥有四分之一英亩土地的博物馆那样，对其所有的土地投入那么多的关注。

安保工作包括被动和主动两种形式。被动形式包括使用难以被破解的锁、限定某些区域的使用、使用特殊照明以及防火防盗的建筑材料。主动形式则包括报警器等技术设备、定期检查和组织工作人员进行规程演练，以及配备专门的安保人员。

在某种程度上，每个在博物馆工作的人都要对安全负责，不管具体的工作职责是什么。保护财产和人员的工作不能只是单纯地把这项工作交给指定的工作人员或安全装置。有一句新的格言说得在理："看到什么就说什么。"这句话在当今这个动荡不安的世界里对博物馆和其他生活领域同样适用。问题是人们应该去看什么？该对谁说什么？需要怎样的回应？有几本关于博物馆安全的书，我推荐大家读一读。

不论藏品是博物馆自己收藏的还是借来的，藏品的寿命和安全性都涉及它们被如何存放、操作，以及如何被用于研究、展览或某种形式的复制。实践证明，保证藏品安全最直接的做法是把它们交给专业人士。这些人包括藏品研究员、藏品保管员、展览技术人员和文物保护人员。安保人员、展览设计师、教育人员和维护人员虽然也可以在藏品安全标准和实践方面接受指导，但他们可能并非与藏品进行直接接触的最理想人选。

藏品失窃是博物馆安全领域的热门话题，但设备、材料和信息的失窃同样应该加以防范。有多少台办公室使用的电脑从博物馆里溜掉了？工具也是常见的丢失物品。纪念品商店不得不担心商品"缩水"。让诚实的人在博物馆工作或为博物馆工作，显然是防范盗窃的基本做法，根据我的经验，很多情况下都确实如此。在极少的情况下，违法行为也会发生，通常是明目张胆的资金盗窃。几年前，纽约市博物馆的一名会计被指控在几年的时间里窜改账目，骗取了大约 2.5 万美元。在本宁顿博物馆，一位观众提醒我，有一名工作人员在观众购买门票后将现金装进了自己的口袋。我不确定年度审计是否是一种安全措施，但如果执行到位、权责独立的话，这种做法确实是既令人安心又有帮助的。

提起博物馆的安保时，我们就会想到大量有关藏品失窃的新闻。这些事情一旦发生了，一定会登上头版头条。最令人不安的那次失窃发生在 1990 年，当时两名伪装成警察的男子莫名其妙地在一天晚上被允许进入波士顿的伊莎贝拉·斯图尔特·加德纳博物馆，带走了 13 件艺术品。这些艺术品至今仍未被找回（博物馆内没有人被追究责任）。无论博物馆规模大小，藏品失窃都时有发生。幸运的是，这种损失是极为个别的。那些可以轻易地将藏品从博物馆移走而几乎不会被发现的博物馆工作人员不会这样做，这真是特别让人放心。在这方面，那些有权利直接接触藏品的登记编目人员和藏品保管员尤其值得赞许。

防止藏品被窃需要具体的物防、人防和实际操作上的防御措施。物防包括建立特定的安全储存和藏品操作区域，规定只有某些人员可以进入该区域。这些区域需要被监控，必须经过适当的程序以确保安全进出。另外，还要保持信息记录以满足安全需求。负责博物馆安全的工作人员，不论是专业人员还是受过训练的个人，甚至是志愿者，都需要对安全的必要性略知一二。雇用受过培训的安保人员这种做法是可取的，但不一定总是可行。雇用外部的安全公司来协助有其优点和缺点，因为你永远不能确定被你分配任务的人有没有能力承担这项工作。

藏品盗窃经常发生在"非工作时间"，比如博物馆已经关闭或正在翻新的时候。窃贼光天化日之下在大庭广众中偷东西的情况时有发生，但较为少见。加德纳博物馆的失窃就是一个典型案例。当博物馆正值建设或特殊活动期间，非博物馆工作人员可能会进入馆内，此时必须加强藏品安全。下面我要举的两个例子就足以说明这一点。

多年前，纽约市博物馆将一艘 10 英尺长的船舶模型租借给位于曼哈顿一角的南街海港博物馆（South Street Seaport Museum），该模型当时被放在了为它精心设计的木质陈列柜里。有一年的 12 月，这家博物馆开始翻修船舶模型所在展厅的那栋建筑。圣诞节前夕，建筑工人早早地离开了，他们将通往后巷的那道门拆除了，却没有更换新的门，而是简单地挡了一块胶合板，用两颗钉子固定在那里。从胶合板被安装上到工人们返回博物馆之间的两三天，展厅被不明人员闯入（这一点也不困难），船舶模型被移走了。这艘船非常雄伟，从那以后就再也没有人见过它了。

1984年，阿里斯塔唱片公司（Arista Records）租用纽约市博物馆举办了一场庆祝公司成立十周年的派对。公司中最著名的艺术家之一，狄昂·华薇克（Dionne Warwick）同意在当晚献唱。参加活动的人数超过预期，至少有800人。第二天发现，在博物馆宏伟的螺旋式楼梯上方悬挂的几幅重要画像都被喷了一些苏打水。展厅中展出的具有历史意义的家具被挪动过，甚至被客人用来放饮料和食物。当时负责特别活动的人被解雇了，拖延已久未被执行过的场地租赁协议终于得到了落实。

保护展览中的藏品需要时刻注意。除了在展厅中以不影响藏品本体、避免任何故意破坏或偷窃可能的方式安全地放置展品外，还必须排除一切展厅中潜在的危险，比如过多的光线、温湿度的剧烈波动或空气污染。大多数博物馆负担不起聘请展厅专职保安的费用，因此展览必须做到"自我保护与自我引导"。展出服装类展品时需要格外小心，因为想要触摸织物面料是人类的天性（见彩插图8）。所以，不要过于依赖"请勿触摸"的标志来警示观众，也不要期望说明牌能向观众解释清楚为什么博物馆不让人触摸展品。

美国博物馆偷窃事件中最常见的三类失窃藏品分别是贵金属、枪支和珠宝。因此，在展示银器、枪、手镯、戒指、项链等器物时需要特别小心。历史建筑博物馆在这方面需要特别注意，因为这些器物会放在某个历史时期的房间中向观众展示。博物馆里还可能发生随机的盗窃和破坏行为，但幸运的是，这种情况并不常见。

博物馆藏品库房的管理也是保障藏品安全的一个基本要素，必须制定好行动准则以确保安保工作的有效性。再次强调一下，库房空间本身必须只用于存放特定类型的博物馆藏品。在过去，地下室和阁楼是很流行的库房选址，但如今已经发生了较大的变化。虽然不是所有的博物馆都能昼夜不停地精确控制库房温湿度环境，但中性的环境在某种程度上是可以实现的。门锁和其他管理访问的设备必须安装完善，不易被破解。文物库房不能对所有人开放。允许进出这类空间的人越少越好。锁、密码和类似的安全设备必须仅供那些经过筛选的少数人使用。出入库房的记录和空间使用的记录应该妥善保存。藏品存放位置的记录和移动的记录也是必不可少的。摄影记录也具有同等的价值和重要性。

显然，博物馆的整栋建筑都需要满足一定的安全要求。如果说某栋博物馆建筑是博物馆中最大的藏品，那么其安全要求就更高了，哪怕这件藏品是未经登记编目过的。这方面一个很好的例子可参考位于宾夕法尼亚州多伊尔斯敦（Doylestown, Pennsylvania）的默瑟博物馆（Mercer Museum），这家奇异的博物馆由巴克斯县历史学会（Bucks County Historical Society）经营。这家博物馆坐落于一个完全由混凝土构成的宏伟历史建筑中，保护这栋建筑是该机构的首要任务。在某种程度上，默瑟博物馆这个案例反映出了人们对博物馆建筑的关注，为里面的人员和器物提供了最大限度的安全保障。这样的建筑安全吗？出入这种建筑的方式合理吗？它们在紧急情况下如何运作？并且，随着时间的推移、随着新的使用需求的变化，它们会更新吗？

为博物馆里的人营造一个安全的环境是理所应当的必备安全措施，其首要任务是建立火灾和其他警报的应急响应程序。必须确认好相应的书面程序，定期更新，熟能生巧和反复练习也是同等重要的。我记得在我曾经工作过的一家博物馆，那里的火警警报不小心被激活了，但工作人员（包括展厅警卫）无动于衷，仍然在工作，他们完全不知道发生了什么，后来消防车来了，观众才自发地离开博物馆大楼。

我建议每年至少要与地方性应急机构进行一次会面。这些机构包括警察局、急救服务部门，特别是消防部门。如果每年能安排员工参观一下这些机构的设施，那是再好不过了。这些交流对于仅有志愿消防组织的社区来说尤其有用，因为这些组织的人员可能会变动，而他们对消防工作的熟悉程度自然会有所下降。

博物馆可能看起来是宁静之所，但它们也可能成为暴力、抗议和骚乱的目标。偶尔会有人攻击正在展出的艺术品。博物馆门前可能有社会抗议游行举行。又或者，博物馆还会收到炸弹威胁。因此，安全措施必须到位，以应对各种各样的不安因素，无论这些不安因素是多么不可能发生或出乎预料的。记住，你不需要独自一人面对这些事情。这就是为什么维护与地方性应急机构的伙伴关系是如此重要。另外，任何类型或规模的战争对博物馆的损害都特别大，在这种情况下博物馆将难以为继。

博物馆安保工作的对象也包括临时或定期在博物馆工作的非博物馆工作人员。机构外的承包商就是一个很好的例子。无论是景观美化服务、管道公司、信息技术外包服务还是屋顶维修公司，只要涉及博物馆的安保，任何人或者说每个人都可能是潜在的破坏者。哪怕是与博物馆签约的安保公司的员工也需要接受监管。

1. 多年以来，你所在的博物馆一直与一家独立的安保公司签约，其按照合同要求为展厅提供安保服务。警卫是公司的员工，公司负责招聘警卫，培训他们，提供制服，监督他们的表现，支付他们的工资，给予他们福利，等等。这些警卫来自你们所在的社区。你从未在博物馆里见过公司的管理人员，事实上，他们只会用每月的发票与你联络。到目前为止，你还没有遇到任何的安全问题，警卫们彬彬有礼，根据书面工作说明以及你的要求和指示完成工作。他们的时薪比最低工资高一美元，而你的时薪是最低工资的两倍。每当需要新的警卫时，博物馆似乎都会建议安保公司雇用当地的人。当你询问他们的福利后，发现他们的福利很微薄。你想改变这个局面。你会怎么做？

2. 你是新英格兰一家小型博物馆的馆长。从你的办公室可以俯瞰入口大厅，所以你经常将办公室的门敞开。一天，有一位观众走进你的办公室，指控你们博物馆售票处的一个员工偷钱。来访者详细解释了这个人的行为。很明显，当一位观众用一张10美元的钞票支付了面额为10美元的门票时，这个员工直接把那张钞票塞进了他的前口袋。售票信息是在收银机上登记的。有几个月，每日盘点核对收据时，登记的访客数量和门票收入之间会出现差异。对此，你会做些什么？

3. 你所在的博物馆董事会中有一位具有领导能力、积极主动、长期任职且慷慨大方的成员，他经常在博物馆参加会议、项目和参观，他向你要一把博物馆大门的钥匙，这样他就不必在每次进入博物馆之前提前打电话，或者在大门外面敲着门窗苦苦等待了。你会给他钥匙吗？

4. 你刚刚在某家博物馆找到一份新工作，但是在你开始工作一个月后，突发了一次火灾警报。这是一场虚惊，但消防部门及时赶到了现场。你注意到工作人员有序且及时地离开了大楼，但警卫和公众仍留在展厅里。这种情况说明了什么？

5. 几年前，你所在的博物馆同意长期出借一个 13 英尺长的船舶模型，以及用来放置模型的 15 英尺长的红木陈列柜。这座模型相当宏伟，仿照的是 20 世纪早期的蒸汽船。它被借给了你所在城市的一家海事博物馆。有一年的 12 月，海事博物馆正在翻新一个展厅，里面有这座船模和许多其他的海事文物。在平安夜的那天，装修人员早早地离开了建筑工地，他们仅用两颗钉子在展厅后门上钉了一块 8×10（英尺）的胶合板封住了这个出入口。这扇门通向一条小巷。真正的门在翻修期间被移走了，一直没有替换。后来，展厅被人闯入，宏伟的模型被盗，但由于博物馆一直关闭着，丢失展品的情况直到圣诞节后两天重新开放时才被发现。你会做些什么？

6. 你是纽约第五大道一家著名小型博物馆的安保主管。一天早上，你接到了一个问讯处工作人员的电话。她说一位游客想带着她的海龟进博物馆。这位游客声称海龟不是宠物，而是服务性动物。她当时一直抱着这只海龟，但她解释说，这只海龟可以用皮带拴着，在参观博物馆时可以和她一起走。你如何回应？

7. 你是一家历史建筑博物馆的馆长，这家博物馆位于某个小镇的郊区。你邀请志愿消防组织前来参观，让他们熟悉这里的环境。在这次参观中，其中一名消防队员注意到你们博物馆消防栓上的软管接头与他们使用的软管的尺寸不匹配。你该怎么做？

第十四章

博物馆与传媒

博物馆是传媒专家，至少看起来是这样的。你几乎每天都能在网上或报纸杂志上找到几篇关于博物馆的重点报道。这些报道大多敷衍了事、稀松平常，比如展览评论，与最近雇用员工相关的公告，关于一次活动的报道，庆祝最近的收购、新建、翻新或扩建项目等消息。博物馆为记者、博主、专栏作家和各种各样的权威人士（包括您在内）提供了极具吸引力的创作素材。博物馆的公众形象，从前还是躲在文化阴影下畏畏缩缩的，而今那样的日子早已一去不复返了。总的来说，这是一个积极向好的发展，因为博物馆学会了如何与每一个能想到的媒体渠道进行有效合作。

任何规模的博物馆都有专门从事公共关系事务的人员，尽管这可能不是他们的唯一工作。这些人应该培养和维持与媒体的联系，发布新闻稿，处理问询，并就博物馆本身或博物馆正在发生的事项提供一些基本信息。可能由于公关人员回应媒体时说的话事先得到了馆长的认可，而且他们的发声是连贯且恳切的，所以即使在处理争议时他们也能让博物馆看起来很好。我一直希望与我有关的所有博物馆都是"好消息博物馆"，哪怕它们的消息本身未必能遂人愿。这一点稍后会详细说明。

虽然博物馆可能有一名或多名工作人员负责处理公共关系，但他们并不是唯一与媒体接触的人。馆长、藏品研究员和教育人员经常与媒体打交道，因为这些领导者和知识积淀深厚的员工处在各类信息的中心，他们的地位为其赢得了博物馆媒体人的尊重。记者们会主动去找这些人沟通，因为他们觉得与自己打交道的对象应当是直接负责的员工而不是无关的员工。

博物馆发言人最好能用统一的口径发声，准确且良好地反映该机构的情况。我认识的大多数馆长都是优秀的媒体发言人，但并非所有的藏品研究员、教育人员、文物保护人员、会计师或维护人员都能担此重任。无论谁负责公共关系方面的工作，他都必须注意员工在公众眼中的形象。从事公关的员工，在传达和交流有关博物馆本身及其运作和成就等方面的信息时，能否做到直观明确、条理清晰、表达到位？这些行为举止对某些人来说是可以自然流露的，但通常这也可以经过一段时间的练习培养出来。

我本人很喜欢与媒体合作。我把这归功于三件事：实践；曾经在舞台上表演过的经历；多年来我已学会了不论在怎样的媒体环境中讨论何种话题，都能做到简洁明了、一语中的地进行表述。在向别人演讲或陈述话题时，你很难去倾听自己的声音，但这其实是可以做到的。这种能力在生活中的各个方面都适用，尤其是在与博物馆和媒体打交道时。过去我常常会倾听自己的发言，观察记者有没有在记录我的话，从而得知我的哪些话很快就会被加以引用。你要记住，最明智的做法是把你的讲话准备得好像你在引用自己的话一样。换句话说，这就像是给新闻规定一个主题，你可以用你喜欢的方式来讲述这个新闻。当然，你永远不知道你的话语被发表出来的时候是如何表达的，你会在第三方的口头报告或书面引用中听到它们，那时候才知道自己说了什么就太晚了。

博物馆的媒体参与有两种方式：主动的和被动的。博物馆的主动参与，意味着博物馆会向公众或某些特定群体公布博物馆所做的一切有价值、有趣的工作，并提供相关信息。这是由博物馆自己创造的新闻。在工作中，我一直会留意有没有任何值得通过合适的信息渠道传播的博物馆新闻，线上的媒体和纸媒都好。当然，那些我认为有新闻价值的事物可能不会引起其他人的兴趣，但随着时间的推移，你会对新闻产生自己的博物馆嗅觉。这不仅取决于你所在的机构及其举办的活动，还取决于你所在地区媒体的性质和特征。

我在大城市和小城镇都曾工作过，一直与媒体保持着良好的关系。

在规模较小的社区，与媒体保持友好关系是比较容易的，因为当地的媒体不过是一份地方性的报纸、一两份地区性杂志、电视和广播，以及互联网网站。在大城市，想要与大多数媒体建立联系、培养和维持良好的关系是相当困难的，因为与媒体之间的私人关系可能会发生变化，而各方博取关注的竞争非常激烈。在主要市场中获得主流媒体巨头的报道尤其困难。如今，有无数非主流的信息渠道可供选择，但这种多样性既分散了人们的注意力，又会把话题限定在谁在看什么或者在哪里看什么。换句话说，有这么多的特殊的消息渠道为了特别的用户群体开设，所以博物馆想要触达社会的普罗大众仍然是一个挑战。

博物馆是与故事息息相关的，所以它们通常会通过藏品和展览来讲述故事；新闻媒体同样和故事密不可分，所以第四等级（新闻界的别称）和博物馆之间应该存在一种自然而然的亲切感。大多数情况下是这样，不过这种共生关系通常由博物馆主导。换句话说，博物馆必须决定哪些故事可供公众传播，然后编写故事脚本，接着抓紧时间把它刊登在任何可能或需要的地方。最常见的做法是写一份传统的新闻稿，发送给收件人列表中现存的、希望目前没有变化的、经过审查的媒体收件人。印刷新闻稿的时代已经结束了，尽管这还会出现在特别活动和一些其他活动的新闻工作中。除了日常发送电子邮件或对媒体进行有针对性的轰炸外，博物馆还可以根据新闻的性质，私下联系媒体，这对新闻报道来说也是至关重要的。有时，我会遇到一些我认为非常吸引人的话题，这时我就会打电话给媒体，让他们前来报道。我的方法有时成功，有时失败。最成功的案例之一是，有一次我致电《纽约时报》的艺术评论家将博物馆中的一个故事告诉了他们。他们的反响很热烈。同时，为了不惹恼我们小镇当地的报纸，我给了它同样的"独家新闻"报道权。当地报纸在周一报道了此事，而《纽约时报》在周三报道了此事。

获得媒体报道固然重要，但要确保报道的准确性才是最为棘手的。一旦事实不在你的掌控之中，你只能祈祷上苍了。我常说，《纽约时报》

之所以如此受人尊敬，唯一的原因就是它犯的错误比其他报纸少。每当一个错误出现在出版物或网上时，你基本上无法改正它。当然，你可以要求更正，或者张贴更正说明，但很少有人会看到。应该指出的是，每隔一段时间出现的这种错误都是博物馆的过错，因此，在信息传播之前，要对事实进行核实、二次核实甚至三次核实，这是非常重要的。

博物馆与媒体之间的友善关系需要持续的维护照料。为此，必须以一种准确、及时、方便的方式，让新闻工作者于计划时间之前得到消息。但是，不要用微不足道或不重要的新闻来淹没他们，也不要用电子邮件、普通信件、电话、短信、推特等方式以无关紧要的事情不断轰炸他们。不要纠缠他们。

做好被媒体拒绝或忽视的准备。有些我认为会激动人心的新闻可能对于记者来说并不是这样的。媒体记者的数量越来越少了，以至于他们经常被一些大声疾呼、寻求关注的恳求者们压得喘不过气来。随着社交媒体的出现，曾经对于背景知识的闲聊如今变成了一种嘈杂的混乱，夹杂着吵闹的意见、观点和难以辨认的持续干扰，只有在偶尔的一些时候，有用又有趣的信息会打断它们，从这场混沌中脱颖而出。

谈到社交媒体，博物馆已经欣然接受了它，这是理所当然的。我完全赞同博物馆为尽可能多的人提供有趣、准确、及时和有用的信息。但是，博物馆必须谨慎使用和控制当今这些通信工具更新的速度和数量。一天要发多少条推文？脸书上通知几次？邮件轰炸的正确数量是多少？官方网站应该如何搭建、使用、链接、更新、全面改版等？这是一个前所未有的、允许人与人直接接触的时代。博物馆如何应对这一变化？谁在博物馆负责这项工作？谁有权就沟通的时间和措辞签字确认？

在媒体传播方面，不仅媒体技术需要一如既往地被理解和适当地使用，书面写作也同样需要字斟句酌。对博物馆（当然也包括其他任何事业）来说，这意味着博物馆中要有一个能言善辩的人来解释、称颂和赞美博物馆对外提供的任何消息。无论是写展览图录，还是发布新闻稿，演讲，发推文，更新网站、脸书页面，以及任何你能想到的传媒都是一样。因此，博物馆需要了解馆中谁的文笔最好，并且要有效地利用人才资源。比如说，这个人知道什么时候用"恭维"，什么时候用"恭敬"吗？从根本上说，那些与媒体打交道的人必须口齿清晰，能够理解媒体和博物馆的语言。同样，博物馆如何发声也不应受到博物馆规模大小的限制。当我还是佛蒙特州本宁顿博物馆的馆长时，我非常幸运地雇用了一位兼职图书管理员，他同时也是我们的编辑。这位员工在常春藤学校接受过良好的教育，做过一段时间的报纸编辑，文笔非常好。任何文章在没有经过他编辑的情况下是不能离开博物馆的，他的修改意见就是最终决定，甚至连我自己也不能使用特权去违反他的"法令"。

被动的博物馆媒体参与，意味着博物馆仅仅回应来自媒体的询问。博物馆收到媒体问询的原因有三：记者想寻找一些有趣的东西来报道；生活中其他方面发生了一些事件或问题，而博物馆或许能提供相关的线索；发生了一件涉及博物馆的事情，人们想就这件事提出一些问题。以我的经验来看，大多数意料之外的询问都是没有争议的，基本是博物馆运营有关的问题，比如展览、项目、新聘人员、新入藏的藏品、学术声明，等等。这些问题都很容易回应，因此我总是欢迎提问，也享受回答问题的过程。这表明，博物馆至少在当地的媒体心中占有一席之地，这类媒体问询的结果总是好的。有时，申请访谈的媒体并没有被纳入博物馆之前不断维护的那份媒体清单中，经由这种契机，博物馆的影响力可以得以更新或持续扩大。如今的媒体在不断变化着，密切关注他们都是谁、在做什么、在哪里做，是博物馆的一项永恒的责任。

另一种被动的博物馆－媒体关系是不太令人愉快的，媒体的介入通常源于某个困扰着博物馆的争议。这些问题基本都与人事有关，如解雇馆长或资金短缺、盗窃（金钱、货物或藏品）、不受认可的搬迁或合并、博物馆宗旨使命的彻底改变而不被大家接受，以及有争议的藏品注销。回应这些话题中的任何一个都是一场冒险，需要极大的敏感度和清醒的认知。如上所述，我一直希望"我的"博物馆成为"好消息博物馆"，但有时候，博物馆会有不太好的消息流出。

在与媒体打交道时，博物馆需要遵循一些必不可少的规程，如果接触媒体的原因是某个不愉快的话题，这些规程尤其重要。首先，建议统一口径，要让一个发言人用连贯、真诚、及时、合乎逻辑的方式做出回应。如果说正在讨论的问题涉及法律，或者正朝着这个方向发展，那么发言人应加倍谨慎。虽然我讨厌听到有人说"我们的律师建议我们不要对这个话题做出回应"，但这样的声明通常是有效的。

当博物馆卷入一场社会公开讨论的争议中时，最为明智的做法是避免混淆视听、不诚实地面对媒体或回避媒体。如果这个话题引起了记者的兴趣，那么这种行为倾向只会增加这位记者对新闻本身的狂热，他（或她）可能以不利于博物馆最佳利益的方式强化叙事的表述。要是媒体已经构建起新闻的框架，那么你能做的就是对新闻描绘的细节产生尽可能大的影响。对于那些试图审问博物馆以套取信息的人来说，理解负面新闻的事实和细节是绝对必要的。对此，博物馆应当做出清晰、诚实、不转移注意力的解释。尽可能少地交流就可以了。

无论你在与媒体接触时是主动的还是被动的，记住，你遇到的人对你所在机构的了解可能和你所在社区里的普通人一样多——也就是说，他们知道的并不多。这让你在解释新闻来龙去脉的时候拥有主场作战的优势，因为你可以用自己认为理想的方式来向别人讲述这个新闻。你的工作是以乐于助人的态度与记者打交道，为他们提供信息，而不是屈尊俯就。这就是为什么每次记者不管是因为什么而联系博物馆时，我都想立即回复。永远不要让媒体等待。这也是为什么我会指示员工将所有媒体采访的申请直接转给我，即使我们的员工中有一个指定的媒体联络人（所有与媒体有关的交涉发生时我都会提醒那个人）。我所管理过的博物馆都很小，所以很容易做到这一点。这种做法在大型机构中可能有些不切实际。不论博物馆的"新闻发言人"是谁，灵活应变的能力是必不可少的。让媒体等待只会导致如下两种结果之一：如果记者只是在寻找一个有趣的新闻，而博物馆似乎是容易完成这个任务的地方，那么博物馆只要反应慢了一拍，记者就会去别的地方找寻另一个新闻；或者，如果已经有一个新闻聚焦于博物馆运营的某个方面，而这是一个有争议的话题，那么怠慢媒体可能会让这个新闻呈现出一种比它本来的状态更加令人不安的基调。

博物馆与媒体的互动需要清晰、礼貌、简单和直接。这些要求不仅针对博物馆工作人员所提供的信息内容，而且还应扩展到提供信息的方式。有些意见由清晰、完整的句子组成，以某种合乎逻辑的方式呈现，但你常常可以看到人们在被录像时结结巴巴地说："嗯""是""有点""你知道的""比如""差不多"。另外，请衣着整洁（不要穿条纹太多的衣服），站直，直视镜头，不要做鬼脸，不要抓耳挠腮或者做其他不相关的事情。

1. 为什么时至今日，博物馆依然会在纸质媒体上发布信息？

2. 如果一家博物馆想把自己做的事情传播出去，它要怎么做？

3. 一家地方新闻机构指控你的博物馆中有一幅艺术品被盗。对此，博物馆要如何回应？

4. 博物馆在使用社交媒体时，需要制定并遵循怎样的规程？

5. 一位记者想要"独家"报道一条博物馆原计划通知各路媒体的新闻，博物馆对此应该做何反应？

6. 你工作的纽约市大型历史博物馆藏有一幅 18 世纪的肖像画，画中的人物是一个显赫的"殖民地"家族中的一员。一位记者发现，这幅画像创作的年代，正是这个家族依靠奴隶交易大肆敛财的时代。博物馆知道这一点，但从未在展览说明或发表的研究中提及。博物馆应该做些什么？

建筑

博物馆不过是一座建筑，仅此而已。

——乌勒克·马克西米利安·舒曼

（Ulirch Maximillian Schumann），2001 年

当我们提到某些博物馆时，可能会先想到它们的馆藏或某件特定的藏品，比如卢浮宫和《蒙娜丽莎》、大英博物馆的埃尔金大理石雕塑、现代艺术博物馆中梵高的《星月夜》。但是，当我们参观博物馆时，我们首先看到的是它的建筑。我们走进博物馆的那一刻就开始与建筑进行交互。在我们参观的整个过程中，我们都要面对它。而在我们走出博物馆时，带走的记忆里有一部分也是关于它的建筑。

世界上存在各种各样令人惊叹的博物馆建筑。从小巧到宏伟，从简单到复杂，从一目了然到晦涩难懂，一系列惊人的建筑都是为博物馆而设计建造的。不过也有许多博物馆的建筑建造的初衷并不是为了博物馆这一用途，在 19 世纪之后，博物馆才作为一种独特的建筑类型出现。20世纪下半叶，博物馆建筑发展到了让人眼花缭乱的显著地位，并继续飞速发展着。今天，博物馆已经被广泛认同为象征公民身份的机构，这种看法基本上已经固定了。博物馆渴望脱颖而出，或者至少做到与众不同。作为标志性建筑，博物馆可以像体育馆、学院和大学、表演艺术中心或宏伟的老火车站一样具有社会形象。不过，这些地方远没有像博物馆那样珍惜并保持其庄严的氛围，即使是那些墙上爬满常春藤的名校也做不到这一点（而且，这里并不像博物馆那样对所有人开放）。

博物馆的独特性促使其管理者希望博物馆的建筑能有所不同。如果改变不了建筑本体，那么他们就希望以一目了然的方式表明这一点，他

们不会让博物馆在普通的城市街道上被周围的环境掩蔽，或者迷失在田园风光中。很少有人想要将博物馆隐藏或伪装起来，如果博物馆真的这样做了，要么就是由于一种审美上的追求，要么就是负责城市规划的当局、社区中的爱管闲事者和地区规定所硬性要求的。正是出于这种原因，近年来我们经常能在博物馆外墙和建筑上看到挂在外面的横幅和大胆创新的标志。

为什么博物馆这么注重外观的显赫？这里是充满骄傲并极具意义的场所，但这些骄傲和意义事实上是没有基础的。我相信，越是不切实际的东西，就越是能因其在智力、情感或精神上纯粹利他的目的而被诠释和赞美。博物馆需要从外表上让人能看出自己正扮演的这种崇高的角色。事实上，许多人都声称博物馆就是我们的新型教堂，至少在建筑方面是这样。曾经的宗教场所被视为建筑思想的典范，它们在日常生活中处于核心地位，而在如今这个喧嚣的世俗社会中，它们的地位已拱手让予博物馆了。我这样进行类比有点过分强调的意思，不过许多博物馆确实拥有自己的信仰、神职人员、教义、仪式、教会谜题、忠诚的教众、异教徒和遗物遗迹。正如费尔南德斯－加利亚诺（Fernández－Galiano）所说："艺术是我们这个时代的宗教，博物馆是它的教堂。"（费尔南德斯－加利亚诺，2001 年）

如今博物馆的建筑变得如此重要有几个原因。其中一个是，它们保存着人们珍爱的和有价值的器物。它们是专门为公共利益服务的。它们是关于知识、学习和品位的。博物馆既然有这样的功用，就一定有对应的外表。在美国，博物馆由富人治理，而富人不愿意把他们的善行供奉于没有吸引力的环境中。在其他国家，博物馆通常由政府拥有并运营，因此，公民自豪感也是一个主导影响因素。请记住，公众没有兴趣定期参观脏乱差的地方，沃尔玛是个例外。慈善机构的款项如果没有捐给饥饿的人、为他们提供食物，没有为无家可归的人提供住处，也没有拯救其他迷失的灵魂，那么，捐赠者希望他们的捐款以一种积极乐观、声名卓著的方式被使用。博物馆就提供了这样的机会。最后，无论出于什么原因，博物馆都被认为是社会的资产，因为它们能引起人们的强烈共鸣，这需要漂亮的外观和优美的环境。多年来，博物馆在社会中保持着一定的使命和意义，其言下之意（有些人会说是字面含义）就是说把它们置于崇高的社会地位上。

我的职业生涯一直不断围绕在博物馆的内外徐徐展开，因此我经常会去审视和思考博物馆的建筑，由内而外，由表及里。策划展览，处理文物库房的各项事宜，理解机械设施和工作空间的需求，回应公共服务的需要，弄清楚人们如何进入建筑物并在周围移动的路径，以及统筹考虑博物馆的外观和用途，这些思考都让我对博物馆建筑是什么、做什么、如何做，以及为什么做产生了持续的好奇。

我不是一名建筑师，但我很欣赏这个职业，它需要大量的训练。我曾亲身参与了几个博物馆的改造和扩建项目，过了一把建筑设计的瘾。我非常喜欢这种工作。其中两个项目影响很小，另两个则影响很大，它们都为博物馆带来了重大的变化。目睹一个人的想法变成现实，然后看着这些构想按照预想的路径发挥作用，是非常有益的体验。我想这些经历让我体会到了如何能为更长远的公共利益而进行成功的建筑规划并实施建筑理念，这个过程中我尝到了些许兴奋和愉悦的滋味。

博物馆建筑可分为四类：一种建筑在最开始是为其他目的而建造并装饰的，后来这些建筑才作为博物馆被完整地保护起来；一种是将博物馆直接安放在具有其他用途的建筑中，改变了这些建筑的原始功能；一种是不仅改变了建筑的原始功能，还针对博物馆需求加建了一些结构；还有一种建筑是专门为博物馆设计和建造的。

最初为其他目的建造和装饰的博物馆建筑，最常见的有历史建筑、宅邸、宫殿、教堂、城堡等。例如海德公园的富兰克林·德拉诺·罗斯福住宅、罗德岛新港的听涛山庄（the Breakers in Newport, Rhode Island），以及田纳西州孟菲斯市的猫王故居雅园（Graceland, Elvis Presley's

House in Memphis, Tennessee）。这些建筑与它们承载的内容一脉相承。外部建筑的围护结构及其内部的所有内容是一个整体。它们共同构成了一套藏品。这套藏品只是凑巧由家具、墙壁、地毯、衣服、天花板、陶瓷、地板、窗帘、窗户等组成。这类建筑从未被计划当作博物馆。因此，这种建筑本身不会像是一个预先设计好的博物馆。其博物馆元素在于这片区域内的各种标识；一些建筑布局发生了变动，这些结构变动可能会保护或冒犯原有的结构或外观，却有助于博物馆员工和游客的日常活动；增添辅助建筑，如游客中心；还有景观展示，可能会包括一些令人分心的干扰物，比如不太好的雕塑。

最开始不是博物馆的这类建筑所面临的挑战主要是建筑保护与公共服务之间的博弈，当然还包括如何使用密室、阁楼和地下室作为办公室、会议空间、教室，等等。以合理的方式保存原始建筑可能很昂贵，并且这需要对建筑物的保护知识有相当多的了解。

让人们走进、逗留、穿过、走出博物馆，同时保存原始的内部装饰和建筑结构，往往需要创造性的思维，当然还有人力资源及其他成本。举例来说，这些建筑的设计初衷，大部分都不是为了容纳来来往往的观众，观众的流动性必须要做出一定的妥协。有些博物馆认识到了这一点，但拒绝为了眼前的需求去改变原有的设计。当地法规通常在一定程度上允许这些例外情况，只要博物馆能通过视听技术或其他技术为观众的参观活动提供便利，这样做也是可行的。公共安全预防措施和建筑规范的要求则往往很难满足，虽说设立这些要求的本意是好的，但它们难免会对这些历史建筑造成侵犯，比如说规定博物馆要竖立起显眼的出口标志、侵入式的喷淋灭火系统，以及执迷不悟地一定要在建筑中放置消防设备。博物馆的运营行为本身往往也会降低历史建筑原有的可欣赏性。比如说，我们经常能在历史悠久的豪宅大厅中间看到凌乱的博物馆售票处、问询处和存包处（见彩插图 9）。

原本为其他功能而设计的博物馆建筑，如今已经遍布世界各地。它们的起源有一个共同点，那就是会有一个或多个人认为某个建筑值得保存，并且最好（或仅能）把它作为一家博物馆来使用。这种改造计划会产生怎样的效果，在一开始并不重要。随着时间的推移，博物馆会在经营上遇到越来越多的挫折，人们才开始试图满足观众服务方面的实际需求和博物馆自身的需求。

《纽约时报》的艺术评论家霍兰·卡特（Holland Carter）在 2014 年巴黎毕加索博物馆（Musée Picasso）重新开放时指出了这栋被再利用建筑的缺陷："建筑是问题的一部分。这座博物馆的主体始建于 17 世纪，原为萨莱酒店（Hôtel Salé），位于历史悠久的玛莱区（Marais），拥有花园、庭院、两层楼高和镶嵌着雕塑的门厅。建筑内部起伏不平，空间狭小，有死角和不合逻辑的连接。"（卡特，2014 年）

"博物馆建筑"确实是客观存在的一种事物。博物馆在空间和基础设施方面有着各种独特的要求和特点。这就是为什么从事博物馆建筑设计的人（尽管不一定是建筑师）已经对完美的博物馆建筑类型形成了较为理想的期望。不过，试图在老房子、工厂、银行大楼、共济会会所、火车站等建筑的基础上建成满足理想结构需求的博物馆建筑是困难的。博物馆的专业人员是非常灵活且富有创造性的，但是如果他们被迫在建筑结构的矛盾中试图重新规划建筑功能，那么他们的才华就会被禁锢住。

我最喜欢的博物馆使用历史建筑空间的例子莫过于地方性历史协会所在地。它们其中许多机构的所在地都曾是当地某个知名家族的住所。房屋中的原始内容要么有一部分被展示出来，要么是全部空置的状态。无论在哪里见到这种房子，其使用方式往往是相似的。有几个房间进行原状陈列，客厅看起来就像是某个时期的客厅，餐厅以类似的方式呈现，卧室和厨房也是如此。一两间房被用作展厅。办公室可能被放置在任何不起眼的地方。未展出的藏品存放在阁楼、地下室、谷仓或车库里。随着时间的推移，这些房屋可能会增加空间来容纳展厅、图书馆、会议室、藏品库房、卫生间和办公室。在建筑方面，机构通常会努力使房子尽量保持原始的外观。建筑增补部分可能与历史建筑兼容，也可能不兼容。由于这些博物馆通常位于居民区，所以外部标识不得不做得非常低调，停车场短缺也是一个长期存在的问题。小型历史协会必须与建筑的变化无常抗争，但这并不意味着这些博物馆自身经营不善或不专业。有些确实属于这种情况，有些则不是。

在过去的几十年里，博物馆使用工厂和其他工业建筑作为馆址的做法已经变得司空见惯。部分原因是当时艺术家们占据了纽约和其他城市的工业空间，这便是博物馆这种做法的灵感来源。这种厂房改建公寓的开发始于20世纪50年代，并在70年代泛滥成灾（我曾经从零开始创建出两个这样的空间并住在里面，我可以证明这种现象确实存在）。这种将其他建筑改造成博物馆的应用似乎更容易操作，因为当所有需求和方案都说清楚之后，通常要做的就是将建筑物拆至只留下最基本的墙壁、地板和天花板，然后进行重建，这样就可以满足博物馆的标准和要求了。改造工业建筑的伟大先例包括纽约的迪亚比肯（Dia Beacon）[1]、伦敦泰特现代美术馆（Tate Modern）、北亚当斯的马萨诸塞当代艺术博物馆（MASS MoCA in North Adams），还有罗马的蒙特马尔蒂尼博物馆（Montemartini in Rome）[2]。

既改造了建筑的原始功能，又增添了符合博物馆使用要求的新结构，这样的博物馆建筑很容易找到，它们首先需要建立在一栋现有的非博物馆建筑中，然后再加上特殊用途的空间。我曾在三家这样的博

---

[1] 迪亚比肯位于美国纽约州达奇斯县比肯，是迪亚艺术基金会所属的画廊，集中展示迪亚基金会自20世纪60年代至今的大部分艺术收藏。迪亚比肯原址始建于1929年，原为印刷厂，被公认为20世纪早期工业建筑的代表。

[2] 蒙特马尔蒂尼博物馆，又名蒙特马尔蒂尼中心博物馆（The Centrale Montemartini），馆址原为罗马第一座发电厂，1997年起改建为博物馆，展示考古发现的雕塑。

物馆中做过馆长：俄亥俄州克利夫兰的西部保留地历史学会、佛蒙特州本宁顿的本宁顿博物馆、新泽西州莫里斯敦的莫里斯博物馆。位于大学城的西部保留地历史学会总部，拥有连绵不断的建筑，它们都是在两个历史建筑的基础上扩建并连接起来的。本宁顿博物馆一开始设在一家关闭的教堂里，如今这家教堂与多处扩建的建筑结构相连，是其他建筑的锚点。20世纪60年代，莫里斯博物馆从城里的一所学校搬到了郊区的一处宅邸，并在过去50年里增加了4座翼楼。每家博物馆几乎都以类似的方式利用历史建筑。它们会被改造成展厅、办公室和库房。当观众在博物馆中穿行时，就会感受到这些空间的存在。老建筑提供了一种混合了建筑优点和缺点的挑战，缺点相对而言略多一些。如果一家博物馆的建筑是完全按照博物馆需求建造的，那么它在展览、公众活动、非开放空间中的设备、娱乐设施等方面的要求就会更容易被满足。

这并不是说，在一个重新设计的结构中建立起博物馆，然后再适当地扩大其规模的想法应当被否定。这方面也存在一些成功的例子。我在上面引用的三个例子中，本宁顿博物馆在建筑上的改造最令人满意，因为多年来，教堂逐渐变成了这个机构扩大后的附属机构。位于宾夕法尼亚州多伊尔斯敦的米切纳艺术博物馆（Michener Museum of Art, Doylestown）就坐落在旧的县监狱里，至少它的正门是在那里，在它的雕塑花园一侧还有一堵高墙。这样的布局形成了一个有趣的外观，让博物馆其他地方所体现出的负面主题可以忽略不计，人们自然也不会感受到这原本是一个为其他目的而建造的建筑。

许多早期设计的博物馆随着时间的推移已经被扩建和翻新，变成了各种建筑结构的混合。这让我很快就想到了位于纽约的美国自然历史博物馆。在中央公园的另一边，大都会艺术博物馆也融合了不同的翼楼和建筑结构。当观众在博物馆里面走动时，可以在展厅、大厅和楼梯中瞥见许多老建筑的成分。有些博物馆建筑是为博物馆专门设计建造的，但这并不意味着它总是能很好地发挥其功能。位于曼哈顿的所罗门·R.古根海姆博物馆（见彩插图10）就是最明显的例子。这座建筑由弗兰克·劳埃德·赖特（Frank Lloyd Wright）设计，于1959年完工，这座位于第五大道的标志性混凝土"宇宙飞船"无疑是世界上最著名的历史性博物馆建筑之一。这种建筑结构可能算是博物馆中最重要和最具有经验价值的藏品。作为一个经常展示传统艺术品的地方，博物馆内部螺旋形的坡道、巨大的开放空间和倾斜的墙壁给人一种不舒服的观赏体验。进来参观的人不得不在斜坡当中爬上跑下。艺术品在右倾角度的框架中显得扭曲歪斜。观众要么和艺术品近在咫尺，要么只能远在天边，没有中间地带。我对那些患有恐高症的人感同身受。不过，公平地说，也许赖特在创造这个新颖的艺术观景空间时，走在了他所处的时代的前面。我们可以从一些新奇的艺术作品中看到这一点，这些新的艺术作品被专门做成挂在天花板上、从墙上掉下来或者从地板上堆积起来的样子。

如果你曾经参与过新博物馆建筑的设计规划，你会很享受项目公开招标后建筑师们给予你的热切关注。我曾问过一位建筑师，除了博物馆客户可能带来潜在的工作机会这一明显事实之外，为什么博物馆客户对他们来说是如此诱人。自尊自信是最重要的。博物馆享有崇高的地位，同时也喜欢坐拥庞大的建筑。这位同事进一步解释说，博物馆客户有着崇高的公共理想，因此相比于其他项目，建筑师可以发挥出更多的创造力。博物馆希望在建筑上投入大量资金，每平方英尺的花费比大多数其他建筑都要高。博物馆客户一般都受过良好的教育，聪明，而且很好共事。设计博物馆的成果比办公楼、仓库或停车场更令人印象深刻。

在20世纪的最后25年里，博物馆被看作地方、个人、群体或某种文明的自我价值的标志，这种想法突然爆发并以迅猛的速度发展起来。城市，尤其抵挡不住博物馆作为文化符号带来的吸引力。随着美国乃至世界各地大量的新博物馆建筑拔地而起，博物馆机构被神化的趋势得到了证明。在强化社区意识的过程中，建筑发挥了核心作用，它可能不是唯一的核心，但它通过无私的奉献，透过文化透镜，为公众提供了一个优雅高尚的场所，让公众心存感激。

博物馆作为一种建筑类型，在过去的两百年中不断演变。曾经，博物馆被认为是神庙（也有人认为是坟墓），它只要能简单地为展览、藏品保管和工作场所提供空间就足够了。博物馆的公共设施包括不便使用的卫生间和多功能会议厅。也许还有一间礼堂或教室。那时有一种最为典型的环境气候控制方法。天热的时候，你就打开窗户；天冷的时候，你就打开暖气（记得关窗户）。建筑的围护结构能把不良因素挡在外面。锁可以防止窃贼。今天，新的博物馆在有形外观的特性和运营的特征上已经更加复杂，或者说应该变得更为复杂。随着博物馆事业的发展，博物馆实际上已经成为一种行业，这对于意图长期保存和展示物质文化和科学类藏品的建筑设计有了更多的要求。要想成为热门的旅游景点，博物馆还需要提供更多非藏品相关的功能。

在评估新博物馆建筑的可行性时，有两种方法可以研究：由表及里，由内而外。在评价一家博物馆作为保护与阐释的公众服务机器方面是好是坏，用这两种方法应该都能得出相同的结论。

由表及里地了解博物馆意味着：从正门开始，沿着公共通道进入该机构，在其中穿行。博物馆的入口是否明显、容易寻找和使用？进入室内之后，各类陈设摆放的位置合适吗？人们行动是否方便？不过不要太过苛刻，还是放博物馆一马吧。我相信，哪怕一家博物馆只有两个展厅，并在它们中间放置一个巨大的入口，人们还是会抱怨自己会迷路。而且，你要记住，大约有一半的人都看不懂平面图，因此，给观众看的小地图如果放在错误的人手中，那么它就毫无价值。顺便说一下，关于游客服务设施，"博物馆疲劳"现象并不是建筑的错。这是机构本身的错，博物馆工作人员拒绝将充足的休息座椅摆放在合适的地方，还有些人竟然觉得观众必须在浓缩到很短的时间内用惊人的速度看完所有展览。

在参观完博物馆的公共区域后，你必须走到幕后去进一步欣赏它的建筑。博物馆的其他区域是否能满足办公室、工作室、机房、藏品保管与使用、停车等需求？安全措施和气候控制措施到位了吗？员工使用博物馆时看起来感受如何？

由内而外地研究博物馆以确定其建筑的效用时，要追寻藏品的轨迹，从它进入博物馆开始，直至它被维护、保管，然后用于研究和展览。这种研究方式与由表及里的方法截然相反，它首先要考虑藏品和工作人员的路径。你从博物馆的工作区域走出来，跟随一件藏品到它所在的展览中，然后你就又可以开始观察公众对博物馆空间的使用了。

对于新的博物馆建筑，有哪些决定影响了最终它们会建成什么样呢？之前提过的美学和空间使用，都是显而易见的必要考虑因素。除此之外还有很多其他因素。博物馆有多少预算？它拥有哪些藏品，以及随着时间的推移，未来在合理预期下它会获得哪些额外的收藏？汽车博物馆和邮票博物馆的建筑需求是不同的。博物馆想要或预期有怎样的展览要求？公共活动的需求又是什么样的呢？博物馆建筑所在的区域是什么样的？目前或预期的员工数量有多少？他们有哪些职能？一家博物馆预期或希望有多少观众？（请现实一点。许多新博物馆都是基于乐观估计的参观人数和收入预期建成的。）公众会如何使用这幢建筑物？停车情况怎样？是否会设置餐厅、销售商店或活动场地？

建筑师应该向博物馆客户提出很多问题，但首先，博物馆需要向自己提出很多问题。那些承担起建筑项目责任的人，必须考虑这个项目要完成什么目标以及为什么要完成，而且必须就这些问题达成共识。决定建造一家博物馆从抽象的层面来讲是令人愉快的实践——但是为什么要这么做呢？博物馆需要对"为什么"这个问题给出完全令人满意的答案，然后还需要深入了解这个建筑要建成什么样、在哪里建、如何建、何时建以及为谁而建。这些都不是轻率的闲聊。博物馆客户在寻找建筑师、签订合同、破土动工或浇筑混凝土之前，对这些问题理解并认同得越深刻，项目的成效就越好。

在规划博物馆建筑时还会出现的一个问题是，谁应该参与决策过程。我建议在项目刚开始的时候要多向别人征求意见，认真听取他们的发言。如果这些人熟悉或精通建筑设计、建造甚至博物馆工作的任何方面，那就更理想了。虽然说很多吸引人的想法都会产生积极的效果，但是，你最终不得不向其中的一些人表达感谢，然后摒弃他们的观点，继续前进，这样才有精力完成其他事情。在这种情况下，应该做决定的人将会越来越少，而这些人需要精通建筑、设计、博物馆运营、建造，等等。

博物馆是公共机构，所以我一直觉得在建筑项目徐徐展开的过程中，需要尽可能多地向公众公开信息。如今，通过互联网、社交媒体、纸媒实时报道、时事通信、会议和邮件，这一切都可以轻而易举地完成。

建造像博物馆这样大型的标志性建筑是很复杂的，在城市里建造更是麻烦。在博物馆领域工作的我们，几乎没有人能做好准备去处理如此重大的一项建筑工程。一旦施工开始进行，建筑项目就有了自己的生命，而我们这些博物馆客户将变成旁观者而不是参与者。如果说一切顺利，这是令人兴奋的，结果绝对值得庆祝。目的固然重要，但过程中的体验也不应忽视，不过，过程不一定都是愉快的。坦率地说，鉴于所有可能出错的地方，我很惊讶竟然每个项目在这些节点都能做对。在参加了很多次博物馆建设的每周例会之后，我对那些能在工作现场把事情做好的人怀有钦佩之情。他们既包括负责建造博物馆的建筑公司，又包括相关的各种分包商。建筑师在项目中确实担当着重要的角色，但他们并不总能像人们预期的那样心无旁骛。

对于大型博物馆建设项目来说，聘请一名优秀的施工经理是必不可少的。他（或她）应该代表你去见建筑师、建筑公司、分包商等。他（或她）是各方的中间人，定期直接地向客户报告项目进展。如果你能找到一个有博物馆工作经验的经理，那很好，但是这种情况很少。经理应该在项目进行期间伴你左右，解释项目中发生的事情，并以客户的身份代为传达你的信息。假如人选定得好，在理想情况下，这个人会是你的建筑顾问，这个职位是非常重要的。

给博物馆馆长一个提醒：在博物馆建设项目中，要谨慎对待董事会成员的参与。一些董事会成员会表现出对建筑和结构有丰富知识的样子，但他们可能是言过其实的。如果他们真的有建筑行业的专业知识，那么他们确实会非常有帮助。我曾与一位从事钢铁结构行业的董事会成员共事。博物馆正在进行一项建筑工程，当他查看工地时，他注意到两层钢架有点不垂直。他去参观的时机真是再好不过，因为他的直觉是正确的，发现的错误也得到了及时纠正。在另一个博物馆项目中，我们还有一位董事会成员也做出了相当大的贡献，他拥有一家全国性的建筑工程监理公司。他领导我们完成了一个大型扩建和改造项目，在各个环节中他都发挥了核心作用。我也遇到过一些董事，他们认为自己对建筑和施工了如指掌，并且喜欢这样告诉别人。还好没有人在意他们说的话，但他们这样做确实有些恼人。

已经建好的博物馆在扩建或翻新时面临一个问题，即在扩建过程中是否继续向公众开放。这个问题的答案没有对错之分。我觉得应该一直保持博物馆开放，原因有几个。考虑到建筑项目的性质和博物馆的功能布局，这样做会相对容易。展览、教育活动、办公室等都可以在拆除、改造和建设的过程中持续运转。我不希望有价值的员工在博物馆进行建设的一两年间离开或被裁员、强制休假或被解雇。也许最重要的是，我不想失去博物馆观众持续参观的势头，不然在建设完成后，我必须重新开始培养受众群体。

博物馆在大型建设项目期间继续营业，会对员工造成困扰。因为他们需要对工作现场出现的任何混乱负责，并尽可能保持局势稳定。管理者，尤其是馆长，有一项特殊的责任，即在偶尔非常艰难的情况下，要对员工的耐心和坚韧不拔表现出极大的支持与赞赏。在我参与过的一个大型项目中，工作人员必须在装修期间搬到临时搭建的活动板房以腾空办公室。我是第一个把我的办公室搬进板房里的人，最后一个离开的人也是我。

对于深入参与并负责博物馆建筑的维护，无论是外观还是功能，都应安排对该设计分支具有一定敏感性的人员。我说"应该"，是因为很多人似乎没有能力真正理解建筑这一宏图中的所有衍生物、表象及其影响。奇怪的是，我觉得建筑师有时也是如此。在我参与的每个博物馆建筑和改造项目中，建筑师都不清楚博物馆是如何运作的，也不知道为什么会这样。这挺让人意外的，但我一点都不介意。我非常清楚我的意图，知道我们要建造的是一个怎样的博物馆，我的意见总能占上风。当建筑师不听或不理解我的解释时，困难就随之而来。有一次就出现了这种情况，我们聘用的大型建筑公司不得不派来一名新建筑师。谢天谢地，替代人选棒极了。

根据我的观察和经验，我认为大多数人并不擅长视觉和空间规划。在工作中，我们经常与不完善的空间设计和功能布局的后果作斗争。有时候，展厅的位置和布置都很拙劣，博物馆的入口很难被找到且令人困惑，藏品库房设计得很滑稽，办公室和员工的工作空间杂乱地散落各处，维护设施被放在左手边，或者置于令人讨厌的正前方。

造成这些功能规划失败的原因很容易被找到。博物馆总在摆弄着现有的空间，思索该如何使用它们。这是因为，无论建筑布局如何，博物馆都倾向于做一些原有建筑设计和实际应用中没有计划到的事情。另一个原因是，这很大程度上取决于筹资压力和筹资结果，以及特定时期占据董事和馆长日程支配地位的事件是什么。想要表现出新鲜、潮流，甚至是前卫，通常意味着不可避免地做一些会破坏空间的事情。如果这件事放在有超前思维的员工、顾问和董事会手中，结果可能是有利的，甚至能带领博物馆走向辉煌。但放在错误的人手中，则正好相反。

在一个馆址上运行了很长一段时间的博物馆，通常会在建筑上面临严峻的挑战。即使其中的一些博物馆是为了保持静态而建的，哪怕它们的藏品和展览多年来都没有变化，这些博物馆也会在空间问题和建筑实体的完整性上苦苦挣扎。博物馆永远没有足够的空间让其能以最好的方式去做所有想做的事情。融资确实是一个持续的挑战，但在建筑用途和可用性方面，也存在很多问题都得不到解决。这就是为什么新的翼楼、翻新和改建总是博物馆讨论的话题。

提及博物馆建筑这个话题，一种很常见的做法是直接让问题消失，所谓的延迟维护综合症指的就是这种行为。这种故意忽视问题的姿态是不负责任的。这通常也是缺乏资金导致的——因为没有足够的资金来解决一栋建筑里的各种问题。在一定程度上，这种说法是可以被理解的。然而，大多数情况下，这种做法只是为了让董事们摆脱要为博物馆资金负责的枷锁。此外，"回避思维"反映出恐惧、无知和不愿完善计划的问题，它显示出员工和董事会被动接受现状的态度。这就是为什么对待建设新的博物馆翼楼、翻修和改建等项目都应该始终以一种合乎逻辑、现实但也富有远见的方式来思索和行动的原因。弗兰克·鲁宾逊（Frank Robinson）曾说（2006 年）：

> 在过去的一个半世纪里，处于行业领先地位的那些博物馆，其外部"皮肤"发生了巨大变化；过去，我们常常穿过巨大的圆柱，走进一座雄伟的艺术殿堂，而现在，我们常常拥入一个既开放又富有戏剧性的空间。无论好坏，这座建筑的总体目的似乎仍然是通过博物馆体验的特殊性为我们留下深刻的印象。

世界各地都有大量的新博物馆，而且每天都有更多的博物馆正在建成。我一直喜欢参观这些地方。这些成绩需要归功于那些精力充沛并努力实现这些目标的人。我有些担心这种势头无法继续下去，但谁知道呢。我无法预测博物馆的未来，但如果一代又一代的人能接受博物馆对社会的价值，并且博物馆能在情感上、文化上、经济上表现出它们的承诺，那么这种趋势将是良好的。

1. 不论博物馆属于何种类型，艺术类、历史类、科学类或是某种混合类型，所有的博物馆应该都有共同的建筑需求。这些需求有哪些？

2. 你所在的博物馆计划进行一项耗资 1000 万的翻新扩建项目，董事会的一位成员建议聘用一家建筑公司，这家公司的拥有者是这位董事的好朋友。这件事应当如何处理？

3. 你所在的博物馆有一项耗资 250 万的翻新扩建项目动工了，你们聘用了一家建筑设计公司。关于这一聘用决定存在一些争议，尤其是针对设计公司的建筑师。为什么会这样？

4. 什么是有价值的工程？

5. 一座大型城市博物馆正考虑将其馆址从原来那栋专为博物馆而建的建筑（1930 年）搬迁到一座并非为博物馆而设计的旧建筑（1870 年）中。博物馆目前位于一个贫困的居民区，而备选地点在城市的商业区。在讨论选址的不同选项时，需要评估建筑哪些方面的因素？

6. 博物馆建筑可以影响观众行为吗？如果可以，它是如何影响的？

7. 在决定博物馆纪念品商店应当置于什么地方时，有哪些考虑因素会影响最终的判断？

第十六章

志愿者

志愿者为美国的非营利性机构提供了动能。如果没有这些公民参与，许多机构将不复存在，或者，哪怕它们确实能存活下来，其业务范围和经营能力也会大大减弱。宗教团体每天都在使用志愿者；社区食品分发处依靠志愿者开展工作；家长教师协会完全由志愿者组成；童子军和女童子军因其大量的志愿者而为人称道。博物馆也不例外，在运营方面十分依赖志愿者。

博物馆志愿者在项目、活动、筹款方面发挥重要作用，他们能给予博物馆各种辅助支持。在我看来，在博物馆中建立一个架构合理的志愿者组织是物超所值的。它能用最小的资源实现最大的愿望，让博物馆在工作人员、顾问、专家和承包商数量有限的前提下以更少的资源和能力去实现其理想目标。志愿者，如果能经过仔细地筛选和管理，将有助于强化机构的使命。然而，有时候，志愿者带来的麻烦可能比他们自身的价值还要大。

如果博物馆仅仅是不定期地接受来自外界的志愿者申请，并以此来获得无偿帮助，那么这种做法是草率的。想要招募这类外援，最好是制定一个有组织的计划。假如博物馆的志愿者计划对工作人员和志愿者都有利，显然也对公众有利，那么该指导方针、流程、目标和结果应该被正式制定并实施。举个很好的例子，比如我曾担任过馆长的新泽西州莫里斯博物馆。它设置了两个富有成效的志愿者职位并拥有两个志愿者组织。他们包括一位非常能干的服装藏品研究员和一位地质类藏品研究员。两个志愿者组织分别是莫里斯博物馆之友和比克福德戏剧行会（Bickford Theatre Guild），这两个组织都致力于为博物馆筹款，曾一度为机构做出了巨大贡献。类似这样的博物馆志愿服务方式是很常见的。

切实有效的博物馆志愿者参与需要明确的领导和管理。那些愿意无偿付出时间的人必须了解机构对他们有怎样的期望，有哪些协议、指导方针或限制是他们需要遵守的，以及何时、何地、为何、如何遵守。这种期望与博物馆对带薪员工的期望并无两样。大型博物馆经常雇用人手充当志愿者的协调员，由他们筛选志愿者并将其安排在机构的不同位置。有一些部门和人员比其他部门更依赖志愿者，可能包括问询处、特别活动的统筹人员、活动迎宾员和招待员。如果深入大型博物馆的腹地，这里的志愿者数目可能会少一些，但也不一定。有时，这些区域可能存在着一个相当强大的官方认可并组织的志愿者队伍。然而，这些组织很少出现在文物保护实验室、木工车间或安保办公室。

显然，第一件要考虑的事是，博物馆是否需要志愿者？如果需要的话，博物馆必须明确他们做任何工作的原因、地点和方式，以及他们会在谁的监督下工作。制定并遵守某些安全措施尤为重要。志愿者是否能进入博物馆中一般不对大多数人开放的区域，他们能拥有这些区域的钥匙或口令吗？关于信息技术设备，他们能在多大程度上使用呢？比如密码等问题。假如他们拥有相关证件，这些证件应具备何种用途？当志愿者离开博物馆时，谁来检查他们的个人物品？人员背景的安全检查又该如何进行？特别是那些参与藏品相关工作的志愿者和儿童。

从管理角度来看，我发现员工对志愿者的态度是两极分化的，有些人喜欢志愿者，有些人不喜欢，中间地带似乎从来没有存在过。因此，一方面，我会尽量避免强迫那些不喜欢与志愿者一起工作的员工与他们共事。另一方面，我也会全力支持那些喜欢并欣赏志愿者的员工，以及那些愿意有效管理志愿者的员工。

许多博物馆都设立了成熟完善的实习项目，旨在培养对该行业的职业发展感兴趣的学生。这种项目一般不提供经济报酬，所以说项目参与者也算是志愿者。我很幸运，当我还是学生的时候，我总能在博物馆找到一份带薪的兼职工作，所以我从未真正考虑过参与这种无薪实习。如今，时代已经变了。虽说提供报酬的工作更受欢迎，但通过有组织的无偿实习获得的经验也相当有价值。很多博物馆学专业的研究生课程会坚持让学生参加实习，这种做法值得鼓励。

博物馆需要警惕志愿者工作适得其反的情况。有些小型博物馆会被那些在馆内深耕多年的志愿者掌控，这类情况并不罕见。有些人把组织的最大利益放在心上，但有些人只是打着这个旗号去做别的事。在规模和专业程度上都有所增长的新型博物馆，可能会面临有着立馆之功的志愿者和刚刚经过培训的带薪新员工之间发生的冲突。志愿者中还存在一种常见的弊病，即他们会利用自己与博物馆的关联来获取个人利益。这通常发生在当地的社交场景中，但有时也会涉及商业元素。志愿者需要知道他们与博物馆关系的合理尺度。博物馆的道德准则应该既适用于员工，也适用于志愿者。

除了向博物馆提供志愿服务的个人外，博物馆中通常还会有一些有组织的志愿团体。这些团体通常是正式组织、认定并安顿在博物馆中，致力于支持博物馆某个方面的运作或活动。这类团体最常见的名字往往是某某博物馆之友，或某某机构之友。我曾与类似的几家组织合作过，它们有的让人耳目一新，有的则非常糟糕，甚至是灾难般的存在。这就是为什么博物馆应当首先确定这类组织的宗旨目标、组织方式，其相对于博物馆拥有哪些权力，都牵涉到哪些人，然后对这些方面进行持续监控。财务问题也很关键。博物馆之友组织应该设立专属的银行账户吗？（根据我的经验，答案是否定的。）谁来决定它们要募集何种资金？在什么时间募集？具体怎样做？它们可以或者说能够使用或接触到哪些博物馆资源（人员、空间、时间安排）？控制住潜在的和实际的冲突至关重要。

关于志愿者团体的辩论和争议是如此之多，他们竟然能在博物馆中完成那么多的工作真是一个奇迹。20世纪90年代初，我在西部保留地历史学会担任博物馆馆长时，那里就有一个优秀的志愿者团体。该团体协助服装类藏品的管理工作，那是一批非常棒的藏品。团体成员大多为女性，她们了解藏品的重要性及文化价值。除此之外，该团体每年都会组织一场年度时装秀，展示一位当代著名设计师的作品，包括卡罗琳娜·埃雷拉（Carolina Herrera）、阿诺德·斯凯西（Arnold Scassi）和波利娜·特里盖里（Pauline Trigère）等人。这些熠熠发光的知名设计师会被邀请来做一次专题讲座，还会将他们的最新设计展示在"专题展览"中。这些活动筹集的资金用于对服装展厅进行大规模的升级改造。

另一个不那么成功的例子发生在 2001 年，当时我来到莫里斯博物馆担任常务馆长，馆里正有一个运营中的志愿者支持团体。莫里斯博物馆之友和博物馆管理部门在权力、财政、设施的分配和使用等问题上产生了分歧。博物馆和博物馆之友团体都设有独立的董事会，这注定会带来重重的困难。实际上只有博物馆的董事会才拥有合法的权力。这段关系花了几年时间才得以缓和，不过后来它们的关系愈发融洽起来。博物馆之友是个很棒的组织，不仅组织过很多优秀的月度活动，还负责举办博物馆的年度筹款晚会。

最后，我们必须记住一点，博物馆招募的志愿者中最重要的群体是董事会成员。我们往往会忘记这一点，但每当我计算志愿者为博物馆贡献的时长时，我都会把董事们的服务时间也包含在内。说起服务时间，我工作过的两家博物馆都拥有强大的志愿者队伍，因此每年会为他们举办"志愿者答谢午宴"。这是为了向过去一年中对博物馆给予无私帮助的众多个人表达感谢。同时，这也是表彰那些专心投入博物馆事业的志愿者的最佳时机。在这种场合，我建议就不要把董事会成员包括在内了，因为这看上去显得很自私。有时志愿者会"退休"，他们曾作出的贡献可以经由这类活动得到认可和赞扬。

如果博物馆能对志愿服务时长有一个较为准确的记录，那么估算人们在一年中贡献的时间就相对容易很多。我突然想到我可以把记录的数据基于标准时薪转换成美元。从最低工资标准算起，我在志愿者答谢午宴上向人们宣布,他们这一年的工作付出约合 XX 美元。然后我会根据当地的汽车修理工或地区律师事务所的每小时收费来提高换算标准。这样得出的数额相当惊人。我的这种做法可能看起来有点可笑,但它证明了人们所珍视的时间有多宝贵。

1. 某个历史协会拥有一批相当出色的服装类藏品。其中大部分藏品都曾被当地有名望的女性穿过，有几件甚至可以追溯到19世纪早期。该历史协会的志愿组织——历史协会之友决定今年的筹款晚宴将以时装展览的形式进行，由组织成员穿着博物馆的展品进行展示。这个主意好吗？如果好，为什么？如果不好，为什么？不论你做何决定，你想让你的选择如何付诸实施？

2. 你所在的博物馆有一个非常称职的、经过博物馆培训的服装类藏品志愿藏品研究员。博物馆的工作人员对这类藏品一无所知。博物馆藏品入藏工作是基于这位志愿藏品研究员的专业知识和建议来决定的。这种安排合适吗？如果合适，为什么？如果不合适，为什么？

3. 一家美国中西部地区的历史博物馆收藏了大量的汽车，数量远远超过100辆。每年，在协会总部所在城市的会议中心都会举办一次全国车展。一个支持博物馆汽车收藏的志愿者组织总会选择一些汽车藏品带到展览上，以展示博物馆在这一方面的特色。每次借展时双方都没有填写任何的借展文件，车辆全部由志愿者运送，没有任何博物馆员工参与其中。假如你是负责博物馆这部分业务的新任馆长，当某天早上上班时，你发现展厅的汽车不见了，你才了解到这种情况。展厅中留下了明显的一块空地，却没有任何说明牌或其他指示牌解释这个问题。你会做些什么？

4. 在钥匙、密码、口令、身份证件、名片、背景调查方面，博物馆应对志愿者采取哪些措施？

5. 以实习生身份工作的志愿者，被博物馆的藏品管理人员安排对藏品进行登记编目。博物馆怎样做才能保证他们工作的质量？

6. 有些博物馆的工作人员喜欢志愿者，有些则恰恰相反。如果博物馆准备开设一个由志愿者组成的实习项目时，怎样做能照顾到这两类员工？

第十七章　行为守则

冷笑话一则：一个骷髅走进酒馆，点了一杯啤酒，又点了一根拖把。

大多数在博物馆工作的人都拥有良好的行为举止。至少，据我多年的经验来看，确实如此。这并不意味着博物馆中不存在怨恨、嫉妒、不满和诽谤等情绪。和其他任何工作场所一样，博物馆里会涌现出各种情绪，积极的、消极的都有，但总的来说，我觉得博物馆是工作的好地方。

当我刚开始在博物馆工作的时候，处于社会地位的最底层，那时候我也经常被人以礼相待。这种现象之所以会存在主要有几个原因，其中一个原因是曾经统治美国的社会经济权力精英时代正在衰落。当时我正站在这个时代的末尾向它告别，那时美国的历史博物馆还是权力精英的后代和历史物品的聚集地。从人的角度来看，至少就博物馆馆长和藏品研究员而言，这种现象与旧有的长子继承制相辅相成：第一个出生的儿子继承家族财产，第二个进入了军队或商业，第三个做神职、做教育，或者，从 19 世纪开始，进入博物馆领域。与人口统计结果和社会秩序一致，美国博物馆的大多数白领员工（这里我用了一个老派却和当时的背景息息相关的术语）主要来自富有的白人群体、盎格鲁－撒克逊人和新教徒世界，他们或渴望财富，或安于富有。董事会明显能反映出当时的这种文化现实，因为这类机构是富人的职责。在如今的文化和慈善董事会成员之中，财富仍然是他们共同的特征，但现在的富人在肤色、民族、种族、宗教等方面变得更加多样化。虽说在这方面还有很多值得完善的地方，但目前为止，博物馆人员结构的多样化已经取得了一定进展。

某些制度化的行为预期仍然遵循旧秩序。大多数员工不会在工作中胡闹或出格。他们大多穿着保守，常把"请"和"谢谢"挂在嘴边，即使这是多余的。他们会为彼此开门。他们往往对馆长和董事毕恭毕敬到阿谀奉承的地步。有些人说话的方式很奇怪，他们会模仿傲慢的语调，仿佛在展现他们的英国口音一般。这并不是说博物馆暗地里不存在不良行为。博物馆和其他工作场所也没有那么不同。

作为一个上司，我对博物馆氛围的好感可能是主观的，我的感觉只能反映一个事实，那就是我喜欢置身其中。无论一家博物馆有多杰出，其中总会有一两名员工喜欢发牢骚和抱怨，我总是第一个听到这种声音的人。这样的人在各行各业都有，但请不要出现在我们这个领域。改变你的态度，不要无缘由地抱怨，法官并没有判你必须在博物馆工作。你应该感激你所做的工作对社会是有价值的，你应当享受这份工作，否则请离开这里。

建议在博物馆工作中保持良好的行为和基本的礼仪，原因如下。最明显的缘由是，在互相尊重的氛围中工作更为可取。不管某些道德观念有多过时，理解并实践它们会成为一种职业优势。我知道在博物馆的世界里有些人认为忽略基本的礼仪规范是一种进步，他们在这个方面已经走得很远了，但是我没有兴趣结交这样的人，其他人应该也没有兴趣。从长远来看，在我所在的领域里那些最受尊敬、最受仰慕和最受喜爱的人，无一例外地易于相处。我还发现，互相尊重的同志情谊能够提高生产力、忠诚度和创造力。

给工作场所奠定有礼貌的基调要从高层着手，要从馆长办公室开始。糟糕的博物馆领导给员工树立了坏榜样，创造了一种降低工作质量和效率的氛围。抱怨、指责、不诚实、不断挑剔、找借口、责怪他人、批评员工和董事都是糟糕的领导行为。这种管理方式意味着管理者缺乏控制力和能力。没人会感到安心。我可以像其他人一样说闲话或表达反对意见，但当我成为馆长后，我就需要避免这种行为。

一个人做事的细节往往能揭示出其性格特点，礼仪方面尤甚。在我曾经工作过的一家博物馆有一位新任馆长，有一天他把他的妻子带到办公室，但当他们在办公楼中遇见其他员工时，他拒绝把妻子介绍给他们。当然，员工们都很乐意和他们打招呼。而董事们在场时，这位馆长倒是会热情地向他们介绍自己的配偶。他的傲慢和愚蠢让我和员工们迅速达成共识，即这个人愚钝不堪。可惜，董事会花了好几年才意识到这一点，当时博物馆基本上荒芜成了一片废墟。在另一位对基础礼仪了如指掌的馆长的领导下，这个地方得以恢复，成效显著。在我曾任职的另一家博物馆，有一位馆长是我的上司，他十分擅长鼓励并认可董事和工作人员，不论其社会地位或职位高低。他不仅喜欢与遇到的人聊天，也留心记住沿途获得的信息。这让他受到大家的喜爱，同时也营造了一个温暖、相互尊重的工作环境。

我们习惯于将行为准则列在人事手册或其他官方文件中，但它们在工作中如何发生以及达到何种程度会因人而异。友善、尊重、体贴、扶持、专业或用心很难被定义编纂。我注意到，博物馆中有两类员工的行为存在越来越粗鲁的倾向：馆长和藏品研究员。这都是我曾经被委任并热爱的职位。也许是因为我太敏感，也许我是个异类，所以会产生一种傲慢自大的态度。博物馆如今在我们的社会中享有卓越的地位，所以这些职位的竞争非常激烈。有时身居其位的人会自我膨胀。我觉得这太失礼了。奇怪的是，小型艺术博物馆中的这种现象比大型博物馆更为明显。我在大都会艺术博物馆、史密森学会、波士顿美术馆等地方就很少遇到这种情况。

关于博物馆员工应当遵守哪些礼仪和习俗的建议有很多。一个人在工作中的穿着就是很重要的一点。大多数博物馆员工的着装都适合他们的工作。人事手册中通常有关于着装的指导说明。在我职业生涯的早期，我曾得到过一个惨痛的教训，从此它改变了我对日常着装的规划。

在纽约市博物馆开始从事藏品研究工作几年后的一个星期一，我穿着相当随意的衣服去上班了。我没有打领带，穿着牛仔裤、灯芯绒运动外套和一件工作用的衬衫。博物馆周一闭馆，我也没有预约或会议安排，所以我计划做一些搬运藏品的体力活。这时，馆长办公室里打来了一通电话。馆长本人当时并不在办公室。这通电话是纽约证券交易所（New York Stock Exchange）打来的，对方想知道博物馆是否有兴趣收购交易所场内的一个交易席，该交易席即将被拆除，它会被新技术更新替代。这些席位可以追溯到20世纪20年代，虽然曾经被现代化改造过，但它们现在显然需要被拆除了。我说我很乐意拜访他并想和他进一步讨论这个想法，问他什么时候可以约个时间见面。"现在。"他回答道。明天，所有的席位都会被扔进垃圾堆。直到那一天，才有人想起博物馆可能对此感兴趣。我说，我在路上了。一想到我要在一个建筑工地里走来走去，我就觉得我当时穿的衣服很完美。我跑到列克星敦和103街交会处的6号地铁站，直奔金融区。我在交易所的入口处遇到了纽约证券交易所的主席。毫不意外，他穿的是定做的西装、硬挺的衬衫、领带和定制的鞋子。我一边大汗淋漓地感谢他能记挂着博物馆，一边说我有多么期待能见到建筑工地里的交易席位。事实上，那一层楼什么也没有发生，除了我们两个人，再无别人。交易席位们静静等待着它们的命运。我选了其中一个席位，当我正准备离开的时候，他邀请我去交易所餐厅吃午饭。我以为那是一个员工自助餐厅，自以为我肯定会和在场的维修工人们合得来。大错特错！那是一间人们所能想象到的再优雅不过的餐厅。从那天起，我就一直在为工作中可能发生的意外做好穿着上的准备。对男士来说，穿便装可比穿正装容易得多。当我成为一名馆长之后，我在办公室衣橱中一直放着备用的领带、夹克或西装以及合适的鞋子和袜子。这种预先准备甚至可以包括化妆品。

从工作面试阶段就开始考虑工作着装是个较为理想的选择。除非你要申请在以性感著称的猫头鹰餐厅（Hooters）的博物馆①工作，否则不要穿着暴露，也不要穿短裙或短裤，无论男女。如果申请管理职位，那么应该穿西装。如果申请的是维护工作或幕后工作，男士和女士都可以穿运动外套和保守的长裤。我建议男士在参加博物馆工作面试时系领带。有个学生在面试一份无薪实习时，就接受了我的建议。他最终面试成功了。后来我从博物馆得知，除了他的个性和履历相当出色外，他的衣着也给他们留下了深刻的印象。男人应该避免穿红袜子，我曾经面试过一位穿红袜子的求职者（他没有得到那份工作）。最好把文身和身体穿孔减到最少，并且别让他人看到，除非你申请的是一家前卫的当代艺术博物馆的职位。在面试或电话回访期间要随时准备四处奔走，所以要穿合适的鞋子。做好与别人一起用餐的准备，这种场合还要讲究餐桌礼仪。

当我还是个孩子的时候，我听过一个故事，讲的是我的一位去世已久的姑奶奶，她生活在19世纪晚期，在费城一个工业社区里给移民家庭的孩子们上课。她未婚，教书是她在社交圈里唯一体面的工作。她很喜欢这项工作。她教的其中一项就是餐桌礼仪。她会把纯银餐具、瓷器、亚麻制品、玻璃器皿等器物带到课堂上，并解释如何使用这些餐具，同时得体地坐在桌边，和孩子们进行礼貌的交谈。

你面试的职位级别越高，你就越有可能在面试中至少吃上一顿饭。这个饭局可能发生在餐馆、私人住宅或博物馆里。它可能还包括一个鸡尾酒会。你的配偶、伴侣或其他重要的人可能会被邀请一同前往（当然不会三个人被一同邀请）。在这些情况下，餐桌礼仪就派上用场了。你应该知道用什么银器、怎么用、什么时候用。如果你们在餐馆见面，最

---

① 猫头鹰餐厅是一家美国连锁餐厅，售卖快餐食品。该餐厅的标志是猫头鹰，而餐厅特色是性感的女服务员，女服务员都是以小背心及热裤为制服。此处作者所谓的"猫头鹰餐厅的博物馆"是指猫头鹰餐厅店内的餐厅历史展示区，以此戏谑该餐厅过分强调身材的招聘标准。

好点一些简单的食物，这些食物可以用叉子或勺子送到嘴里，而不是用手指。尽管我很爱吃法国洋葱汤，但吃这道菜容易邋里邋遢的。有胡子的人特别要注意这一点。坐正，直视每个人的眼睛。酒精可能是个挑战。如果摄入酒精后会行为失当，尽量少喝酒或完全不喝酒。

我曾申请过加州某博物馆馆长的职位。博物馆董事会主席的家族拥有一个酿酒厂。在我的第二轮面试中，我们去了一家供应这种酒的餐馆。当然了，我不仅要喝，还要评论它。我每天晚饭时都会喝酒，但我一直不懂品酒爱好者的语言。那天晚上，我喝得比平时多了一点，虽然表现得规规矩矩，但我记得我回答一些面试问题时显得比平时热情许多。最终我没有得到那份工作。我那天晚上激昂的讲话对这一决定产生了何种影响不得而知，但这并不是我面试过程中最精彩的部分。（最终被聘用的那个人一年后被解雇了。他们本应该聘请我的！）

良好的人际关系对生活的方方面面都有帮助，尤其是在博物馆。建议无论你的同事处于何种职位职级或你对他们的看法如何，你都要花相当多的心思和精力与他们和睦共处。从维护人员到办公室职员，再到藏品研究员、教育人员、馆长，还有董事们，都在努力以一种互利互助且令人愉快的方式与每个人打交道。这种职场行为可能看起来有些刻意，但如果过分强调个性的话就会削弱对效率的重视，这种情况并不少见吧？当你面对压力、困难、烦人的环境和个人时，保持礼貌会成为你的盾牌。一个人给别人的印象可以是低效、冷漠、兴趣淡然或心不在焉的，但这种印象需要用显而易见的精力投入来加以平衡，不过我从不后悔在每次工作的低谷期依然保持礼貌。在博物馆内外，有很多人自以为他们了解这个地方，但实际上他们并不了解博物馆。他们的无知是一种福气，但我们必须应对他们的无知。我不喜欢忍受愚蠢的人带来的折磨，但我尽量不当着他们的面表现出不尊重，因为我不想自我沉沦到他们那种低级的水平上。礼貌可以防止这种情况发生。

在我职业生涯的初期，我就发现了一个和行为有关的代沟，它既有趣又明显。这个代沟与第二次世界大战的退伍军人有关。他们与同事打交道时，无论其职位如何，从不会给人一种傲慢自大的感觉。有些事在我们这些人的眼中是惊天动地的，但对那些曾经在可怕的战争中苦苦挣扎的人来说却不值一提。我和这样的几个人一起工作过，他们日常中兼顾全局的言谈举止和冷静沉着的处事态度，让我原本感觉是灾难性的难题变得没有那么可怕。和大多数退伍军人一样，他们不常谈论自己的糟糕经历。偶尔他们会讲述一些短小的故事，不过这种情况也很罕见。

今天，我们通过书籍和电影逐渐了解到那批与博物馆事业息息相关的"二战"老兵，他们当时被盟军指派保卫并取回被纳粹窃取或因战争而受到威胁的文化财产。这些被称为"古迹卫士"（Monuments Men）的人中，有许多人在战后的很长时间内仍留在博物馆工作。他们其中的一位，詹姆斯·罗里默（James Rorimer），后来成了纽约大都会艺术博物馆馆长。在他书桌的抽屉里一直放着一把装有子弹的左轮手枪，他这样做是因为害怕当年服兵役时经受过的那些恐惧卷土重来。

我总会在很短的时间内回复电子邮件、信件、电话和个人问询，不管它源自何处。不幸的是，这种做法在我德高望重的同行中越来越不被认同。我曾经给我的研究生们布置过一项任务，要求他们面对面地采访一位他们不认识的博物馆专业人员。在 20 年前我刚开始布置这项任务时，每个学生在第一次尝试的时候就成功地联系上了对方。现在，竟然有很多潜在受访者一直没有给出回复。我觉得这是没有礼貌、傲慢、不专业、粗鲁的。我们在博物馆领域的工作是为公众服务，应该对他们负责，无论"他们"是谁。不论其他情况如何，这意味着当别人用现在各类科技通信手段联系你时，你需要礼貌地回应。我知道大家都很忙，但那不能成为忽视别人问询的借口。一个很简单的答复通常就已足够，即使你说的是"谢谢，不用了"。如果我通过电子邮件、信件、电话或其他交流方式联系我们领域的人，但被忽视了，我会有被冒犯之感。

我们应该特别注意回应那些有志于未来在博物馆工作的人提出的请

求。我非常幸运，当我还是一名探索博物馆领域的学生时，我的疑问总能得到答复。也许，我可以通过为别人做同样的事情来报答我的这份感激之情。

我还注意到，最近我带博物馆同事共进午餐或晚餐后，对方跟我说"谢谢"的次数有所减少。这种礼貌其实很容易通过手写便条、电子邮件、短信或电话来表达。对我来说，这种缺乏礼貌的行为只能说明两件事：这个人没有成长在学习、尊重和使用礼仪的环境中，他也不愿意在这方面迎头赶上；还有就是，我再也不会免费请他吃饭了。我想给这些人寄一本讲述如何遵守职业礼节的手册。

上述在工作中与人际关系有关的注意事项和提醒，放诸书面文字同样有效。这不仅包括纸质通信，也包括电子通信。任何能用铅笔和钢笔写在纸上，打在台式电脑、智能手机、平板电脑等设备上的事情，都会以某种方式留存下来。每当我在设备上书写文字、粘贴图片和图示时，我都要考虑到其他人的感受。我说的话，如果被人无意中听到，他会怎么理解呢？我并非天生的偏执狂，我很少在网上做一些会让自己陷入危险境地的事。我可能会在纸上这样做，但仅限于我可以匿名的情况下，或者我需要准备相关的证明文件，比如处理人事问题时就会如此。下流的幽默、恶毒的批评、毫无根据的指控、暴力、性以及对种族、民族、宗教和性别的不宽容行为都需要避免。我清楚地记得我的一位老板曾在这方面给予我建议，他警告我说，每次动笔写文章时，都要表现得像我写的这篇东西会出现在《纽约时报》头版上一样。尽管通信技术已经进步了许多，但他的观点在今天仍然成立。请记住，《纽约时报》现在也可以在网上查看了。

在说明行为举止对博物馆专业人士的重要性之后，董事们也不应置之度外。一般认为，这些能用一只手翻云覆雨的人在行为举止方面是模范榜样。大多数时候这种说法是对的，但偶尔可能不是。处理员工的礼仪失当行为已经很难了，馆长的就更不用提了。

在我领导过的一家博物馆里，有一位吃东西声音很大的董事。在董事会会议期间提供的自助餐上，他的这个特点才被我们注意到。他会把食物堆起来，然后大口大口地吃掉。一位董事觉得他的行为太无礼了，我不得不保证他们两人坐在不相邻的位置上。另一位董事认为我们提供自助餐是在浪费资金，尽管其他人都喜欢吃自助。于是我在自助餐桌上放了一个募捐箱。还有一个问题是，是否要提供酒水。我们提供了，不过没发生什么不好的事。在我工作过的另一家博物馆里，有这样一位董事，他每次来到博物馆时浑身都散发着酒气。这个人是个不令人愉快的酒鬼，总是一边对员工指手画脚，一边贬低他们的表现。好在这位董事最终从董事会辞职了，我希望他这样做是迫于其他董事的压力。

有一次，我决定在董事会中设立一个零售商店委员会，有一位女性似乎能胜任委员会主席这一领导职务。这位女士已经在董事会任职多年，为人处世良好，对待每个人都很有礼貌。就在这时，我遭遇了一个相当棘手的董事礼仪失当的行为，从而证明我对她的预估大错特错。几乎是从一开始，她对这家商店的设想就与相关专业人士（包括员工和顾问）的设想产生了冲突。她总觉得自己是对的，而别人总是错的。如果有人不立即执行她的命令，她就马上指责回去，这种指责令人不快，甚至几乎升级到我要采取人事调动的地步。幸运的是，经过我与董事会主席在幕后使出浑身解数之后，这位董事不仅辞去了委员会主席的职务，还辞去了董事的职务。董事会成员很少自我监督，因此在上述两件案例中，我是幸运的。

抱怨起不良行为来，当然不能漏掉高管猎头公司，有时这些公司人员的工作态度非常不礼貌。我和许多同事都会在私下抱怨这些公司对待求职者的方式有多么差。我曾以雇主和应聘者两种身份经历过博物馆寻找高管的过程。职位申请得不到回复，从其他项目拨来一些完全不适合某份工作的候选者，不跟进面试过程，不关注简历，类似的情况简直罄竹难书。问题是，你不能抱怨！要是你有意疏远一家猎头公司，那你将永远被它列入黑名单了。

"有毒的博物馆",这种说法在我们领域很少出现,但确实存在,所以也应当对此做一下评论。有毒的博物馆,其特点在于管理不善。

纽约历史学会(New York Historical Society)是一个很好的案例,在其"有毒"的时期它近乎关闭。据凯文·格思里(Kevin Guthrie)的描述,历史学会多年来的失败领导导致了日益严重的财务危机,这让博物馆的生存状况处于风雨飘摇之中,后来纽约州司法部长办公室不得不被召集来拯救这个机构(格思里,1996年)。随着新领导人的进驻和资金的注入,这里出现了一场令人惊叹的复兴。

对于有毒的博物馆来说,最令人扼腕的是藏品、工作人员和项目的损失。博物馆对于保护藏品的关注往往会直线下降,优秀员工会离开,项目难以为继。应当对此负责的管理机构和管理层要么不承认混乱的存在,要么不愿承认这一点。他们通常会建立起自私的生存模式。如果事态真的摇摇欲坠,他们就会指点一番江山,然后转身就走。不管怎样,有毒的情况总能长盛不衰,博物馆总会敷衍了事,这令我目瞪口呆,就仿佛这个机构一直延续着自己的生命。

让我们换个轻松的话题,聊一聊工作中的幽默。我经常利用幽默。不过,很久以前我就知道,幽默需要通过一些技巧来优雅地运用,在工作中尤其如此。它能使人放松,有助于愉快的社交和商业沟通,减轻创伤,平息愤怒,镇定神经,抹去怨恨,使每天变得快乐。它也可能是有害的、让人不舒服、不合时宜、无礼和低俗的。幽默需要被认真对待,尤其是在工作场合,那些感觉自己在职场中经常擅用幽默的人不知祸之将至。博物馆是非常有趣的地方。对我们这些在博物馆领域工作的人来说,善用幽默的诀窍在于认识到它的两面性,勤加思考如何才能最好地表现并应用它,可以从开自己的玩笑开始。

每隔一段时间,我都想做个恶作剧。多数情况下,我都能抵抗住诱惑,但我的博物馆生涯曾允许我放纵过几回。比如说,《疯狂》杂志的创始人比尔·盖恩斯（Bill Gaines）去世的那年，我正在西部保留地历史学会工作。我们这一代美国人是看《疯狂》杂志长大的。在我看来，比尔算是这个国家的偶像。历史学会的总部位于克利夫兰大学圈，在学会长条形的建筑前面有两根旗杆。我将其中的一根旗杆降半旗，以向比尔表达敬意（我实际上见过他一次）。白天，有一名警卫问我，谁去世了。我说，比尔·盖恩斯。警卫不知道我说的这个人是谁。他想了想这个名字，一口咬定这个人是一名退休多年的警卫。我没说什么。那天傍晚，所有的安保和维护人员都在为那名警卫的去世而默默哀悼——一名不曾有过的警卫。我想比尔会喜欢那个场景的。

还有一次，历史学会正在克利夫兰举办一个关于早期火箭研究的展览，我让美国国家航空航天局运来了一枚 60 英尺高的火箭，并将其放置在历史学会前的草坪上（见彩插图 11）。能遇到这个机会纯属偶然，当时我正在参观美国国家航空航天局位于城市西部的一处机构。我注意到，有几枚火箭被放在拖车上，有人告诉我说它们是用于上街巡游的。我问他们可否借我们馆一枚火箭来宣传我们的展览，得到的答复是可以。我没有征求历史学会任何人的同意，只是随口向我的老板提了一下这个想法。后来有一天，一辆卡车将火箭运来了，并把它停在了我需要的地方。卡车开走后，我们拥有了一个即时的展览"广告牌"。我以为会有一场唇枪舌剑等着我，但我的老板对此毫不在意，被派去监控这片区域的人也表示没有一个公众对此表示失望，周边的邻居们也都很安静。

在新泽西州莫里斯博物馆，有一名员工擅长为即将离职的员工写趣味小诗，并借此出了名，他的作品滑稽搞笑且没有恶意。我成为博物馆馆长之后，对这种做法着实有点担心，但后来在看到所有工作人员，尤其是诗歌描绘的对象都对此表现出热衷之情以后，我确定这种做法应当延续下去。我希望在我离馆的时候这位员工还在。他本人和他为我写的诗都是珍贵的纪念品。

提到为员工举行欢送会，在我曾工作过的一家博物馆，有位馆长退休时，员工们为他举办了一场欢送会。他之前是以佩戴某顶帽子而出名的。据说，有一次他的秘书一气之下踩了这顶帽子（他是鳏夫，她是单身，据传二者有一段恋爱关系，但从未得到证实）。维护人员无意中撞见了他们的这场争吵，小心翼翼地把帽子从地板上拿起来，摆正，轻轻地放在桌子上，然后迅速离开了办公室。我们的展览设计师为馆长的退休聚会做了一场以这顶帽子为主题的展览，当时，这顶帽子被他们从馆长衣帽间临时"借来"。我认为，只有知道内情的工作人员才能懂其中的幽默。

从拒绝幽默的角度来讲，最近我经常能听到关于美国代际差异的说法。我们有最伟大的一代、婴儿潮一代、X世代和千禧一代。他们各自都遵循不同的行为准则，表现在工作场所也是各不相同。我记得有一年夏天，一个高中生每周都会来到博物馆的行政办公室做几天志愿者。他永远都戴着一顶棒球帽。有一位年纪大得可以做他祖母的会计员，觉得这种装束令人讨厌。但这孩子觉得没什么，因为这在他的圈子里再常见不过了。

长期以来，职场变得越来越非正式，人们更喜欢对别人直呼其名，而不是冠以"先生""夫人""女士"或"小姐"（"小姐"这个词现在还用吗？）。我曾经有个老板，当销售人员给他打电话并直呼其名时，他非常生气。其实，员工们从来不叫他的名字，而是叫他的绰号，但当打来电话的那个人叫他本名的时候，他却并没有感到一丝亲切。着装同样会引起代际间的混乱。如今，年轻女性衣着暴露并不是什么稀罕事。据我所知，有一家博物馆的维护人员就会这样做。一位年纪大得多的负责发展规划的女性馆长觉得这很不雅，于是让负责维护业务的主管禁止这样的穿着，后来她们确实遵照执行了。我在上文还提到了穿孔和文身的问题，我必须再次给孩子们提点建议：不要对身体做这些事，它可能会让你失业。

1. 纽约市的一家大型艺术博物馆每年都会举办颁奖午宴，向某个致力于慈善事业的家族表达敬意。你是新泽西州莫里斯敦莫里斯博物馆的馆长。有一年，你收到了午宴的邀请并出席了活动。到达举办活动的私人俱乐部后，你被热情地接待，并被引导至你的座位。你坐下了，在你左侧的人是伊莱·布罗德（Eli Broad），你的右侧是那个慈善家族的成员。你向两人介绍自己。布罗德说，他对你领导的博物馆很熟悉。但这很奇怪，因为他是艺术品方面的大收藏家，还是艺术博物馆的领导人，而你的博物馆虽然也藏有艺术品，但都是当地艺术家的作品。在你吃着沙拉的时候，你注意到负责这项活动的人一直虎视眈眈地看着你和你那一桌。你很快意识到，自己正坐在主位上，活动主办方可能搞错了座位安排。在午宴结束后，你快要离开时询问并验证了你的猜想。如果在活动刚开始的时候你就察觉到问题，那你应该怎么做？

2. 有个人联系了你的博物馆，提出了一个不同寻常的要求。他想在你的博物馆向他的女朋友求婚。不过，他脑子里想的可不只是这个简单的提议——他还想在你的一个展厅里做一个小型展览。他将把他的订婚戒指放在某个展柜里展出。这枚戒指的说明牌将是一份手写的求婚书。在这枚戒指被展出后，届时他会和女友一起参观博物馆，当参观到那个展厅时，他们会"偶然"看到展品并阅读标签。你会如何回应这个请求？

3. 纽约市博物馆有一系列的戏剧类藏品，其中包括格蕾丝·凯莉（Grace Kelly）在她的演艺生涯中穿过的戏服。博物馆选取了这批藏品中的各类藏品放到一个临时展览中展出。为了让格蕾丝王妃能顺利参观该展览，相关安排已经就绪。她的两个女儿，卡洛琳公主和斯蒂芬妮公主也会随她一同前往。下午的参观活动预计持续一到两个小时。当她们到达博物馆时，媒体显然已经提前听到了风声，记者和摄影师早就在博物馆待命了。当天是博物馆正常开放的时间。这种情况下，博物馆应该怎么做？

4. 路易斯·奥金克洛斯（Louis Auchincloss）是知名作家，他的小说描绘了美国上流社会的社交礼仪，灵感源于他妻子的祖母，这位祖母是范德比尔特（Vanderbilt）家族的一员。他的书由维京出版社（Viking Press）出版，当时杰奎琳·奥纳西斯（Jackie Onassis）[①]是出版社的一名编辑。她本人也是奥金克洛斯先生的远方亲戚，因此同意帮他编辑这本书，书名叫作《身着淡紫色衣服的特立独行者》（*Maverick in Mauve*）。奥金克洛斯先生住在纽约市，他参与过很多丰富多彩的社交活动，其中之一是担任纽约市博物馆董事会主席。他这本书描绘的场景发生在上一个世纪之交的纽约市，他联系到博物馆，想以此为主题配合新书发布举办一场展览。博物馆同意了这一请求。杰奎琳会出席傍晚的展览开幕式。她不希望公众知晓她出席了这个活动，并要求从展厅侧门被护送进来。然而，她要求记者要到位，要能从一定距离之外看到她。博物馆如何满足她的需求？

5. 著名女装设计师阿诺德·斯凯西来到你的博物馆参观一场以他设计的服装为主题的小型展览。这批服饰曾为你所在地区的富有女士们所有，在过去的 20 余年中，她们陆续将这些藏品捐给了博物馆。在参观刚刚开幕的展览时，斯凯西先生想知道他能否对正在展出的展品做出一些调整。藏品研究员和登记编目人员表示同意。四小时之后，他们还在落地玻璃后面的一大块展览区域里面调整衣服，移动人体模特，搬着梯子上上下下地调整灯光，跟随着设计师

[①] 全名为杰奎琳·李·鲍维尔·肯尼迪·奥纳西斯（Jacqueline Lee Bouvier Kennedy Onassis），她是美国第 35 任总统约翰·肯尼迪的夫人，昵称 Jackie Onassis 或 Jackie O。

从玻璃另一侧不断传出的简短指示迅速做出反应。在这种情况下，博物馆员工应当或可以做些什么？

6.你和你的同事会在午餐时间定期去她的公寓幽会。你俩都是单身。你工作的区域和她的完全不相邻，你们在职位上也并无关联。这种行为对于博物馆来说合适吗？

第十八章 博物馆职业道德准则

道德准则是有关个人主义的问题——我的道德和别人的道德可能有所不同。

　　　　　　　　　　　　　　　　——吉米·霍法（Jimmy Hoffa），1963 年

　　提到博物馆的职业道德准则（Museum Ethics），有四个核心问题需要解答：什么是职业道德准则？谁需要遵守它们？如何执行？谁需要为此负责？

　　有些人认为必须列入准则的道德问题，在其他人看来可能会不屑一顾。讨论这个话题的难点在于，道德准则是难以定义的、可变的、经常是主观的，而且并非所有人都能对此达成共识。它们不一定是法律。有些我认为完全不道德的行为实际上并不违法，例如，一位董事公然在他任职的博物馆为自己的收藏举办展览。伦理道德因人而异，因个案和情境的不同而不同，博物馆领域尤其如此。可以确定的是，有些方面的道德准则普遍被认可，不过，你要小心——道德准则是一个不断演变的话题。

　　道德准则已经成为博物馆讨论的主题，这种发展态势是积极向好的。比如说，如今很多人都在热烈讨论博物馆应如何对待那些曾经被认为代表着外来人口或者原始人类的藏品。在美国，成立博物馆的那些人一直都来自固定的群体，因此他们会对自己"部落"之外的人持贬损或诋毁的态度。

　　一般来说，博物馆内的人员通常会按照主流道德观行事，或者至少会在某个特定的时间地点以普遍接受的道德规范行事。他们在和同事相处、与所服务的机构互动时会做到举止得体。偶有失误，但也就到此为

止。藏品是出于善意和正当的理由获取来的，展览的讲述是真实的，开展的活动是真诚的，前来参观的公众会从中受益。如果在博物馆中发现或被指出某种明显且具体的道德违规行为，博物馆会做出回应，尽管答复的速度和结果可能不尽人意。在我们这个领域，偶尔也会出现一些不太好的行为，比如内部盗窃或篡改纸质凭证、明显的员工利益冲突，或可被质疑和具破坏性的员工行径。

当新的道德问题出现时，博物馆会尽力解决它们，尽管有时速度很慢。在有些案例中，博物馆处理问题的方式可能与他人对道德的定义不一致，这类辩论存在意见分歧的情况比比皆是。博物馆的公共属性决定了它在大多数情况下做出的道德姿态。这并不意味着博物馆里不存在暗藏的不道德行为，但这些行为大多是个例，是小细节，而不是牵涉大局的纠纷。新的职业道德问题还包括如何定义博物馆的道德规范。在这方面，我是一个严格的宪治派，因此我对道德偏差的认知（通常出现在治理层面）可能是完全不现实的。但反过来说，我只是希望大家能提高自我批判的意识，处理显而易见的错误行为。

最近，博物馆职业道德话题所关注的主要焦点在于藏品的所有权及其利用。未来的若干年，此类辩论还将继续进行，甚至进一步升级。这类舆论的焦点往往集中于世界各国政府以及美国原住民等文化群体提出的遣返要求——"二战"期间被纳粹掠夺的艺术品；此外还有博物馆应该如何妥善地注销藏品，特别是如何处理出售藏品所获得的资金。

从 20 世纪 90 年代开始，藏品遣返申请的数量呈指数级增长。这类申请在数量和范围上均呈扩大趋势。当年西方发明博物馆这类机构时，需要在里面装满东西。大航海时代和殖民时期世界各地的器物被送到欧洲，供人研究、审视、赏玩，或者是被私人藏家和公共机构收藏。这些器物的新主人通常会把它们放在大柜子里，这种大柜子现在通常被称为"多宝阁"，有人认为它是现代博物馆的第一种存在形式。多宝阁可以是一个储物柜、一间房，或者其他更大的区域。后来，欧洲地区的连天战火迫使许许多多的艺术品和珍贵的手工艺品流散各地。这些器物最终的目的地可能变成了后来的博物馆，但它们最初的建设用途可不是这样的，你看看那些宫殿、城堡、堡垒和府邸就知道了。这些博物馆的内容反映了一种在欧洲中心视角下的世界观，它将特定的历史、艺术史、自然史和社会观点编纂归类。如今关于伦理的辩论蔓延到谁有权给予、获得、拿取或接受各种博物馆藏品，而如何向公众展示这些藏品的辩论也愈演愈烈，更不用说如何或为什么会发生转移和特殊的公开解释了。不论是辩论中的正方还是反方，双方陈述观点时必须通过强有力的伦理术语来表达其语义的关键。

从表面上看，与博物馆所有权合法性相关的伦理讨论似乎相当简单。博物馆要么是某物的合法拥有者，要么不是，这应该很容易证明。有时候可能是这样的。但要想毫无疑问地确定某件东西是在何处被发现的，又经过怎样的流转才进入博物馆，这些问题未必都能搞明白。就如汤姆·马什伯格（Tom Mashberg）所说，"许多博物馆里的古董并没有无懈可击的流转过程，不能从博物馆开始保管它的时刻一直追溯到它离开来源国那一刻"；还有，"直到近日，依然有很多古物在没有完善文献著录的情况下被易手"。（马什伯格，2013 年）

博物馆中有的藏品被认为是不应该被收藏的，但这并不一定意味着博物馆会物归原主。博物馆可能会对一个国家、一个民族或一个人所主张的所有权产生共情，但它们不会仅凭这些声明中所提到的字面说法就自动认可其内涵。相关证明是必要的。这恰恰是缺失的一环，特别是博物馆在探究藏品起源时最希望得到的那种证据。

所有权的争论归根结底是一种地盘之争：藏品源自谁的地盘，或者应该在谁的地盘上？这些争议的论据会通过伦理术语来表述。这就是我们经常能看到一些博物馆同意归还文物的原因之一。"'证据只是分析环节的组成部分。'斯蒂芬·乌尔里克（Stephen K. Ulrice）先生曾这样说道，'所有出现的道德伦理问题都是同等重要的，没有哪个问题比其他的

更重要。博物馆有责任考虑证据之外的那些事。'"（马什伯格，2013 年）

很多国家和管理机构都有权或声称自己有权向博物馆、收藏家或其他国家赠送或出售文物。如何界定这些国家和机构呢？这个问题让文物遣返话题变得更加复杂。举例来说，源自贝宁地区的很多精品都被纳入了博物馆和私人藏家的收藏中。如果要把它们送回"出生地"的话，应该送到哪里呢？它们起源的那个贝宁王国及与之相关的单一地缘政治地方如今已不存在了。

为什么文物遣返问题会在最近开始集中出现？其实这是对日益繁荣的艺术品和古董交易市场做出的反应。有钱能使鬼推磨。这同时也是博物馆不断发展的结果。如今，国际上有很多地方都被公认汇集着具有收藏价值的器物，世界各地的人民都希望这些器物能进入他们的博物馆，以反映他们最灿烂的文化成就。怎样界定"他们"，可能是众多文物遣返争论的核心。

在世界上一些地区，例如曾屈从于欧洲殖民主义的地区，许多有价值的可移动本土文化财产被当时处于统治地位的殖民势力运到本国领土，最终将其存放在博物馆中。这就是为什么比利时会从比属刚果（比利时前殖民地，如今是独立的刚果民主共和国）收集了众多令人惊叹的文物。曾经的殖民地想要回自己创造出的遗产，并放回自己的文化机构里去，谁能指责这种做法呢？

在归还纳粹非法掠夺的艺术品的问题上，博物馆处于焦点的位置。鉴于博物馆的公众形象，这是可以理解的。多年来，在第二次世界大战中失窃的器物会偶尔进入博物馆——有时是无辜的，有时却不是。从世纪之交开始，人们开始发现，曾经那些被认为会消失的艺术品可能还存在于世间，甚至有可能会在公共资料库中找到。正因如此，被盗艺术品的原始所有者或其继承人才有了索回器物的可能。

因为博物馆收藏艺术品，所以它们就理所当然地成了寻找被盗艺术品的场所。不仅如此，博物馆收藏纳粹盗取或非法获取器物的案例发生过不止一次。每当有人在这方面打了个擦边球的时候，媒体都会密切关注这一事件。对此，博物馆做出的回应不尽相同。经年累月，博物馆的反应变得愈发谨慎和深思熟虑。尽管来源存疑的藏品背后暗藏着许多历史性的伦理迷思，但博物馆必须尽量避免默认现存质疑的合理性。在博物馆之外（或在博物馆内），人们可能不能理解这种谨慎的反应。这种故意拖延的行为似乎只是因为博物馆想要掩盖一个黑暗的秘密，或者是与盗窃者勾结。被纳粹掠夺的艺术品的所有权问题其实是很复杂的。虽说纳粹以夺取不义之财而臭名昭著，但博物馆藏品的情况不能一概而论，而且博物馆并不都是通过不公平的低价强行征购这些艺术品的。此外，藏品入馆的记录通常都很笼统，所以说想要精确地识别某件藏品的来源信息是很困难的。

随着那些在第二次世界大战之后幸存下来、能够亲自证明偷窃和其他劫掠行为的人的离世，后代们提出归还要求时就显得捉襟见肘了。因非法持有可疑艺术品而受到攻击的博物馆会陷入尴尬境地，它们要么需要出面调和那些财产继承人的要求，要么只能因继承人的法律地位和数量无法核实而拒绝回应。与此同时，随着这场辩论的序幕徐徐拉开，任何被卷入其中的博物馆都会被指责是不道德的。

作为博物馆藏品研究员和馆长，我不希望我所负责的任何藏品是在可疑的情况下获得的。所幸，除了个别的例外，我没有被卷入这类问题之中。[不过话又说回来，我研究的是反映地区历史的艺术品和手工艺品，除了少数几件与美国印第安人有关的藏品必须遵守《美国原住民坟墓保护与归还法案》（Native American Graves Protection and Repatriation Act）之外，其他藏品都不是从别国以某种不清不楚的方式获得的。]我想我的经历和许多其他博物馆馆长一样。

通过出售藏品来解决财务问题一直也是争议的焦点。这类行为经常在媒体上引起轰动。随之而来的骚动余波未尽，所以我们必须正视这个问题。自从博物馆拥有能被注销的藏品那一刻起，藏品注销的行为就一直存在着。如今，这种做法仍在继续，主要集中在与博物馆使命无关或冗余的藏品，以及那些保存状况不佳、真伪可疑的藏品上，它们经过藏品研究员、领导层及董事会的审查程序认可后，即获准离开博物馆。在大多数情况下，藏品注销在任何一家博物馆的藏品管理工作中都只占很小的一部分，博物馆拥有的大部分藏品都在原封不动地保存着。

当博物馆将要进行的藏品注销工作在外人来看是主动丢掉有价值的器物，或者是为了简单粗暴地获得经济利益且这些钱是用来解决一个根本问题而临时制定的解决方案时，这项工作就会被打断。两种异议的根本都是基于公众相信博物馆是保存社会共享文化证据的安全库房。这些观点反映出博物馆的核心是什么，以及我们在这个领域中所谓的使命。藏品的神圣性在公众心目中是如此根深蒂固，对此我们应该感到兴奋才是。所以说，当一些藏品注销工作因存在疏漏而被认为是违反道德伦理时，我们为什么要感到惊讶呢？

博物馆内外都存在着道德难题。有些人认为，博物馆不应该扔掉任何东西。而另外一些人则觉得，注销的藏品应该被送到另一家博物馆。从抽象的角度来看，这似乎是恰当的。但实际上，这不切实际。博物馆里并非所有东西都值得放在那里，或许也不值得放在其他任何一家博物馆里。这种决定必须由合格的工作人员做出。然而，部分注销工作的动因并不是从员工开始的，就算它是由员工主导的，也是经过了错误的员工之手。我认识一些博物馆馆长，他们一点也不关心机构中的藏品，却乐于出售藏品来腾出空间、换取资金或是单纯由于他们根本不知道为什么有些藏品会被收藏到他们的博物馆里。

各种博物馆职业协会规定的道德规范都会包括关于藏品注销的实施方式和收益说明，但它们并不包括针对明显的、模糊的和有预谋的行为偏差进行的纠正措施。媒体在讨论有争议的藏品注销时，总会说是某个违规的"博物馆"采取了行动，从未提到任何个人。藏品注销不是由"博物馆"完成的，而是由一个或多个与博物馆在名义上相关联的人完成的。发生异议的时候，我觉得可以对做出注销决定的人进行公开指认，那么我们可能，仅仅是可能，会看到这种最糟糕的做法发生改变。这需要让新闻界知道，在大多数博物馆中，做出最终决定或应该做出决议的是馆长和董事会，而这些决定才是导致一件或多件藏品被注销和去除的直接原因。说出他们的名字，提供直接的联系方式。

大多数博物馆都可以随心所欲地处理大多数藏品，因此违反职业道德的行为几乎没有任何补救措施。继续以藏品注销为例，我在此援引美国国家设计学院（National Academy of Design）的实例，在2008年，学院的院长和董事会决定出售其永久藏品中的两幅画，以筹集运营资金。这家久负盛名的学院位于纽约市第五大道的纽约市"博物馆一英里"（Museum Mile）①，因为这次事件而受到了严厉的批评。学院从这笔交易中获利近1500万美元。它受到了艺术博物馆馆长协会（Association of Art Museum Directors）的谴责，也受到了媒体的嘲讽，却没有人被大胆地点名出来为藏品注销的决定负责，也没有人失去工作。这笔钱并没有改善该机构的财务状况，因为六年后，该机构仍处于严重的财务困境，并裁掉了25名员工。这些画后来的命运也无人知晓。

博物馆核心信仰体系的基本要求是，藏品必须如博物馆所说。因此，当我在科学博物馆看到一块岩石，而展览标签上写着它来自月球时，我相信它来自月球。当我在展览上看到一幅画，有人告诉我这是梵高的作品时，我相信它就是出自梵高之手。当我看到托马斯·杰斐逊（Thomas Jefferson）用过的桌子时，我没有理由不这么认为。藏品内在的真实性是一个道德问题。

当发现藏品中有赝品、仿制品或复制品时，博物馆只讲真话的特征更显而易见了。在过去，博物馆的做法可能是隐藏、销毁或以其他方式

---

① 在纽约市第五大道上，从82街到105街的一条长1.2英里（约1.9千米）的街道两侧坐落着九座著名的博物馆，其中包括大都会艺术博物馆、所罗门·R.古根海姆博物馆、纽约市博物馆、犹太博物馆等。这条大道因此被形象地称为"博物馆一英里"（Museum Mile）。

丢弃这些器物。今天，大家更推崇其他的解决方式，这些方式源于对藏品真实性方面道德讨论的高度认可。这是一个非常积极的发展。宣布在博物馆藏品中发现伪品的做法是可取的，而且可能会作为一种最佳的解决方式继续下去，如果其对象还包括伪君子的话。

关于藏品注销、文物遣返和展览诚信度的道德讨论可以继续下去，而且也将不断发展起来，但还有一些其他领域同样值得研究，尤其是董事会的层面。我曾见过博物馆发生过不少被我定义为董事不道德干预的例子。博物馆馆长不得将其家庭成员或与其有私人关系的人引入董事会，否则会有碍董事会的公正性。同样，董事不应利用自己在董事会的身份通过向博物馆提供商业服务而从中获益。董事也不应滥用职权，强行出借自己的财产，在没有与博物馆工作人员讨论并经过批准的情况下，他们绝不应出借任何器物。这些出借可能是善意的 —— 或者只是为了自我扩张 —— 不论怎样，这都必须在董事会和相关员工自愿同意的情况下进行。

在 20 世纪 70 年代，美国社会舆论将矛头对准博物馆，对其资金来源的道德准则追根究底，同时也关注到接受捐赠的其他机构。抗议活动主要针对烟草公司，菲利普·莫里斯集团（Phillip Morris）是主要目标。我乐见这次讨论的开展，但我发现它收效甚微。由此推断，博物馆必须了解其所有资金来源在伦理道德方面的特点和外界对此的看法，不论这些资金是由公司、政府机构、基金会、宗教团体还是个人提供的。追求不受社会负面影响的"纯粹"资金这种崇高动机，在过去是、现在仍然是一种徒劳无功的追求。就像辛诺普的第欧根尼（Diogenes of Sinope）试图在当时的古人中间寻找一个诚实的人一样[1]，博物馆很难真正地找到

---

① 辛诺普的第欧根尼，古希腊哲学家，犬儒学派的代表人物。活跃于公元前 4 世纪。此处作者引用的是一则关于他的传闻逸事。相传，在一天中午，光天化日下，第欧根尼打着一盏点着的灯笼穿过市井街头，碰到谁他就往谁的脸上照。他们问他何故这样，第欧根尼回答："我想试试能否找出一个诚实的人。"

"诚实的钱"来支持其运营。

当我们谈论美国博物馆的无障碍设施时，我们似乎只关注在身体和精神方面上的残疾人士无障碍的道德伦理。那些经济上的弱势群体怎么办呢？如果所有的博物馆都免费开放，那该多好啊！就类似于公共图书馆那样？鉴于博物馆的财务状况，除了那些由联邦、州或地方机构拥有和运营的公立博物馆之外，在其他的博物馆中，门票收入是每年营业收入的一个重要组成部分。2013年1月1日，达拉斯艺术博物馆大胆地启动了一项免费入场措施，大刀阔斧地改变了收取门票的惯例。恐怕没有哪些私人博物馆有这般胆量或兴趣做同样的事情。博物馆意欲通过限定免费入场时间并提供各种折扣来减少门票费用可能带来的参观障碍，这都只是口头上说说罢了，不过，总的来说，我强烈怀疑收取门票的做法未来会成为博物馆道德规范讨论中的一个真正的主题。

另外一个我认为有道德规范价值，但似乎在博物馆行业的集体讨论中完全缺失的话题，是高管薪酬问题。就我个人而言，我有时觉得高管薪酬太高了。博物馆是非营利性机构，理应遵守一定的财务限制来完成它们的工作。在工资和福利的问题上，更是如此，因为这些款项始终占据着机构运营成本的最大份额。想想那些用于支付首席执行官的薪酬，它们能用来给多少其他职位拨款，或者可以给尽职尽责的员工增加多少薪水和福利啊。

我对首席执行官薪酬的义愤填膺是虚伪的。作为馆长，我的薪酬比其他员工高得多。在我的职业生涯中，有一段时间我自认为我得到的报酬是虚高的。2008年经济不景气的时候，我单方面将自己的薪水降低了20%（4万美元）。我努力维持博物馆继续开放，避免员工流失。董事会完全置身事外，把这件事交给我全权负责，事实胜于雄辩。我成功了。

我在这里故意使用"首席执行官"这个词，是因为它能反映一种商业态度，在我看来，这种态度必然会导致过高的薪酬。博物馆负责人的薪酬水平须由董事会批准，通常会参考董事会下属的行政、财务或人事委员会给出的建议。企业家们身处如此众多的决策委员会之中，因而他们审慎的决策恰恰反映出他们企业化的人生态度。在他们看来，博物馆是商业运作的企业。从某种程度上说，这种观点无可非议，但博物馆毕竟不是企业。企业的使命并不存在任何底线来证明。假设某饰品公司的首席执行官被请来将一家博物馆企业化，他肯定会失败。我在第三章中已经用史密森学会雇用劳伦斯·斯莫尔来进行管理的例子证明过这一点。他不具备史密森学会任何相关领域的经验，无论是艺术、历史还是科学，都毫无经验可言，不难预测，他的任期是个多么可悲的失败。

博物馆行政人员报酬是否属于道德规范问题，还有待探讨。我认为它应该是。我用"报酬"这个词而不是"薪水"，是因为它涵盖了博物馆提供给馆长的更广泛的好处。我曾认识几个人，他们不仅享受着高得令人发指的薪水，还得到了相当可观的住所、豪华的办公室、慷慨的开支账户、丰厚的退休福利和其他一些好处。当博物馆出现人员裁减或其他项目削减，而主管却未受到丝毫影响时，这些好处就会听起来特别刺耳。

前文提到过，如果博物馆并非出于对藏品本身的考虑或文物保护的原因而出售藏品，这种行为"被抓住"后就可能会面临最严重的道德纠纷。这类行为可能会引起媒体的激愤。然而，最终，这些事件对博物馆中违规操作的董事产生的不利影响基本上微乎其微。我很难说出哪位董事会成员因为其不负责任地注销藏品的行为而改变了职业路径。

在 20 世纪 90 年代末，另一连串奇怪的、在道德伦理上有问题的博物馆行为引发了一片哗然 —— 莫名其妙地摧毁了具有重大历史价值的博物馆建筑，并创建起另一批博物馆。其中两个最明显的例子发生在纽约市。

2002 年，艺术与设计博物馆（Museum of Art and Design, MAD）买下并摧毁了位于哥伦布圆环 2 号（2 Columbus Circle）的一座堂吉诃德式建筑，它最初是亨廷顿·哈特福德现代艺术画廊（Huntington Hartford Gallery of Modern Art）。这栋建筑始建于 1964 年，由爱德华·达雷尔·斯通（Edward Durrell Stone）设计。后来，画廊倒闭了，这栋建筑开始被用于其他的用途。它最终成为纽约市文化事务部（New York City Department of Cultural Affairs）的所在地。当艺术与设计博物馆宣布要将这座建筑拆到只剩下钢铁结构，并建造一座全新的建筑时，批评家、崇拜者还有愤怒的骚动接踵而至。我在听证会上提交了要保护原始建筑结构的证词，并和其他人一样，给《纽约时报》的编辑写信并陈述了我的观点。艺术与设计博物馆竟然把所有这些具有政治色彩的问题都解决了，并且都取得了胜利。我不知道整件事的哪个部分更令人发指，是艺术与设计博物馆以一种伪善的方式买下这栋建筑（直到这栋建筑真正归其所有之前，博物馆都没有公开透露其拆除计划的真实规模），还是新建的建筑极其乏味且远没有这块场地上最开始建的那家画廊那么有趣。对于一个致力于设计的博物馆来说，它竟然能如此攻击建筑保护利用，真是令人震惊。整件事都散发着道德缺陷的味道。

当现代艺术博物馆买下前美国民间艺术博物馆（Museum of American Folk Art）时，类似的灾难又发生了（见彩插图 12）。后者曾贷款建造了一座由托德·威廉姆斯（Tod Williams）和比丽·钱（Billie Tsien）设计的新建筑，并于 2001 年投入使用。

这座建筑因其建筑风格而备受推崇。不幸的是，民间艺术博物馆无法偿还建筑贷款，只能把它卖给现代艺术博物馆。后者决定拆除它，为扩建工程腾出空间，一场骚动接踵而至。和艺术与设计博物馆一样，现代艺术博物馆的董事会也做成了他们想做的事。唯一令人安慰的是，博物馆保存了民间艺术博物馆标志性的金属立面，因为这些构件当时被储存起来了，以备将来重新组装。现代艺术博物馆是美国第一家承认建筑应当被作为一门学科、一种艺术在其展览和收藏中被赞美颂扬的大型博物馆，有鉴于此，这种破坏行为中存在的道德难题尤其具有讽刺意味。事实上，现代艺术博物馆新建的第一家馆舍也因其建筑而闻名。但后来的扩建和翻新项目让一切都画风突变，现实愈发苍白无力。10个街区之外的纽约港务局巴士站（New York Port Authority Bus Terminal）的建筑倒显得更加独具一格。

对许多人来说，上面提到的博物馆破坏性行为的案例是非常不道德的。但是，董事会是完全独立自主的，除非是明显地违反了法律，否则董事会可以做任何想做的事情，不论别人认为什么是正确的。通常，改变这种行为的方式是金钱，而且是很多钱。民谣歌手戴夫·范·龙克（Dave Van Ronk）在他的歌中唱道："没人会说拿着面包的人的坏话。"这句话放在博物馆里甚至生活的其他地方都是如此的真实。在博物馆项目上，有钱人说了算。或许唯一可以避免哥伦布圆环2号被毁的办法，是通过一个有钱有势的人来调解，他没准会出钱拯救原来的建筑。毕竟，这栋建筑最初也是由一个有钱人建造的（亨廷顿·哈特福德是 A&P 零售连锁店①的继承人）。

博物馆职业组织很难让其会员为其不道德的行为承担责任。这些机构组织需要依靠门票来维持其经济来源，所以它们很少会谴责其他机构或个人。20世纪90年代，罗伯特·R. 麦克唐纳（Robert R. Macdonald，纽约市博物馆的名誉馆长）曾起草过一份博物馆职业道德准则，并通过美国博物馆协会（现为美国博物馆联盟）分发给该领域的同仁们审查。其内容是要求博物馆遵守一定的指导方针，如果出现背离指导方针的情况，美国博物馆协会将对其采取不同程度的制裁或书面警示。这份文件引起的骚动可想而知，麦克唐纳做出的这份值得称赞的辛勤努力最后是徒劳的。由此产生的美国博物馆协会职业道德准则仍然不温不火，它回避了违规行为应面临的后果。平心而论，最近美国博物馆协会开始用它最有力的措施来谴责博物馆的错误行为，即撤销美国博物馆协会的认

---

① A&P，全称为 The Great Atlantic & Pacific Tea Company，成立于1859年，最开始是做茶叶邮购起家的，后来成立了美国历史上第一家连锁店。从1930年至1965年，整整35年，A&P 都是美国最大的零售商，处于近乎垄断的地位。

证。特拉华艺术博物馆（Delaware Art Museum）的董事会决定出售艺术品，以偿还其因扩张而欠下的债务时，协会就是这么做的。[《古董与艺术周刊》（*Antiques and the Arts Weekly*），2014 年]

贪恋钱财可能是万恶之源，但在博物馆里，缺乏资金才是万恶之源。财务方面捉襟见肘，再加上不切实际、空中楼阁般的项目和基本不具备可行性的愚蠢冒险，必然会导致灾难。举例来说，这包括一直存在的出售藏品以维持收支平衡的做法；因建设项目负债，造成沉重的财务负担的行为；用可观的但显然不切实际的数字（至少对任何了解博物馆的人来说是这样）编造财务收入预算；让博物馆专业人员来完成一些本可以由志愿者完成的事。

我相信，对于那些与博物馆息息相关、必须遵守道德规范的人来说，履行规定的必要性存在着等级上的区别。你在一家机构中职业阶梯上的地位越低，就越需要遵守职场上的规则。这些内容通常会在人事手册和上司颁布的命令函中有详细说明。当一个人在机构的职位阶梯上爬得越高，他在道德上的回旋余地就越大。董事享有特殊的自由。到了董事的级别，自由支配着一切。这些人可以收藏他们所服务的博物馆中与藏品类似的器物。他们可以依托其在董事会的地位和关系，享有对其有利可图的人际关系和商业联系。他们可以为博物馆做出毁灭性的决定，却不会面临后续的不利影响。在社交方面，他们可以通过加入博物馆董事会，以自我服务的公开手段提升自我价值。当然，大多数人会避免此类行为，并致力于让他们治理的博物馆达到最大利益。

董事可能会做一些可疑的事，或与他们作为董事对博物馆应尽的义务或付出明显矛盾的事，如今，他们可以通过每年签署一份利益冲突声明来免除这些责任。在我看来，在实际应用中，这些忏悔书是用来宽恕犯罪行为的，它们经常被有意无意地忽视。很少有人去监督博物馆高层实际或潜在的违反道德规范的行为。出于保全工作和自身利益的考虑，工作人员和董事会成员会避免与某个博物馆董事产生道德上的冲突，哪怕是旁敲侧击的暗示也不愿意。这一现实以后也不会改变。

在博物馆领域，经常有人援引"博物馆法"这种说法。以我的经验来看，所谓的博物馆法基本上是不存在的。博物馆和其他机构一样，要遵守同样的法律，尤其是在美国。例如，博物馆必须遵守当地、州和联邦的雇佣法。这些规定既适用于博物馆也适用于其他场所，无论是剧院、大学、企业、房地产开发公司，还是消防部门，均一视同仁。博物馆需要按要求对车辆进行年检。博物馆的建筑必须符合对应的建筑规范。博物馆必须遵守环境法规。雇员若违法，则会被起诉。博物馆需要提交纳税申报表。食品服务必须符合卫生部门的相关标准。合同协议必须具有法律效力。博物馆必须满足消防要求，比如，要在任何特定的时间内控制室内空间的人数，再比如，要定期检查和测试灭火器。无论博物馆的使命、地点、业务或管理情况如何，这些法律法规以及其他相关法律法规都适用于博物馆。每次博物馆因某些法律问题而备受关注时，不管是出于何种原因，往往都与藏品所有权或人事法有关。

可悲的是，博物馆领域关于道德的争论喋喋不休，但看起来有些博物馆却在拒绝为不良行为承担责任和后果。在我看来，这是毫无说服力的道德讨论。我认为，这种怯懦行为有以下几点原因：对道德的定义含糊不清，不愿在博物馆里追究个人责任，害怕被起诉，以及缺乏坚持追究违规者责任的勇气。在道德讨论变得注重结果之前，博物馆还将继续按照自己的意愿行事。

1. 你工作的博物馆中，有董事会成员收藏了一批相当出色的早期家具（年代约为 1810 年至 1850 年），这些家具的产地是博物馆所在的州。贵机构计划举办一个展览，展出董事所收藏的这类家具。这将是此类家具第一次展出，还会配合展览出版一本插图丰富的图录。有位董事同意从他的收藏品中借出部分进行展出，并在图录中配上插图，不需要博物馆支付相关费用。出借者将在展览和图录中被标注为"匿名收藏家"。你是否会将这位董事的收藏品纳入展览中？

2. 在你所在博物馆的董事会中，有一位慷慨、长期任职、影响力大、意志坚强、受人尊敬的董事（他是一名"二战"老兵、海军陆战队员，曾在硫黄岛作战），他和他的妻子购买了一件 19 世纪早期油漆装饰的五斗橱，这件家具由一位在你的博物馆所在地区的重要家具制造商创作。这件作品在风格、年代、材料等方面都与博物馆目前正在展出的一件永久藏品非常接近，不过董事的藏品略胜一筹。有一天，这位董事带着五斗橱来到你的博物馆，把它放置在博物馆那件同类藏品旁边进行展览。他请一位维护人员帮他把五斗橱搬到展厅。一切都安置妥当。博物馆的那件柜子原本和其他家具一并被放在一个长长的展示底座上。这位董事把其他所有东西挪开，为他的五斗橱腾出了一片空间。博物馆中的其他工作人员并不知晓他的到来或离开，连馆长都不清楚，馆长直到那天晚些时候参观展厅时才注意到这个变化。这位董事的妻子是一位古董商，她偶尔会出售一些古董，就比如我们正在讨论的那件家具。这种情况应该如何处理？

3. 一家博物馆正在举办一场以古董"玩具库"为主题的展览，这些玩具都是几个家族在 19 世纪末 20 世纪初于自己家中使用过的。这次展览由大约 100 个玩具库组成，它们属于一位专门收集这类藏品的博物馆董事。这一点在展览的标题中有所说明。博物馆本可以收藏这些器物，但至今都没有这样做。这种情况存在利益冲突吗？

4.你是一家大型城市历史博物馆中绘画类藏品的藏品研究员。一个女人打电话到你办公室，声称博物馆里有一幅画，是她父亲45年前误送给博物馆的。她说，她父亲捐赠画作时精神不正常，这幅画是她的。她要求前往查看这幅画，你和她约定好了时间。你检查了这件藏品的档案记录，对于一份捐赠来的藏品来说，其档案并无任何不妥之处。这幅画描绘的是一艘哈德逊河汽船，由19世纪中期巴德家族的一名成员绘制，该家族以此类画作而闻名。这幅画大约24×36（英寸）大小，有一个巨大的L形裂缝从水平和垂直方向上撕裂了画布，这是旧伤。没有任何记录表明，自1931年该画到达博物馆以来，该画曾在该馆展出过，或曾被该馆使用过。这家博物馆收藏了不少巴德的绘画作品。这位女士参观了博物馆，向馆长提出了她的要求。博物馆应该做些什么？

5.在美国一家历史博物馆中，有一名员工负责收集美国古董枪。他是一位研究早期枪械制造者的专家，曾在博物馆所在的地区工作和生活。这位员工自己也拥有几把他所研究的那位枪械制造商所制造的枪支，偶尔也会交易这些枪支。其中一把古董枪曾出现在这名员工的工作区域，它并不是博物馆的藏品。几个星期后，这把枪不见了，由另一把枪取而代之，它也不是博物馆的藏品。这种情况持续了好几个月。这些枪支都不在博物馆考虑购买的范畴，它们从来没有在任何研究或收藏委员会的会议讨论中被提及。博物馆没有关于枪支藏品的管理文件。这名员工从不和其他任何员工讨论这些问题。当被问及这个情况时，这位员工说他拿这些枪支来博物馆是为了研究。该员工没有需要进行此类研究的工作任务。这种行为需要引起关注吗？

6.你是一家博物馆的藏品研究员，有人联系你说，想要为你所管辖的这类藏品进行捐赠。他要捐赠的器物完全不在博物馆的使命范围内，因此也不在该博物馆的收藏范围内。你向这位潜在的捐赠者解释了这一点，但同时说明你想为自己买下这件东西。这合适吗？如果合适，应该怎样做？如果不合适，又是为什么？

第十九章

博物馆的未来会怎样？

未来不会是过去的样子。

——约吉·贝拉，2001 年

由于我对博物馆的好奇一直未减，又由于这些机构是面向未来的，因此我想知道多年之后它们会变成怎样。一百年，两百年，甚至五百年之后，它们还会存在吗？如果它们还在这里的话，它们还会和现在一样吗？在过去的一个世纪中，博物馆迅速发展且为了长久存续下去而做出了种种努力，这种做法将可能发生的国际战争、剧烈的社会动荡、毁灭性的自然灾害全部置之度外，而且完全不去理会外界认为博物馆没有必要存在甚至对社会构成威胁的看法，有鉴于此，我猜想博物馆可能还会继续存在下去，而且能保持我们现在看到的这个样子。如果它们能继续吸引富人和权贵的兴趣，那么这就更加毋庸置疑。

在未来一百年左右的时间里，有的博物馆可能会衰落、合并或关闭，但更多新的博物馆会建成，特别是在美国以外的地区。这种情况也许能持续两百多年，不过五百年后会怎样呢？谁知道到那时世界会变成什么样子，或者说，那时世界还存在吗？我很想穿越过去看看，但是我想这是不可能的。（如果有穿越到未来的可能，并且博物馆还能像现在这样存在的话，我很想看看，那些我为了永久收藏而辛辛苦苦收集来的各种藏品，有多少还留存在我当初收藏它们的博物馆里。）

下一个世纪，博物馆面临的主要问题将集中在如下几点：博物馆藏品；提高博物馆领域的专业素养；将博物馆作为旅游景点的角色与商业理念融合在一起；个别博物馆需要面临生存之战。我没有把资金或暴力冲突（自然抑或人为）列入日益突出的问题。一方面，由于博物馆总是在资金问题上苦苦挣扎；另一方面，博物馆一直反反复复地遭受攻击。这两种现实不会改变，因而不存在会加剧的问题。这两方面是常态化的。

提到博物馆未来可能面临的前所未有的挑战，我们可以从藏品开始谈起。在博物馆今后所面临的主要运营难题中，博物馆永久藏品毫无疑问会占据一席之地，不论它们是目前所拥有的还是潜在的征集对象。如今，博物馆已经在努力应对藏品数量的增长。这方面存在的问题大多数凸显在库房上。无论博物馆的类型、位置或预算情况如何，藏品的存储空间都是非常宝贵的。如果还要达到良好的藏品保护物理条件和人员要求，如安全、对人员进出的监控和环境气候控制，那么机构面临的压力就更加沉重。这一直是博物馆需要扩建的主要原因，这也是注销藏品如此诱人的原因。

为了让工作卓有成效，博物馆需要不断地收藏，这基本上意味着它们需要在实体上继续拓展。谁也不知道这项工作会以何种方式结束，也不知道这还会持续多久。正如前文所提到的，我不是那种会沉醉于博物馆美好的旧时光中的人。在我职业生涯的初期，我就曾经预见过这一点。在那时，藏品库房更多的是以仓储空间的形式存在的，任何能用来存放器物的空间都可以被当作仓库。鉴于当时的业务指导方针，确实有一些博物馆在这方面做了超出其职责本身的工作，不过随着文物保护作为研究和实践的这股潮流兴起，令人欣慰的是，藏品保管逐渐成了博物馆履行职责的必经之路。这项业务工作如今有了需要遵守的环境系数。这自然也意味着藏品保管的成本提高了。

考虑到博物馆之后可能（或者说应该）会征集数量惊人的藏品，未来的征集工作既可能差到只重视绝对数量，也可能好到高度精简、纪律严明。不管这项工作会变成何种情况，都要注意一点，即不接触藏品工作的那些掌权者有时会做出愚蠢的征集或注销决定，这会导致那些最严格的收藏程序偶尔出错，因此需要时刻警醒。

面对藏品不断增加的情况，博物馆会有集中解决的方式。许多博物馆的规模将会扩大，有些则会大幅缩小其征集愿景，少数博物馆会提高对征集对象质量的要求。另有一些博物馆将暂时中止征集工作，尽管想要改变现状注定将面临巨大的压力，而且这种方法有失败的可能。还有一些博物馆将与其他博物馆合并，从而转移或推迟藏品焦虑。如果保存藏品的空间变得越来越大、越来越满，或者征集任务变得越来越严格，或者这些情况同时发生，或者征集工作停止一段时间，藏品注销工作将开始成为博物馆藏品管理的重心。处理掉不需要的器物将作为一项成本控制措施进行。

并购的话题通常只在商业主题的谈话中出现，但是，自 1990 年以来，这类话题在美国博物馆界已出现过多次，并且到目前为止取得了非常积极的成果。如果操作得当，这种做法是有价值的。几个成效显著的例子包括马萨诸塞州伍斯特的希金斯军械库博物馆（Higgins Armory Museum, in Worcester, Massachusetts），该馆关闭后，其大部分藏品入藏到伍斯特艺术博物馆（Worcester Art Museum）；位于马萨诸塞州塞勒姆的皮博迪·艾塞克斯博物馆（Peabody Essex Museum in Salem, Massachusetts）兼并了至少两家历史学会；费城自然科学院（Academy of Natural Sciences of Philadelphia）和宾夕法尼亚州的费城德雷克塞尔大学（Drexel University, Philadelphia, Pennsylvania）建立起合作伙伴关系，成立了德雷克塞尔大学自然科学院（Academy of Natural Sciences of Drexel University）。虽然有些人可能会为博物馆本身或其独立性的丧失而感到惋惜，但在上面引用的案例中，并购结果对博物馆的核心要义——藏品——以及那些藏品所服务的公众来说都是积极的。

在认识到博物馆存在最佳运营方式这一现实后，博物馆的专业水平向着精细化的方向不断演变，管理、策展、筹款、安全、保护、教育、登记诸如此类的业务都不断精进着。博物馆领域目前已经确立起一套首选的工作方式。曾经，博物馆内藏品管理情况糟糕、文物保护缺位或保存不善、展览草率而马虎、工作人员缺乏培训或完全不适合他们的职位，类似情况是很常见的。这种情况没有完全消失，但已经有了巨大的改善，而且还将继续改善。良性发展应该受到欢迎和赞扬并坚持下去。对一家博物馆来说，自学成才（像我一样）实为一种片面失衡、特立独行的学习方法。如果博物馆要想继续前进、繁荣和发展，不仅要雇用受过专业训练和具备一定能力的员工、坚持行业"最佳实践"，还必须受到认为博物馆应当被作为一项事业来看待的这类人的管理和支持。不仅如此，这样做还能防止无知的人干涉博物馆，将合适的工作留给那些真正知道自己在做什么的人去做。博物馆"自给自足"的时代必须结束，虽说这样做会拉升运营成本。如果我不愿意让自学成才的医生来治疗我的话，为什么博物馆自力更生就是可以接受的呢？然而，拥有一批博物馆专业人士并不意味着一切都会一帆风顺。在某些情况下，有些人看起来很符合书面上罗列的条件，却并不适合他们所从事的博物馆工作。获得学位、出版著作、成为某一神秘研究领域的专家，这些成就并不总能转化为出色和富有成效的工作，也不能保证这个人一定能及时且和谐地与其他员工、公众或董事会一起共事。这在任何领域都会发生，但这并不会妨碍博物馆事业的整体推进。

随着博物馆未来的徐徐显露，对于有志于此的专业人士来说，增强学术训练和实操学习需要被继续视为必不可少的，其质量也需要继续提升。我在西顿霍尔大学教授博物馆学专业硕士课程时，就发现良好的学术培训能起到积极的作用。毕业生们凭借其学业成就在全国各地的博物馆找到了理想的工作。我的学生们很受器重。其他研究生项目也享有同样的声誉，比如关注美国物质文化的温特图尔项目，乔治·华盛顿大学的博物馆研究项目、库珀斯敦研究生项目和纽约大学的博物馆学研究项目。很遗憾，有些博物馆学的研究生项目不太值得参加，因为它们是由既不在博物馆工作，也没有博物馆工作经验的教员组织和教授的。我希望这只是一时兴起的学术热潮，这股热情会逐渐退却。虽说这些项目从宣传文字中看起来还不错，但实际上缺乏学术或实践的内核。这样培养出来的学生对博物馆工作的实际情况知之甚少，一旦进入就业市场，他们的学位证书将会被拒绝，到时候他们才会惊讶地发现自己浪费了不少时间和金钱。

说到人员培训和配置问题，深入认识博物馆领域所存在的专业、公认的行事方式，将促使博物馆保持甚至改善其发掘并留住合格员工的方式。作为一个曾在六家博物馆工作过的人，我可以肯定地说，长久存续的概念是可取的，只要它的言下之意不是难以为继的人员配置或是裹足不前的经营状态。在某些方面保持稳定不变从长期来看是非常有益的。藏品研究和藏品管理就是我能想到的两个方面。馆长可以来了又走，尽管我所认识的最好的馆长往往会在一个地方待上一段时间。留住优秀员工意味着博物馆需要提高员工的工资和福利，为员工提供学习机会，减少非专业人士（尤其是董事）对工作人员的干扰，适时表达感激之情，并为机构内部的发展提供选择的余地。

有些人认为博物馆是个旅游景点，这种观点让我感到很恼火，因为这种观点总和另一种假说联系在一起——博物馆可以像商业经营一样赚钱。这种观点还强化了前文提到的通过参观人数来衡量博物馆成功与否的可怕想法。如果我们所熟知的博物馆会继续存在下去，它将永远不会仅仅作为一项创收机构而存在。但如果博物馆的概念发生了变化，那么，也许它会作为一种新的经营模式在商业领域蓬勃发展。目前，我很难想象博物馆变成纯粹追求利润的机构，因为博物馆长期以来收藏、研究、展示和保存各种各样的东西为的是在精神层面和感性层面追求高尚的目标。

在美国，博物馆属于所谓的非营利性机构是有原因的，它们完成任务所需的大部分资金必须从慈善机构筹集。世界上大多数国家都把博物馆划归政府管辖，由税收直接拨款。这两种情况之所以会发生，都是因为从经济角度来说，以商品或服务的收入作为资金来源来独立经营一家专业博物馆是不可能的。藏品保管不会产生收入。学术研究并不能定期带来正向的投资回报，文物保护的成本不能以预期利润为基础来计算，而且，展览并不总能赚到钱。

为什么有些人认为博物馆是利润中心？一个主要原因是这些地方散发着金钱的气息。由于博物馆董事往往比我们大多数人富有，博物馆藏品可能有很高的市场价值，而且博物馆建筑的外观一般都令人印象深刻，所以人们的想法是——博物馆里一定很有钱。不仅如此，展览和礼品店、场地租赁和餐馆等零售业务吸引来大量付费客户，难怪一般人都认为博物馆很富裕。解释博物馆的财务状况一直是博物馆的职责所在，但对一些听众来说，这项工作往往无聊、不值一提、无关紧要，甚至有些蹊跷。

展望未来，博物馆必须继续证明利润不是它们追求的目标。它们需要不断地防止由使命驱动的经营宗旨被空中楼阁般的商业计划所取代，后者将不可避免地对机构造成威胁。美国民间艺术博物馆就是一个很好的例子，它借了 3200 万美元，计划在纽约市西 53 街现代艺术博物馆旁边的场地上建一个新家，它曾认为那里的选址和建筑结构可以提高公众的关注度和参观人数，从而增加收入。这个想法未能变为现实，博物馆最终将大楼卖给了现代艺术博物馆，幸运地通过这笔资金偿还了债务才得以生存。这家博物馆后来搬到了曼哈顿的另一个地方，那里的面积小得多，但管理起来要合理得多。

博物馆藏品的经济价值对人们的认知产生了相当大的影响。艺术品、古董和稀有的科学标本（例如宝石）的市场价值时刻提醒着人们，博物馆拥有一座藏满奇珍异宝的宝库，因此它不受日常运营中财务变化的影响。对于博物馆来说，其藏品是无价的，其言下之意就是说它们不存在价格的概念，但人们对这个观点有着不同的理解。随着偏离博物馆初心的藏品注销工作不断进行，藏品保管的神圣性受到了侵犯。当一家博物馆陷入财政困难的境地时，一定会有人提出通过出售藏品来维持收支平衡，即使行业内部明确规定不能容忍这种行为的发生，但这种想法依然会变为现实。在未来，我希望这种做法会逐渐减少。想要做到这一点，必须等到相关藏品保护法律颁布实施、博物馆行业本身掀起实际的变革、公众强烈反对博物馆为了支付电费而出售藏品之时。

既然我们已经认识到有限的资金来源是博物馆现在和未来都需要不断面临的挑战，在此我向未来负责博物馆工作的同仁们发出呼吁，请大家务必重视捐赠！我所说的捐赠，是指以某种安全的方式获得并持有的资金，以帮助某家博物馆保持业务运转和日常运营。以这种方式分配的基金，在短期和长期内都能发挥最大的效用。无论资金来源和用途如何，博物馆都很难寻找到资金支持。捐赠基金尤其难以积累，因为如果想持有一份效益良好的捐赠基金，首先需要拥有这么多资金，而且还不能通过保守投资达到这一点，因为保守投资的现金回报是很少的。大多数财务状况较好的博物馆都拥有可观的捐赠基金来支持其运营。

我想我说的这种情况一直以来都是正确的，但如今博物馆的运营成本越来越高，为缓解目前的运营压力而筹集资金的需求似乎总是比旨在培育长期稳定的机构状态更为重要。对近在眼前的资金进行疯狂、持续的争夺会消耗机构致力于未来发展的努力。重视捐赠的做法必须从董事和员工领导层开始推行，不过来自"博物馆领域"最佳实践方式的压力也是很重要的。

众所周知，博物馆机构的存在作为一种社会层面的尝试实际上缺乏完整、全面、科学的证据来证明其存在的合理性和必要性，尽管如此，我仍热切地希望博物馆能存在下去，并且能在一种比目前更高远、更有意义的层面继续发光发热。如果博物馆真的能成为一种让民主思想碰撞、研讨和达成共识的公认场所 —— 一个在思想方面可以无忧无虑的论坛，让人们得以接触并逐渐理解"他者"的存在以及各种各样的"已知"的事物，那该有多好！这样的想法可能会招致灾难性的抨击，因此，博物馆将会继续保守下去，它们在做什么和怎么做等方面都是可以预测的。

博物馆可以变成那些负责管理它们的人所希望的那样。不过，随着时间的推移，我们这个领域的人可能希望真正、切实地以一种更为包容、整体的方法，来讲述我们创建博物馆之初要讨论的主题——这同时也是对未来的感召。只有当那些致力于某一人物、思想、地点、事件、主题或群体的博物馆愿意展示该人物、思想、地点、事件、主题或群体的不同方面，而不去理会展览内容是否具有吸引力时，这种情况才会发生。博物馆的这种进化方向能否实现将完全取决于负责它的人员，因此我非常怀疑这是否真的会发生。我认为，博物馆将继续成为颂扬某一人物、思想、地点、事件、主题或群体的场所。它举办的纪念活动将是单向的。博物馆决策层以外的人会提出包容、平等和其他民主平衡的要求，但这只会在相关的权力掮客对此感到羞愧或明确理解之后才能有所成就。即便这种情况真能实现，一家专门展出某一民族、社会、种族或其他群体的博物馆，也还是不会展出与该群体有关的著名罪犯的展览。科学博物馆依然会避免解释为什么《创世记》中的创世故事没有什么科学价值，艺术博物馆也不会去展示被人认为是诋毁某些群体、观点或信仰的艺术品。

我很好奇，在迫近的眼前与不久的将来，收藏、研究和解释藏品本体及其背后的真理，是否还会被博物馆视为履行机构使命的首要目标。现在的博物馆是物质文化的殿堂，那些自愿拜访的观众以朝圣一般的方式前来参观。博物馆和其所保存的东西可以在知识、信息、地理、经验、情感、社会、经济、文化等方面穿越时间、缩短距离。博物馆为我们提供了链接，将我们与现在或过去的人、思想、地点、事件、主题和群体联系起来。当我看到亚伯拉罕·林肯遇刺时坐的那张血迹斑斑的椅子时，我瞬间回到了那场悲剧发生的时候；当我看到从月球采集到的岩石时，我仿佛正在月球之上；当我站在贝尔尼尼的雕塑前欣赏作品时，我觉得我曾认识这个天才。这就是为什么，决定一家博物馆应该收藏哪些藏品是这些机构最重要的工作，做到这一点可不是一件容易的事。

博物馆的收藏远不止一堆杂乱无章的器物，或是为某些学术讨论、无关紧要的理论或无聊的博士论文提供可以通用的有形或无形的背景支持。藏品需要成为公众对话的起点。一位我很尊敬的博物馆馆长曾经说过："器物不能讲故事。"她完全说错了。器物确实会讲故事。博物馆的职责是决定它们要讲什么故事，以及这些故事是否值得讲。藏品具有相当出色的叙事能力。博物馆认为自己是为了更广泛的利益而评估和构建"藏品－故事"组合的理想场所。在今日，这个表述恰如其分。但明天会怎样？谁知道呢。

"一切都尚未结束，直到它最终结束。"（贝拉，2001 年）

附录　期末考核

展览分析

      展览，通常涉及博物馆业务功能的各个方面。因此，展览为我们初步了解博物馆机构运营的各个组成部分提供了理想的机会。若想真正了解博物馆，可能需要一生的时间。我曾在西顿霍尔大学博物馆专业硕士课程中教授"解读博物馆"这门课程，为了让学生理解博物馆运作的方式和范围，我为课程布置了一项期末考核。这项作业会在全班第一次上课时就布置给学生。因此，同学们有一个学期的时间来研究它。

      论文要求最少15页，两倍行距，1英寸页边距，字体大小为12号字，要打印出来（不接受线上提交）。论文至少有15页必须是你自己创作的文字，不能包括附录，如封面、目录或索引、冗长的空白、大段的引用（除非引用的是你采访的人所说的话）、多余的脚注。在分析正文中可以不加图释。这必须是一篇独立的论文，不能是你过去写的或是现在正在写的其他作业。

选择一个目前在博物馆进行的展览，在直接参与展览筹备工作的人员中选择至少两名工作人员、志愿者、董事和（或）其他人面对面会面（允许在线采访），写一篇文章，审视展览组成部分：主题、结构、设计、安装、开放、推广、安全、资金、文物保护、教育活动，以及对展览的评价。你可以选临时展览，也可以选常设展览。如果是后者，一定要确保它是最近完成的，以便与相关负责人面对面地交流。列出你采访过的人及他们的头衔，以及你进行第一次采访的时间和地点。在第一次会面后，你可以通过电子邮件、电话、短信以及其他形式与被采访者继续进行交流。

这篇论文的对象是博物馆，它必须是一个非营利性机构（或部分符合这个要求），为公众利益而收集和展示艺术品、历史文物和（或）科学标本，并拥有永久收藏。因此，这可以包括以美术馆、历史学会、收藏等名称命名的机构，而并不一定局限于博物馆。它也可以包括大学和政府运营的博物馆，只要它们的定义是相似的（国家公园管理局和州立博物馆都是很好的案例）。该博物馆不需要得到美国博物馆协会的认证。它不必是一家大型博物馆，但它必须有自己的官方网站。请在你的论文中注明网址。

课程教授很乐意帮助你选择一个展览。

你的展览选择必须事先得到教授的批准，你必须在一定日期之前联系该展览所在的博物馆，确保对方予以合作，这样才能得到批准。

论文截止日期为××，不完整的论文将不予阅读，视为未完成的作业。在评分时，写作的质量也会影响最终成绩。

论文内容

简要描述展览（最多不超过两页）。这部分你需要说明举办展览的缘由，它在博物馆中具体的方位，它包含哪些展品（请不要列出展品清单）。

论文的其他部分需要分析展览发生的原因和组织方式，以及展览的各个方面都由谁负责。你可以按照你认为最符合任务要求的方式来构思你的访谈，一定要包括以下内容：

策展：谁策划了这个展览？这个人做了哪些工作？他（或她，或他们）在整个过程中的每个特定节点都与谁合作？请记住，藏品研究员可能不一定是策展团队的一员。博物馆聘用客座藏品研究员或展示预先策划好的巡回展览的做法并不罕见。

管理：从策展的开始到结束，整个流程需要如何管理？此处的管理应当如何定义？

费用：你需要了解博物馆用于展览的费用。这并非要求你一定要获取到这些信息，但你无论如何都要问——否则你永远不会知道答案，而这方面在展览策划中显然是相当重要的。你还要了解，展览的费用是怎么来的？同样，这不是必须要得到的答案，博物馆可能不想告知，但你无论如何都要问。此外，如果需要筹款的话，谁来负责，他做了哪些工作，如何做？展览预算是如何产生的，由谁来追踪执行情况？谁能授权预算并批准支出？展览费用在预算之内吗？如果不是，是低于还是高于？这方面出现了什么问题吗？同样，这些信息博物馆可能不会马上提供给你，但你一定要询问。

捐赠者／借展方：有人去询问展品捐赠者或借展方的意见吗？谁做了这件事？他做成功了吗？他是如何做到的？

媒体／推广：博物馆计划如何推广展览？工作人员和顾问人员试图怎样做以吸引媒体关注？这项工作做好了吗？谁做的？在公关方面成效

如何?

藏品管理:做展览的过程中,有哪些与藏品管理相关的工作需要解决?谁对此负责?

活动:配合展览应当开展哪些活动?谁来负责?这部分内容主要集中在教育方面。

维护:本次展览涉及哪些维护工作?

安保:哪些安保工作需要提到?

文物保护:在文物保护工作上,有哪些事宜需要注意?这些工作都是如何进行的?

展陈设计和安装:谁设计了展览?谁负责审议通过设计方案?谁实际安装布置展览?

展览评估:博物馆觉得它做的展览成功了吗?如果成功了,它怎样被定义成功?

观众:博物馆想要服务哪些受众?真正前来参观的观众由哪些群体组成?

改进措施:如果展览存在一定的缺陷,博物馆如何定义哪些肯定是缺陷,哪些可能是?这些缺陷会产生怎样的后果?

***

你也可以添加一些你认为重要或感兴趣的方面。

你觉得这个展览做得如何?

你所选择的展览不一定规模很大,或者在大型机构内举办,但它也不能过于简单,不能仅由几件展品组成,它必须有足够的成果,以满足这项任务的要求。

你可以将展览相关的辅助文件,如展览宣传单、展厅手册、新闻材料等附在论文后面,但这些文件不应被视为15页主体内容的一部分。

记住,这是一份展览分析,而不是简单的描述或评论。

参考文献

第一章　何为博物馆？

Thompson, Glyn（2014）Did Marcel Duchamp Steal Elsa's Urinal? *The Art Newspaper*（November）, p. 59.

Ward, Artemus（Charles Farrar Browne, 1834–1867）（1997）*A Quire of Quotes*, gathered by Wendell Garrett. The Sun Hill Press, n.p.

第二章　博物馆治理

Eligon, John（2009）Former Met Museum Chief Tells of Mrs. Astor's Charity, and Decline. *The New York Times*（5 May）, p. A23.

Levy, Reynold（2015）*They Told Me Not to Take This Job*. Public Affairs.

Pogrebin, Robin（2010）Trustees Find Cultural Board Seats Are Still Highly Coveted Luxury Items. *The New York Times* Arts section（3 April）.

第三章　博物馆领导

Genoways, Hugh H. and Lynne M. Ireland（2003）*Museum Administration: An Introduction*. AltaMira Press.

Goldberger, Paul（1994）Doesn't Anybody Want this Job? *The New York Times*, Arts & Leisure（26 June）.

Landes, Jennifer（2014）Philippe de Montebello: Man of Reflection. *The East Hampton Star*（4 March）. Available online at Easthamptonstar. com/Lead–C/2014304/Philippe–de–Montebello–Man–Reflection（accessed 9 February 2017）.

Knight, Christopher（2013）MOCA and Director Jeffrey Deitch as an Oil–and–Water Mix. *Los Angeles Times*, Arts & Culture（30 July）. Available at www. latimes.com（accessed 28 February 2017）.

Mayor, A. Hyatt（1983）*A. Hyatt Mayer: Selected Writings and a Bibliography*. The Metropolitan Museum of Art.

第四章　藏品研究＝鉴选＝收藏

Anderson, Maxwell（2012）*The Quality Instinct: Seeing Art Through a Museum Director's Eye*. The AAM Press of the American Alliance of Museums.

Friis–Hansen, Dana（2001）Notes to a Young Curator, in Carin Kuoni, ed., *Words of Wisdom: A Curator's Vade Mecum on Contemporary Art*. Independent Curators International, NY.

Harris, Neil（2013）*Capital Culture: The National Gallery of Art and the Reinvention of the Museum Experience*. University of Chicago Press.

Hoving, Thomas P. F.（1975）*The Chase The Capture: Collecting at the*

Metropolitan Museum of Art. Metropolitan Museum of Art, p. 11.

Talley, Mansfield Kirby, Jr.（1989）Connoisseurship and the Methodology of the Rembrandt Research Project, *The International Journal of Museum Management and Curatorship*, 8:175 - 214.

Talley, Mansfield Kirby, Jr. (1996) The Eye's Caress: Looking, Appreciation, and Connoisseurship, in Nicholas Stanley Price, Mansfield Kirby Talley, and Alessandra Melucco Vaccaro, eds, *Historical and Philosophical Issue in the Conservation of Cultural Heritage*. Los Angeles: Getty Conservation Institute.

Talley, Mansfield Kirby, Jr. (1997) Conservation, Science and Art: Plum Puddings, Towels and Some Steam. *Museum Management and Curatorship*, 15(3): 271–283.

Macdonald, Sharon (ed.) (2011) Collecting Practices, in *A Companion to Museum Studies*. Wiley Blackwell.

第五章 博物馆管理

Berra, Yogi with Dave Kaplan（2001）*When You Come to a Fork in the Road, Take It!* MFJ Books.

第六章 观众：一个有关定义的问题

American Alliance of Museums（2015）*Museum Facts*. American Alliance of Museums. Available online at http://www.aam–us.org/about–museums/ museum–facts（accessed 28 February 2017）.

Berra, Yogi with Dave Kaplan（2001）*When You Come to a Fork in the Road, Take It!* MFJ Books.

第七章 筹集资金

Gates, Anita（2014）Joan Mondale, *Who Merged Politics With Art, Dies at 83, The New York Times*（4 February）p. A14.

第八章 藏品管理

Rivard, Paul and Steven Miller（1991）Cataloguing Collections−Erratic Starts and Eventual Success: A Case Study. *Curator*, 34（2）: 119−124.

第十章 统计数据

Eisinger, Jesse（2014）A Shake−Up as the Financial World Infiltrates Philanthropy. *The New York Times*（11 December）, p. B10.

Levy, Reynold（2015）*They Told Me Not To Take This Job*. Public Affairs.

第十一章 文物保护：保存之要务

American Institute for the Conservation of Historic and Artistic Works（2016）*Find a Conservator*. Available online at www.conservation−us.org/

membership/find-a-conservator/guide-to-finding-a-conservator（accessed 22 February 2017）.

Talley, Mansfield Kirby, Jr.（2005）An Old Fiddle on a Green Lawn: The Perverse Infatuation with Dirty Pictures. *Essays in Memory of John M. Brealey* [Special Issue]. *Metropolitan Museum Journal*, 40.

第十三章　维护与安保

Ambrose, Timothy and Crispin Paine（2006）*Museum Basics*. Routledge.

第十五章　建筑

Carter, Holland（2014）With Self-Portrait of a Lifetime, Picasso Returns to Paris Pedestal. *The New York Times*（28 October）, pp. 1, 6.

Fernández-Galiano, Luis（2001）Álvaro Siza Vieira CGAC, Centro Galego de Arte Contemporáneo, in Vittorio Magnago Lampugnani and Angeli Sachs, eds, *Museums for a New Millennium*. Prestel.

Robinson, Frank（2006）From the Director. Herbert F. Johnson Museum of Art Newsletter（Fall）.

Schumann, Ulirch Maximillian（2001）Oswald Matthias Ungers Gallery of Modern Art, in Vittorio Magnago Lampugnani and Angeli Sachs, eds, *Museums for a New Millennium*. Prestel.

第十七章　行为守则

Guthrie, Kevin M.（1996）*The New-York Historical Society: Lessons from One Nonprofit's Long Struggle for Survival*. Josse-Bass.

第十八章　博物馆职业道德准则

Antiques and the Arts Weekly（2014）Delaware Museum Loses Accreditation Over Art Sale（4 July）, p. 11.

Hoffa, Jimmy（1963）David Brinkley's Journal: Inside Jimmy Hoffa. NBC（1 April）. The Paley Center for Media, NYC, Catalog i.d. T84: 0203.

Martorano, John（2008）John Martorano: The Executioner. Interview with Steve Kroft, *60 Minutes*, CBS（6 January）.

Mashberg, Tom（2013）. No Quick Answers in Fights Over Art. *The New York Times* The Arts（2 July）.

第十九章　博物馆的未来会怎样?

Berra, Yogi with Dave Kaplan（2001）*When You Come to a Fork in the Road, Take It!* MFJ Books.

译名表

A

A. Hyatt Mayer	A. 海厄特·迈耶
Academy of Natural Sciences of Philadelphia	费城自然科学院
Academy of Natural Sciences of Drexel University	德雷克塞尔大学自然科学院
Albert K. Baragwanath	艾伯特·K. 贝拉格瓦纳思
Alfred Barr	艾尔弗雷德·巴尔
American Alliance of Museums	美国博物馆协会
American Institute for the Conservation of Historic and Artistic Works, AIC	美国文物保护协会
American Museum of Natural History	美国自然历史博物馆
Ann Street	安大街
Annie Oakley	安妮·奥克利
Antiques and the Arts Weekly	《古董与艺术周刊》
Antiques Roadshow	《古董巡回秀》
Antoine Wilmering	安托万·威尔默林
Arista Records	阿里斯塔唱片公司
Arnold Scassi	阿诺德·斯凯西

| Artemus Ward | 阿蒂默斯·沃德 |
| Association of Art Museum Directors | 艺术博物馆馆长协会 |

B

Bennington Museum	本宁顿博物馆
Bernard Berenson	伯纳德·贝伦森
Bertrand Russell	伯特兰·罗素
Bickford Theatre Guild	比克福德戏剧行会
Bill Gaines	比尔·盖恩斯
Bill Ingalls	比尔·英戈尔斯
Billie Tsien	比丽·钱
Boone County Historical Society, Iowa	布恩县历史学会，艾奥瓦州
Boscobel House and Gardens	博斯科贝尔故居和花园
Boscobel Restoration, Inc. in Garrison	博斯科贝尔庄园，加里森
Bowery	鲍厄里街区
Bowling Green in New York City	鲍灵格林，纽约
Brooklyn Museum	布鲁克林博物馆
Bucks County Historical Society	巴克斯县历史学会

C

Carl Icahn	卡尔·伊坎
Carolina Herrera	卡罗琳娜·埃雷拉
Case Western Reserve University	凯斯西部保留地大学
Castle St. Angelo in Rome	圣安杰洛城堡，罗马
Cézanne	塞尚
Charles Clancy	查尔斯·克兰西
Chelsea neighborhood of Manhattan	切尔西区，曼哈顿
Christopher Knight	克里斯托弗·奈特

Cleveland Museum of Art	克利夫兰艺术博物馆
Colonial Williamsburg, Virginia	殖民地威廉斯堡博物馆，弗吉尼亚州
Columbus Circle	哥伦布圆环
Cooperstown, New York	库珀斯敦，纽约
Corning Glass Company	康宁玻璃公司
Corning Museum of Glass	康宁玻璃博物馆
Crispin Paine	克里斯平·佩因
Currier & Ives	柯里尔和艾夫斯公司

D

Dallas Museum of Art	达拉斯艺术博物馆
Dana Friis-Hansen	达娜·弗里斯－汉森
Dave Van Ronk	戴夫·范·龙克
Delaware Art Museum	特拉华艺术博物馆
Department of Cultural Affairs	文化事务署
Desmond Fish Library Benefit Luncheon	德斯蒙德·菲什图书馆慈善午宴
Dia Beacon	迪亚比肯
Diogenes of Sinope	辛诺普的第欧根尼
Dionne Warwick	狄昂·华薇克
Drexel University, Philadelphia, Pennsylvania	德雷克塞尔大学，费城，宾夕法尼亚州
Duncan Cameroon	邓肯·卡梅隆

E

Earle W. Newton	厄尔·W. 牛顿
East Harlem	东哈勒姆区
East Hampton Star	《东汉普顿之星》

Edward C. Arnold	爱德华·C.阿诺德
Edward Durrell Stone	爱德华·达雷尔·斯通
Eli Broad	伊莱·布罗德
Emile Gordenker	埃米尔·戈登克
Enterprise	"企业"号航天飞机

F

F. Scott Fitzgerald	F.斯科特·菲茨杰拉德
Facebook	脸书
Felber Studios, Horsham	费尔伯工作室，霍舍姆
Fernández‐Galiano	费尔南德斯－加利亚诺
Fiske Kimball	菲斯克·金博尔
Frank Lloyd Wright	弗兰克·劳埃德·赖特
Frank Robinson	弗兰克·鲁宾逊
Franklin Delano Roosevelt Home	富兰克林·德拉诺·罗斯福故居
Franklin Institute in Philadelphia	富兰克林研究所，费城
Frick Collection in New York City	弗里克收藏馆，纽约

G

George Washington	乔治·华盛顿
George Washington University	乔治·华盛顿大学
Geraldine R. Dodge Foundation	杰拉尔丁·R.道奇基金会
Giovanni Pietro Bellori	乔瓦尼·彼得罗·贝洛里
Glen Lowry	格伦·劳里
Glyn Thompson	格林·汤普森
Grace Kelly	格蕾丝·凯莉
Graceland, Elvis Presley's house in Memphis, Tennessee	雅园，田纳西州孟菲斯市的猫王故居

H

Henri Bergson	亨利·柏格森
Henry Ford Museum	亨利·福特博物馆
Higgins Armory Museum, in Worcester, Massachusetts	希金斯军械库博物馆，伍斯特，马萨诸塞州
Historic Deerfield in Deerfield, Massachusetts	迪尔菲尔德历史博物馆，迪尔菲尔德，马萨诸塞州
Historic New England	新英格兰历史学会
Holland Carter	霍兰·卡特
Hooters	猫头鹰餐厅
Hôtel Salé	萨莱酒店
Hugh H. Genoways	休·H.吉诺韦斯
Huntington Avenue	亨廷顿大道
Huntington Hartford Gallery of Modern Art	亨廷顿·哈特福德现代艺术画廊
Hyde Park	海德公园

I

ICCROM	国际文化财产保护与修复研究中心
Isabella Stewart Gardner Museum in Boston	伊莎贝拉·斯图尔特·加德纳博物馆，波士顿

J

Jackie Onassis，Jackie O	杰奎琳·奥纳西斯
James Rorimer	詹姆斯·罗里默
Jennifer Landes	珍妮弗·兰德斯
Jesse Eisinger	杰西·艾辛格
Jimmy Hoffa	吉米·霍法

Joan Mondale	琼·蒙代尔
John Carter Brown	约翰·卡特·布朗
John Eligon	约翰·埃利根
John Martorano	约翰·马尔托拉诺
John Sloan	约翰·斯隆
Joseph Serbaroli	约瑟夫·塞尔巴罗利
Joseph V. Noble	约瑟夫·V. 诺布尔

K

Kennedy Center for the Performing Arts	肯尼迪表演艺术中心
Kevin Guthrie	凯文·格思里
King George III	乔治三世

L

Lawrence Small	劳伦斯·斯莫尔
Library of Congress	国会图书馆
Long Island	长岛
Louis Auchincloss	路易斯·奥金克洛斯
Lynne M. Ireland	琳内·M. 爱尔兰

M

MAD magazine	《疯狂》杂志
Maersk	马士基公司
Maine State Museum	缅因州立博物馆
Mansfield Kirby Talley	曼斯菲尔德·柯比·塔利
Mansfield Kirby Talley Jr.	小曼斯菲尔德·柯比·塔利
Marais	玛莱区
Marina Abramović	玛丽娜·阿布拉莫维奇

Marsha Tucker	玛莎·塔克
Mass MoCA in North Adams	马萨诸塞当代艺术博物馆，北亚当斯
Maverick in Mauve	《身着淡紫色衣服的特立独行者》
Maxwell Anderson	马克斯韦尔·安德森
Mercedes Benz	梅赛德斯－奔驰
Mercer Museum, Doylestown, Pennsylvania	默瑟博物馆，多伊尔斯敦，宾夕法尼亚州
Metropolitan Museum of Art，MMA	大都会艺术博物馆
Michael Kaiser	迈克尔·凯泽
Michener Museum of Art, Doylestown	米切纳艺术博物馆，多伊尔斯敦
military-industrial complex	军工复合体
Montemartini in Rome	蒙泰马丁尼博物馆，罗马
Morris Museum, Morristown, New Jersey	莫里斯博物馆，莫里斯敦，新泽西州
Mount Vernon	弗农山庄
Murtough D. Guinness	穆塔夫·D.吉尼斯
Musée Picasso	毕加索博物馆
Museum of American Folk Art	美国民间艺术博物馆
Museum of Art and Design, MAD	艺术与设计博物馆
Museum of Fine Arts, Boston	波士顿美术馆
Museum of the City of New York	纽约市博物馆
Museum of Modern Art，MoMA	现代艺术博物馆
Mütter Museum of the College of Physicians and Surgeons in Philadelphia	米特博物馆，费城医学院
Myers-Briggs Type Indicator tests	迈尔斯－布里格斯类型指标测试

N

N. Currier	柯里尔公司
NASA	美国国家航空航天局
National Academy of Design	美国国家设计学院
National Gallery of Art, Washington DC	国家美术馆，华盛顿特区
National Gallery，London	国家美术馆，伦敦
National Mall	国家广场
National Parks Service	国家公园管理局
National Watch and Clock Museum	国家钟表博物馆
Native American Graves Protection and Repatriation Act	美国原住民坟墓保护与归还法案
new Metropolitan Opera	新大都会歌剧院
New Museum in New York City	纽约市新博物馆
New York City Department of Cultural Affairs	纽约市文化事务部
New York Historical Association	纽约历史协会
New York Port Authority bus terminal	纽约港务局巴士站
New York Stock Exchange	纽约证券交易所
New York University	纽约大学
New Britain Museum of American Art，New Britain, CT	新不列颠美国艺术博物馆，新不列颠市，康涅狄格州

O

Old Sturbridge Village in Massachusetts	旧斯特布里奇村，马萨诸塞州

P

P.T. Barnum Museum	巴纳姆博物馆
Pamela Schwartz	帕梅拉·施瓦茨

Park West Gallery of Southfield, Minnesota	帕克·韦斯特画廊，绍斯菲尔德，明尼苏达州
Parrish Art Museum	帕里什艺术博物馆
Paul Goldberger	保罗·戈德伯格
Paul Rivard	保罗·里瓦德
Pauline Trigère	波利娜·特里盖里
Peabody Essex Museum in Salem, Massachusetts	迪美博物馆，塞勒姆，马萨诸塞州
Philadelphia Museum of Art	费城艺术博物馆
Philip Hendy	菲利普·亨迪
Philippe de Montebello	菲利普·德·蒙泰贝洛
Phillip Morris	菲利普·莫里斯集团
Phillips Collection in Washington, DC	菲利普斯收藏馆，华盛顿特区

Q

Quickbooks	速达财务软件

R

Renzo Piano	伦佐·皮亚诺
Reynold Levy	雷诺·利维
Robert R. Macdonald	罗伯特·R.麦克唐纳
Robin Pogrebin	罗宾·波格列宾
Rose Art Museum at Brandeis University in Waltham, Massachusetts	布兰代斯大学罗斯艺术博物馆，沃尔瑟姆，马萨诸塞州
Royal Picture Gallery of the Mauritshuis	莫瑞泰斯皇家美术馆
Rubin Museum of Art in New York City	鲁宾艺术博物馆，纽约

S

Salman Rushdie	萨尔曼·拉什迪

Salvador Dali	萨尔瓦多·达利
Secaucus	西考克斯
Seton Hall University	西顿霍尔大学
Sherman Lee	谢尔曼·李
Sir John Soane's Museum in London	约翰·索恩爵士博物馆，英国伦敦
Sistine Chapel	西斯廷教堂
Smithsonian Institution	史密森学会
Solomon R. Guggenheim Museum	所罗门·R.古根海姆博物馆
South Street Seaport Museum	南街海港博物馆
St. Augustine, Florida	圣奥古斯丁，佛罗里达州
Stephen K. Ulrice	斯蒂芬·K.乌尔里克
Sterling and Francine Clark Art Institute, Williamstown	斯特林和弗朗辛·克拉克艺术博物馆，威廉斯敦，马萨诸塞州

T

Tate Modern, London	泰特现代美术馆，伦敦
The Artist Is Present	"艺术家在现场"（展览名）
the Breakers in Newport, Rhode Island	听涛山庄，新港，罗德岛
Intrepid Sea, Air & Space Museum	"无畏"号航母博物馆
The New School for Social Research	社会研究新学院
The New York Times	《纽约时报》
The Producers	《制作人》
Thomas Jefferson	托马斯·杰斐逊
Thomas P.F. Hoving	托马斯·P.F.霍文
Tiffany & Co.	蒂芙尼公司
Timothy Ambrose	蒂莫西·安布罗斯
Tod Williams	托德·威廉姆斯

| Tom Mashberg | 汤姆·马什伯格 |
| Twitter | 推特 |

U

| Ulirch Maximillian Schumann | 乌勒克·马克西米利安·舒曼 |
| University of Pennsylvania | 宾夕法尼亚大学 |

V

Vanderbilt	范德比尔特
Vermeer	维米尔
Viking Press	维京出版社
Volkswagen	大众汽车

W

Walter Mondale	沃尔特·蒙代尔
Water Mill, New York	沃特米尔，纽约
Western Reserve Historical Society in Cleveland	西部保留地历史学会，克利夫兰
Whitney Museum of American Art	惠特尼美国艺术博物馆
Wilkes Barre	威尔克斯－巴里
Will Rogers	威尔·罗杰斯
William B. Macomber Jr.	小威廉·B. 麦康伯
Winterthur Program	温特图尔项目
Worcester Art Museum	伍斯特艺术博物馆

Y

| Yogi Berra | 约吉·贝拉 |

译后记

　　何为博物馆？随着博物馆事业的发展壮大，"博物馆"一词的内涵和外延都在迅速拓展。行业发展趋势一往无前，直接导致了业界对于"博物馆"定义的多样化。2019年，在国际博物馆协会第25届大会上，修改博物馆定义的提案未能通过，包括法国、意大利、西班牙、德国、加拿大和俄罗斯在内的24个国家分支机构以及5个博物馆国际委员会都参与了讨论，有三分之二的人对新定义持否定态度。"新"定义的失败反而凸显出如今博物馆领域中异彩纷呈的实践。因此，如何将博物馆工作的方方面面简明扼要地写于一本书中愈发成为一种挑战。

　　博物馆学的著作大多运用简洁精练的用词，试图让一词一句以科学严谨的方式凝练出博物馆领域潜在的规律。这样的叙事方式固然力透纸背，却也让初学者和普罗大众对这些专有名词摸不着头脑。本书作者另辟蹊径，用业内人的视角带领读者深入剖析、审视博物馆的各个组成部分。对有意从事博物馆工作的入门者来说，本书为他们描绘了一幅较为全面的职业愿景，相信他们会通过书中对于各项细分业务的描述，寻找到适合自己的职业定位。

　　本书作者史蒂文·米勒自1971年开始进入博物馆领域工作，历任藏品研究员、馆长、教育家、顾问和作家等职务。他曾在纽约市博物馆担任藏品研究员16年，随后作为馆长领导了美国东北部地区三家博物馆的工作。本书首次出版于2018年，当时，米勒先生已在博物馆领域工作了40余年。相比于学术著作，《解读博物馆》一书更像是工作笔记，凝结了作者多年来工作中的所做、所思、所感。

本书有三个亮点。第一，本书脱胎于作者教授的同名课程，融合了作者的教学心得，每章的末尾都提出了一些问题，让读者在思辨中进一步加深对书中内容的理解；第二，本书的章节安排基于常见的博物馆内部分工，剖析了博物馆拥有的共同特征，内容具有普适性；第三，本书融合了该领域的热门话题和一些未被充分讨论的方面，其中"统计数据""维护与安保""建筑"等章节并非常见的博物馆学研究方向，却是博物馆工作不可或缺的关键环节。

书中所述的案例大多基于美国博物馆的实践。美国博物馆的管理体制和文化背景与我国的有所不同，故书中的部分内容并没有对应的中文词汇。为了让读者更好地理解这些内容，也为了让本书更具交流、互鉴的价值，译者在翻译专有名词时，大多采取了我国博物馆研究中普遍存在的共识，并结合我国博物馆工作实践中的常见术语，以期译文更能贴近中文语境。对于译法争议较大的个别词汇，比如"curator"，译者在反复权衡过往译法的基础上，试图寻找出最能弥合专有名词国别差异的连接点，最终选用相对符合作者本意的译法，希望将作者的观点流畅清晰地呈现在读者眼前。

本书的出版需要感谢中国国家博物馆领导的高瞻远瞩和《中国国家博物馆国际博物馆学译丛》编辑委员会的鼎力支持，还要特别感谢审校人宋向光老师。他是北京大学考古文博学院教授，北京大学赛克勒考古与艺术博物馆副馆长。他多年从事博物馆学教学和研究，潜心研究博物馆学理论、博物馆发展史和博物馆管理，发表博物馆学论文数十篇。曾作为访问学者赴美国史密森学会研修博物馆藏品管理，赴英国伦敦大学学院研究博物馆管理。宋老师是我选择从事博物馆行业的领路人，他从博物馆学角度对本书的行文措辞进行了细致的审定。

在本书的最后，作者选用了一句开放性的话作为结尾："一切都尚未结束，直到它最终结束。"作者剖析了博物馆存在的根本要义，也预言了未来若干年后博物馆将面临的种种难题。未来究竟如何，谁会知道呢？但我想，作者是满怀希望的，我辈将接过作者手中的笔，继续书写博物馆的未来。

章亿安